Frau Siddons

Nina H. Kennard

(Herausgeber: John Henry Ingram)

Writat

Diese Ausgabe erschien im Jahr 2024

ISBN: 9789359941004

Herausgegeben von
Writat
E-Mail: info@writat.com

Inhalt

VORWORT.

Obwohl Mrs. Siddons angeblich vor der Berühmtheit zurückschreckte, die Biographen ihr verleihen würden, und trotz ihrer Vorliebe für die „noch leise Stimme zärtlicher Verwandter und geschätzter Freunde", wissen wir, dass sie ihre Memoranden, Briefe und ihr Tagebuch dem Dichter vermachte Campbell – in ihren letzten Jahren eine enge Freundin – mit der Bitte, sie für die Veröffentlichung vorzubereiten. Es ist schwer vorstellbar, wie Campbell mit dem reichlichen Material, über das er verfügte, ein so schlechtes Leben schrieb. Er schien sich selbst bewusst zu sein, dass er seinem Thema nicht gerecht wurde. Die Aufgabe, es fertigzustellen, lastete auf ihm wie ein Albtraum. Um sich vor Störungen zu schützen, brachte er an der Tür seiner Gemächer ein Schild an, auf dem stand: „Mr. Campbell war mit der Biografie von Mrs. Siddons beschäftigt und ließ sich nicht stören."

Obwohl er die Aufgabe widerwillig erledigte, weigerte er sich hartnäckig, jemand anderem zu gestatten, sie zu versuchen. Als Mrs. Jameson darüber nachdachte, ein Leben über die große Schauspielerin zu schreiben, war er äußerst empört und äußerte sich unfähig zu verstehen, wie Mrs. Combe (Cecilia Siddons) ein Leben ihrer Mutter von Mrs. Jameson fördern konnte, obwohl sie wusste, dass er ernannt worden war der Biograph.

Boadens Bericht über Mrs. Siddons ist lückenhaft und dürftig und sein Stil, wenn möglich, pedantischer und schwerfälliger als der von Campbell. Crabb Robinson bezeichnete es als „eines der wertlosesten biografischen Bücher, die es gibt".

Wenn man einen Bericht über eine Frau wie Mrs. Siddons oder überhaupt über irgendjemanden schreibt, dessen Leben vollständig vor der Öffentlichkeit verhandelt wurde, ist es notwendig, den Charakter so weit wie möglich von den damit verbundenen legendären Traditionen zu befreien. Es muss in die Bereiche des gewöhnlichen Lebens gebracht werden, und der einzige Weg, dies zu erreichen, besteht darin, ihre tatsächlichen Worte und Ausdrücke zu transkribieren, ohne an eine Veröffentlichung zu denken. Deshalb müssen wir unsere Leser um Verzeihung bitten, wenn wir so viele ihrer Briefe vollständig zitieren. Wenn wir versuchen, sie zu kürzen oder zu interpolieren, scheint all ihr leichter Charme und ihre Frische zu verschwinden.

Herr Percy Fitzgerald hat in seinen „ *Leben der Kembles* " die Geschichte von Frau Siddons mit der ihres Bruders John Kemble verknüpft und die mit Abstand beste Biografie geschrieben, die bisher über die große Schauspielerin geschrieben wurde. Ihm gegenüber müssen wir unsere tiefe Verpflichtung und fast unsere Reue darüber zum Ausdruck bringen, dass wir es gewagt haben, ein Thema zu behandeln, das in seinen interessanten Bänden bereits so gekonnt behandelt wurde. Wir müssen auch Herrn Alfred Morrison und Herrn Thibaudeau unseren Dank dafür aussprechen, dass sie uns die Nutzung der wertvollen Dokumente ermöglicht haben, die in der Morrison-Sammlung autographer Briefe enthalten sind.

NINA A. KENNARD.

Februar 1887.

Kapitel I.
Abstammung und Kindheit.

Die zur Zeit der Restauration in England vorherrschende laxe Moral brachte eine literarische und dramatische Kunstschule hervor, die dem Geschmack des Publikums entsprach. Congreve schrieb „*Love for Love*" und bemerkte kühl, als ihm Unmoral vorgeworfen wurde: „Wenn *es* ein unbescheidenes Stück wäre, sei er nicht in der Lage, ein bescheidenes zu schreiben."

Die Reaktion der fast überforderten Energie und Ritterlichkeit des elisabethanischen Zeitalters, die ein Jahrhundert der Stuart-Herrschaft in den Köpfen der Engländer hervorrief, hatte sie so tief gebracht. Manieren galten als besser als Moral. Skeptizismus war besser als Glaube, auch wenn es um die Lehren der Bibel wie um die Ehre der Frauen ihrer Nachbarn ging.

Die Bühne – insbesondere wenn die Öffentlichkeit keine andere intellektuelle Möglichkeit hat – ist ausnahmslos der Test, anhand dessen wir den moralischen Zustand eines Landes ermitteln können. Wenn dieser Zustand unnatürlich und fieberhaft ist, muss die ihm dargebotene geistige Nahrung entsprechend künstlich und anregend sein, bis das Publikum allmählich nicht mehr in der Lage ist, etwas anderes zu verdauen. Der Mangel am Ende des 17. Jahrhunderts sorgte für die Versorgung. Es entstand ein Drama, das geschliffen, zierlich und bis ins Detail vollendet war, von dessen Bühne aber die Tugend ausgeschlossen war wie ein armer Verwandter, der, gekleidet in Fustian und beschlagen mit Nagelstiefeln, nicht als Gesellschaft für Laster geeignet ist Herren in goldbestickten Mänteln und Spitzenrüschen.

Shakespeare war eine zu starke Nahrung für die Verdauungskapazität einer Zeit, deren Dichter die Lüge der Wahrheit vorzogen. Pepys spricht von *Heinrich VIII.* als eine einfache Sache, die „aus sehr vielen Flecken" besteht. Er meint, „ *The Tempest* " hat „keine großartige Kunst, ist aber dennoch überdurchschnittlich gute Stücke." Im Vergleich zur letzten neuen Komödie war *Othello für ihn „ein gemeines Ding"*. Er ist jedoch gut genug, um zuzugeben, dass er *Macbeth mochte oder nicht mochte* , je nach dem Humor der Stunde, aber es lag ein „ *Divertissement* " darin, das ihm wie ein drolliges Ding in der Tragödie vorkam.

Die feurige Energie von Pitt war nötig, um die gelähmte Begeisterung zu entfachen, der fanatische Ernst von John Wesley war nötig, um das abgestumpfte moralische Gefühl Englands zu erwecken. Religion und Patriotismus stehen als wichtige Faktoren für die Bildung eines Volkes an erster Stelle, dicht gefolgt von Poesie und Dramatik. Wenn Pitt und Wesley viel dazu beigetragen haben, den politischen und religiösen Ton zu heben, so haben auch Samuel Johnson, Oliver Goldsmith, David Garrick und Sarah Siddons viel getan, um das Literarische und Dramatische zu heben.

Unsere Leser sind vielleicht geneigt zu glauben, dass wir die Bedeutung der Bühne übertreiben, wenn wir Dichter und Schauspieler auf diese Weise in einen Topf werfen. Wenn wir jedoch den Einfluss der Schauspieler vor einhundert Jahren würdigen möchten, müssen wir nur die Karrieren dieser beiden letzten großen Künstler untersuchen. Und wenn wir die bewirkte moralische Reform würdigen möchten, müssen wir uns nur eine Liste der Stücke ansehen, die zur Zeit der Restauration in Mode waren, sowie der Stücke, die zwanzig Jahre nach Garricks Auftritt und zehn Jahre nach Sarah Siddons' erstem Auftritt in Mode waren.

Die Reaktion kam, wie alle Reaktionen, mit zu großer Intensität; Laster wurden nicht nur in der eigenen Person bestraft, sondern die Sünden des Vaters wurden auch mit einer fast semitischen Härte an den Kindern heimgesucht. Anhand des fein gesponnenen Gefühls von „*The Fatal Marriage*"und des melodramatischen Heldentums von „ *The Grecian Daughter*" , zwei der größten Rollen von Mrs. Siddons, spüren wir den hohen moralischen Ton nach, der schließlich die faule und abstoßende Atmosphäre beseitigte, die über der Theaterwelt lag. Düstere Moral und dramatisches Pathos ebneten den Weg für die Rückkehr von *Wintermärchen* und *Hamlet* .

Zu Recht werden die Erinnerungen an David Garrick und Sarah Siddons von Engländern verehrt, nicht nur, weil sie ihr Genie der Wiedereinsetzung von Englands größtem Dramatiker widmeten, sondern auch, weil sie sich im öffentlichen Verhalten und im Privatleben strikt an einen fast starren Anstand hielten, Sie erhoben einen Beruf, der bis dahin verachtet und als unwürdig für eine bescheidene Frau oder einen ehrenwerten Mann angesehen worden war, in eine Position des Respekts und der Achtung.

Wer kann sich wundern, dass diese beiden großen Künstler Fehler hatten? Noch nie wurde von den Schwachsinnigen eine Reformation vollzogen, und wir müssen uns daran erinnern, dass viele der Geschichten, die von seiner Eitelkeit und Gemeinheit und ihrer Härte und Zurückhaltung erzählt wurden, aufgrund ihrer Starrheit von ihren Feinden auf und neben der Bühne verbreitet wurden und Moral. Trotz einiger vorüberziehender Wolken gab es jedoch nie einen Beruf, der im öffentlichen Leben so bewundert wurde, eine so verehrte Persönlichkeit wie den von Mrs. Siddons. Wann immer sie erschien, schallte begeisterter Applaus durch das Haus, nicht nur wegen ihres überragenden Genies, sondern auch wegen ihres makellosen Privatcharakters. Schritt für Schritt möchten wir den Werdegang dieser wunderbaren Frau nachzeichnen, die, ausgestattet mit einzigartiger Schönheit und Genialität und inmitten aller Versuchungen eines Berufs, in dem so wenige ihres Geschlechts rein bleiben, ein Beispiel unerschütterlicher Rechtschaffenheit und Rechtschaffenheit gezeigt hat Religiöser Eifer, ungewöhnlich in jedem Lebensbereich, der sie bis zuletzt zu einem „großen, einfachen Wesen" machte, direkt und ehrlich, edel und fleißig. Sie hatte, wie wir bereits sagten, Fehler, aber diese wurden durch ihre Tugenden so weit übertroffen, dass wir es uns durchaus leisten können, sie zu vergeben; Sie erinnerte sich immer daran, dass sie, obwohl sie nur die Tochter eines wandernden Schauspielers war und in der ärmsten Umgebung geboren wurde, ein Ideal ihrer Kunst erfand, das es ihr ermöglichte, die Bühne ihres Landes, die nur in der Darstellung der gröbsten Galanterie bestand, zu einer Bühne zu erheben Quelle höchster moralischer und künstlerischer Belehrung.

Weit entfernt vom Streit politischer Parteien oder den Launen moderner Dramatiker wurden sowohl sie als auch Garrick, mit dessen Namen wir ihren Namen verbunden haben, im romantischen Land Wales geboren: er in Hereford; sie in der kleinen Stadt Brecon, am Ufer des Flusses Usk. Die folgende Kopie ihrer Taufurkunde aus dem Registerbuch in St. Mary's, Brecon, ist im *Gentleman's Magazine* aus dem Jahr 1826 enthalten: „Taufe, 1755, 14. Juli, Sarah, Tochter von George Kemble, einem Komiker (*sic*)" , und Sarah, seine Frau, wurde getauft. Thomas Bevan, Pfarrer." Der Name ihres Vaters war „Roger" und nicht „George", wie oben angegeben. Die theatralischen Streifzüge des jungen Paares führten sie zur Zeit von Mrs. Kembles Entbindung zufällig in die kleine walisische Stadt, wo sie in der High Street in einem Gasthaus unter dem bekannten Namen „The Shoulder of Mutton" übernachtet hatten. Im Jahr 1755 war das Gasthaus ein malerisches altes Haus mit Giebelfront und vorspringendem Obergeschoss, auf dem als Schild eine große Hammelschulter prangte. An Markttagen wurde es von den Bauern wegen seines guten Bieres und seiner Hammelkeulen, die man damals regelmäßig vor dem Küchenfeuer rösten sah, auf einem Spieß, der von einem Hund auf einem Rad gedreht wurde, häufig besucht.

Brecon ist nicht ohne dramatisches und historisches Interesse und wird, wie Mrs. Siddons später gern betonte, mehrfach von Shakespeare erwähnt. Buckingham, in *Richard III.* , sagt:

Oh! Lassen Sie mich an Hastings denken und beginnen

Nach Brecon, während mein ängstlicher Kopf noch da ist.

Auch Sir Hugh Evans, dieser „Überrest des walisischen Flanells" in den „ *Lustigen Weibern von Windsor* " , war zur Zeit von Königin Elizabeth Pfarrer des Priorats von Brecon; und aus der Vertraulichkeit, die zwischen Shakespeare und den Prioren des Priorats bestand, geht laut Campbell „die Vorstellung hervor, dass er sie häufig in ihrer Residenz in Brecon besuchte und dass er sich nicht nur die Launen des alten Sir Hugh zunutze machte, sondern auch ..." dass er einen Großteil der romantischen Kulisse des *Sommernachtstraums* der umliegenden Landschaft zu verdanken hat, wo Puck und seine feenhaften Gefährten vertraute Begriffe sind und eines der Täler in der Nachbarschaft Cwm Pwca oder das Tal von Puck heißt." Wie dem auch sei, wir können uns nicht über Mrs. Siddons Wunsch wundern, die Orte, die eine wichtige Rolle in ihrem Schicksal spielten, mit dem Namen des großen Dichters zu verbinden, den sie so hingebungsvoll und so gut verehrte.

Roger Kemble, der Vater des kleinen Mädchens, war der Manager einer Wanderkompanie von Schauspielern, deren Theateraufführungen die Grafschaften Staffordshire, Gloucestershire und Warwickshire umfassten. Er wurde im Jahr 1721 in Hereford geboren und es hieß, er begann sein Leben als „Friseur". Wenn John Kemble gesellig war, spielte er manchmal auf diese Tatsache an; aber in der Tat sollen damals viele Schauspieler „Friseure" gewesen sein, wobei es sich bei Spaziergängen manchmal als praktisch erwies, dass einer der Kompanie die beiden Berufe kombinierte. Er war römisch-katholisch und liebte seine Abstammung aus einer alten englischen Familie. Als Vorfahren nannte er einen Captain Kemble, der in Worcester im Lager der Stuarts kämpfte, und einen Pater Kemble, der einige Jahre lang für den Glauben starb später.

Ihre Mutter war eine Miss Ward, ebenfalls Tochter eines Schauspielers und Leiters einer Wandertruppe. Peg Woffington spielte mit nur fünfzehn Jahren in seinem Theater in der Auniger Street, bis Mr. Wards prüde Strenge das wilde junge irische Mädchen vertrieb. Die Wards scheinen in ihren strengen religiösen Ansichten tatsächlich fast methodistisch gewesen zu sein. Auf ihrem Grab in Leominster ist folgende Inschrift zu sehen:

Hier, wartend auf des Heilands große Gerichtssitzung,

Und in der Hoffnung, durch Seine Verdienste von hier aufzusteigen

In herrlicher Weise liegt in diesem dunklen Schrank

JOHN WARD, GENT. ,
gestorben am 30. Okt. 1773, im Alter von 69 Jahren;

Auch
SARAH, SEINE FRAU ,
die am 30. Januar 1786 im Alter von 75 Jahren starb.

Mrs. Siddons war also 31 Jahre alt, bevor ihre Großmutter starb. Harte, kraftvolle Rassen, sowohl Kembles als auch Wards, voller Religion und Vorurteile, die sie bis zu ihrem Tod intakt hielten. Auf der einen Seite sehen wir, dass die große Schauspielerin irisches Blut geerbt hat. John Ward war ein Ire und Sally, seine Tochter, wurde in Clonmel geboren. Roger Kemble, ein Mitglied von Wards Firma, gewann dank seines guten Aussehens, seiner höflichen Manieren und seiner schönen schwarzen Augen das Herz von Sally Ward. Der Vater lehnte die Verbindung entschieden ab; Als er jedoch feststellte, dass der Widerstand vergeblich war, stimmte er schließlich widerstrebend zu und machte anlässlich von Sarahs Heirat mit Siddons den abgedroschenen Witz – der später Roger Kemble selbst zugeschrieben wurde –, dass „er wollte, dass sie nicht die Frau eines Schauspielers wird, sondern sie." war seiner Bitte auf jeden Fall nachgekommen."

Das junge Paar heiratete im Jahr 1753 in Cirencester. Sarah war ihr erstes Kind. John Philip, der zweite, wurde zwei Jahre nach seiner Schwester in Prescott in Lancashire geboren. Sie hatten zehn Brüder und Schwestern, und obwohl alle – mit Ausnahme derjenigen, die in sehr früher Jugend starben – auf die Bühne gingen, erreichte keine die Überlegenheit der beiden Ältesten. Sie waren eine intelligente, fleißige Familie, die sich in einem Mitglied zu einem Genie und in einem anderen zu einem äußerst bemerkenswerten Talent entwickelte. Da Roger Kemble Katholik und seine Frau Protestantin war, wurde vereinbart, dass die Mädchen im Glauben der Mutter und die Jungen im Glauben ihres Vaters erzogen werden sollten.

Die uns vorliegenden Berichte über die Kindheit von Mrs. Siddons sind dürftig; Aber aus zahlreichen Memoiren und rassigen Theatererinnerungen können wir ersehen, wie das Leben des reisenden Schauspielers in England vor hundert Jahren aussah, mit all seinen Begleiterscheinungen von Elend und Demütigung. In der heutigen Zeit, in der Schauspieler und Schauspielerinnen ohne große Bedeutung in Expresswagen erster Klasse oder in Sonderzügen von Ort zu Ort geschleudert werden, ist es trotz genauer Informationen schwierig, sich die Härten vorzustellen, mit denen dieser Beruf damals zu kämpfen hat. Das Reisen von Stadt zu Stadt bei jedem Wetter in Karren, kaum besser als die einer Zigeunerkarawane; das Umherziehen durch die Straßen, das Darbieten von Theaterstücken und Puffs. Ein Einwohner von Warwick – Walter Whiter, der Shakespeare-Kommentator – erinnerte sich, als Mrs. Siddons „auf der ganzen Welt bekannt geworden" war, an einen der Anblicke seiner Kindheit in der Stadt, den Tageslichtumzug der Gesellschaft des alten Roger Kemble und die Werbung und gibt einen Vorgeschmack auf die Abendunterhaltung. Ein kleines Mädchen, die zukünftige Königin der Tragödie, marschierte mit ihnen in Weiß und Pailletten, ihre Schleppe wurde von einem hübschen Jungen in schwarzem Samt gehalten, John Philip Kemble, vom „Alles Heil im Jenseits".

Es ist fast unmöglich, sich die Schmach vorzustellen, der die Truppe ausgesetzt war, als entweder der Bürgermeister der Stadt – was oft der Fall war – Theateraufführungen verboten hatte, oder als das Gefühl aufgrund der Streiche einiger rauflustiger Mitglieder der Truppe zunahm Der Widerstand der Einwohner erhob sich kollektiv gegen sie, und sie waren gezwungen, zurückzuschrecken und um eine Erneuerung der Gunst der wechselhaften und engstirnigen Provinzialen zu flehen.

Vom puritanischen Geist war immer noch genug übrig, um die Regierung dazu zu bewegen, den Darstellungen der „Diener von Belial" häufig Beschränkungen aufzuerlegen. Es wird die Geschichte erzählt, dass die Firma Kemble die von Sir Robert Walpole eingeführte Steuer auf nicht lizenzierte Häuser umging, indem sie Zahnpulver für einen Schilling pro Schachtel verkaufte und den Strafzettel ausgab; Ein Vorgang, der an den alten Schmuggeltrick erinnert, bei dem man einen Scheinsack Mais verkauft und das darin befindliche Fass Brandy als Geschenk macht.

Die Darstellungen dieser umherziehenden Schauspieler, erzählt uns FitzGerald, fanden manchmal in einer Remise oder Scheune oder manchmal in einem Zimmer eines Gasthauses statt; selbst der offene Gasthof mit seinen umlaufenden Galerien wurde hin und wieder in ein Theater umgewandelt. Allerlei alte Kleidung und Deko wurden ausgeliehen, ein paar Kerzen in Flaschen davor gesteckt und dann ging das Stück los. Sehr oft reichte der Erlös nicht aus, um die Ausgaben zu decken, und entweder wurden Schulden gemacht, oder der Gasthofbesitzer ließ sie als Gegenleistung für die Vergnügungen, die sie seinen Gästen geboten hatten, ungeschoren davonkommen.

Die Veränderungen und Schwierigkeiten, die die Kembles später selbst erzählten, erscheinen fast unglaublich. Stephen Kemble, der Witzigste der Familie, beschrieb mit großem Humor eine Zeit der Entbehrungen in einem elenden Dorf, in der die unglücklichen Schauspieler keinen Heller aufbringen konnten und in der Folge von ihren Vermieterinnen gemahnt und misshandelt wurden. Um ihrer Verfolgung zu entgehen, lag er zwei Tage im Bett, litt unter Hungerattacken und musste sich dann auf ein entferntes Rübenfeld flüchten, wo er einen Schauspielkollegen überredete, ihn zu begleiten, indem er sich der Gastfreundschaft und Größe des Feldes rühmte Einrichtung.

In einer Stadt soll das Theater gebaut worden sein, die Bühne in Sussex, das Publikum in Kent, beide wurden durch einen Graben getrennt, damit die Schauspieler ihren Gerichtsvollziehern entgehen konnten, indem sie in eine andere Grafschaft flüchteten. Durch all diese Theatergeschichten zieht sich ein gewisser Humor und eine gewisse Tragödie, die uns in einem Moment über die erzählten komischen Vorfälle zum Lachen bringt und uns im nächsten Moment traurig macht, wenn wir daran denken, dass talentierte Männer – oft Männer von Genie – einer solchen Erniedrigung ausgesetzt sind .

Es ist schwer zu verstehen, wie Sarah und John Kemble daraus hervorgegangen sein können, ohne von seinen Assoziationen beeinflusst zu werden und so weit über seinen sozialen und künstlerischen Zielen und Idealen zu stehen; oder wie ihre stattlichen Manieren und ihre grundlegenden Vorstellungen von Moral und Anstand in einer solchen Atmosphäre gefördert werden können. Wenn wir ihnen vielleicht später die Schuld für das geben, was ihre Kritiker ihre „Nähe" in Geldangelegenheiten nannten, müssen wir bedenken, dass sich die Jahre des Leidens und der Entbehrungen, die sie durchgemacht hatten, und die Nachlässigkeit, die sie um sich herum sahen, wahrscheinlich deutlich herauskristallisieren würden Naturen wie ihres verfallen in Härte und Starrheit und übertreiben vielleicht ihre Vorstellungen von theatralischer Würde und Selbstachtung.

Dass das böhmische Dasein des flanierenden Komikers aus professioneller Sicht eine wertvolle Disziplin für die künstlerische Wahrnehmung darstellte, kann trotz aller Nachteile nicht bezweifelt werden. Die innige Gemeinschaft, in der alle zusammenlebten, gab dem aufstrebenden Genie viel mehr Möglichkeiten zur Entfaltung als die künstlichen Barrieren, die heute zwischen dem Leiter eines Unternehmens und seinen Untergebenen errichtet wurden. Nicht nur die zwischen Untergebenen und Vorgesetzten bestehende Freimaurerei war von unschätzbarem Wert, sondern auch der Verlauf der Bewährung vor Landpubliken, die, unbeeinflusst von Prestige oder Mode, ihre Meinung ohne Vorbehalt äußerten. Junge Rekruten, die unwissend und roh ankamen, erlangten so die nötige Leichtigkeit im Benehmen und das Wissen über Bühneneffekte, unbeeinflusst von vorgefassten Meinungen. Auch die Tatsache, dass so viel von der individuellen Exzellenz des Schauspielers abhängt, unabhängig von Bühnenbild und Zubehör, war ein wertvoller Anreiz. Sein Gesichtsausdruck, seine Handlung mussten die Geschichte erzählen.

Während seiner ersten Jahre auf der Bühne erlangte der wandernde Schauspieler eine Fähigkeit, sich mit der Theaterdarstellung zu identifizieren, die er nur auf diese Weise erlangte. Die Atmosphäre, die er seit seinen frühesten Jahren atmete, war dramatisch. Schon als Kind wurde Sarah Kemble bei einer Unterhaltungsveranstaltung des Unternehmens als „Kleinkindphänomen" bezeichnet. Als sie erschien, entstand in der Galerie eine gewisse Verwirrung, die alle ihre Versuche zunichte machte. Ihre Mutter führte sie sofort ins Rampenlicht und ließ sie die Fabel „ *Die Jungen und die Frösche* " *aufsagen* , was den Tumult sofort beruhigte und die gute Laune wiederherstellte. So wurde der Schauspielerin schon früh beigebracht, ihr Publikum zu dominieren, eine Kunst, die ihr im späteren Leben von Nutzen sein sollte.

Neben dieser frühen Theaterausbildung erhielt Sarah eine so gute Ausbildung in den gewöhnlichen Grundlagen des Lernens, wie ihre tatkräftige Mutter ihr nur möglich war. Frau Kemble schickte ihr Kind auf angesehene Tagesschulen in den Landstädten, in die die Truppe auf ihren verschiedenen Wanderungen führte. In Worcester empfing eine Schulleiterin namens Harris sie unter ihren Schülern im Thornloe House und weigerte sich, irgendeine Bezahlung anzunehmen. Eine alte Dame, die vor nicht allzu langer Zeit lebte, erinnerte sich noch genau an die Verachtung der jungen Mädchen im Establishment für die „Tochter des Theaterschauspielers", bis, als einige private Theateraufführungen stattfanden, ihr theatralischer Geschmack und ihre Erfahrung ihre Dienste äußerst wertvoll machten. Sie erlangte allgemeine Popularität, indem sie ein Gerät vorstellte, mit dem man einen „Sackrücken" mit dickem Zuckerhutpapier imitieren konnte, das man beim Lebensmittelhändler gekauft hatte. Aber diese Ausbildung muss flüchtig gewesen sein, denn Roger Kemble konnte es sich nicht leisten, auf die Hilfe des Mädchens zu verzichten.

Außer dem oben erwähnten Auftritt hören wir von ihr als Kind in einer Scheune hinter dem „Old Bell Inn" in Stourbridge, Worcestershire, als einige in der Nachbarschaft einquartierte Offiziere ihre Dienste leisteten. Es wird gesagt, dass sie im tragischsten Moment in Gelächter ausbrach und den Militärtragödiendichter, der mit ihr spielte, in Wut versetzte. Das Stück war *The Grecian Daughter* . Einer anderen Überlieferung zufolge war ihr erster Auftritt in einem regulären Fünfakterstück die Rolle der Leonora in *The Padlock* .

Vor nicht allzu langer Zeit wurde ein Theaterprogramm einer dieser frühen Aufführungen gefunden, an die Backsteinwand eines Schuhmacherladens geklebt, in einem der Landstädtchen im Bezirk Kemble.

Campbell erzählt, dass Roger Kemble beschlossen hatte, seinen Kindern nicht zu erlauben, seiner Berufung zu folgen; Wir denken jedoch, dass diese Aussage mit der Legende vom Vorfahren in der Schlacht von Worcester in Zusammenhang gebracht werden muss, denn wir sehen, wie er, wie wir gesehen haben, Sarah erscheinen ließ, als sie noch fast ein Baby war, und John von einer Tagesschule in Worcester mitnahm , noch in Gehrock und Schürzen, in Havards Tragödie von *Karl dem Ersten* mitzuspielen . Die Charaktere wurden folgendermaßen besetzt: James, Herzog von Richmond, von Mr. Siddons, der jetzt Schauspieler in Kembles Gesellschaft war; James, Herzog von York, von Meister John Kemble, der damals elf Jahre alt war; die junge Prinzessin von Miss Kemble, damals etwa dreizehn; Lady Fairfax, von Frau Kemble. Gesang zwischen den Akten von Mr. Fowler und Miss Kemble. Im darauffolgenden April finden wir erneut „Mr. Kemble's Company of Comedians" tritt in „einer gefeierten Komödie" namens „ *Der Sturm oder die verzauberte Insel*" *auf* , mit all den Kulissen, Maschinen, Musik, Monstern und den Dekorationen, die es zu geben gilt, völlig neu. „Die Aufführung beginnt mit der Darstellung einer stürmischen See (in ständiger

Aufregung) und eines Sturms, in dem das Schiff des Usurpators zerstört wird; das Wrack endet mit einem wunderschönen Feuerschauer; und das Ganze endet mit einem ruhigen Meer, auf dem Neptun, der poetische Gott des Ozeans, und seine königliche Gemahlin Amphitrite in einem von Seepferdchen gezogenen Streitwagen usw. erscheinen. &C." In dieser Darstellung als Ariel, Obergeist, feierte Sarah im Alter von dreizehn Jahren ihren ersten Erfolg. „Sie huschte hierhin und dorthin", heißt es, „mit solch luftiger Anmut; Ihre freie, schnelle Bewegung hatte etwas so Koboldhaftes, sie schien so vollständig ein aus der Liebe einer Brise und eines Sonnenstrahls geborenes Geschöpf zu sein, dass das gesamte Publikum und sie am Ende des Stücks in tosenden Applaus ausbrachen Der stolze, glückliche Vater begann undeutlich die Zukunft seiner Tochter vorherzusehen."

Später wird ein Auftritt der Gruppe „ *Love in a Village* " angekündigt, dessen Namen wie folgt gedruckt sind:

- Sir William Meadows, von Herrn K-mb-le.

- Young Meadows, von Herrn S-dd-ns.

- Rosetta, von Miss K-mb-le.

- Madge, von Frau K-mb-le.

- Hausmädchen, von Miss F. K-mb-le.

Im darauffolgenden November wurde John Philip nach Sedgely Park in der Nähe von Wolverhampton, einem katholischen Priesterseminar, geschickt. In den College-Büchern wurde ein kurzer Eintrag entdeckt, der besagt: „John und (*sic*) Philip Kemble kamen am 3. November 1767 und brachten 4 Anzüge, 12 Hemden, 12 Paar Strümpfe, 6 Paar Schuhe, 4 Hüte, 2 *tägliche Begleiter* , ein halbes Handbuch, Messer, Gabeln, Löffel, *Fabeln des Äsop* , Kämme, 1 Bürste, 8 Taschentücher, 8 Nachttrunk."

„Jack abiit, 28. Juli 1771."

Nach vierjährigem Aufenthalt hier schickte ihn sein Vater an das English College in Douai, um einen regulären Theologiekurs zu absolvieren. Seine Absicht war es, den zukünftigen Coriolanus in das Priestertum aufzunehmen.

Sarah setzte ihre Studien weiterhin in den verschiedenen Städten fort, in denen die „Komödianten" auf ihren Wanderungen ihr Zelt aufschlugen. Ihr wurde Gesangs- und Instrumentalmusik beigebracht, und ihr Vater bemerkte, dass sie über ausgezeichnete natürliche Redefähigkeiten verfügte, und wünschte, dass diese durch regelmäßigen Unterricht als Teil ihrer Ausbildung gefördert würden, ohne Blick auf die Bühne; Zu diesem Zweck war er versucht, mit einer Person namens William Combe eine Vereinbarung zu treffen, um ihr Unterricht zu geben.

Die umherziehenden Spieler galten im Allgemeinen als wertvolle Bereicherung für die Gaststube des Gasthauses und waren als Gegenleistung für ihre Gesellschaft und ihre amüsanten Gespräche zu einem Abendessen oder einem Krug Bier willkommen. Bei einer dieser Gelegenheiten traf Roger Kemble, der ein fröhlicher und beliebter Begleiter war, Combe und war von seinen klugen Gesprächen so angetan, dass er ihn als Lehrer für seine Tochter engagierte. Mrs. Kemble, offensichtlich eine Frau mit beträchtlichem gesunden Menschenverstand und Scharfsinn, weigerte sich jedoch, die Ernennung zu bestätigen, und Roger war gezwungen, sein Versprechen zu brechen, indem er eine Leistung zugunsten des Abenteurers erbrachte, der ein Vermögen aufgebraucht hatte , war völlig mittellos.

Bis zum letzten Tag seines Lebens hegte William Combe eine erbitterte Abneigung gegen die große Schauspielerin und genoss es, seinen Freunden boshaft zu erzählen, wie schmutzig ihr frühes Leben gewesen war und wie er sich selbst an sie erinnerte, als sie als Mädchen am Flügel stand ein Landtheater, in dem in einer unhöflichen Pantomime Feuerlöscher gegen einen Kerzenhalter geschlagen werden, um den Klang einer Windmühle darzustellen.

Seltsamerweise waren Miltons Gedichte in ihrer Jugend mehr Gegenstand von Sarahs Bewunderung als Shakespeares. Als sie erst zehn Jahre alt war, erzählte uns Campbell, habe sie stundenlang gemeinsam über „*Paradise Lost*" *gebrütet*. Die langen, ermüdenden Reden zwischen Adam und seiner Frau, Satans Ansprache an die Sonne – die Verzweiflung der meisten Kinder – waren ihre Freude. Der stattliche, schwerfällige Vers passte zu ihrem Genie. Der Dichter erzählt uns auch eine Geschichte, die Mrs. Siddons, wie er erzählt, in ihren Memoranden hinterlassen habe.

Eines Tages versprach ihre Mutter, sie mit einer Gruppe von Freunden zum Picknicken in der Nachbarschaft auszuführen. Bei schönem Wetter sollte sie ein neues rosa Kleid tragen. Als sie am Abend vor dem großen Ereignis zu Bett ging, nahm sie ihr Gebetbuch mit und öffnete es, wie sie vermutete, beim Gebet für schönes Wetter, und schlief mit dem Buch gefaltet in ihren Armen ein. Bei Tagesanbruch stellte das Kind zu seinem Entsetzen fest, dass es das Gebet um Regen an die Brust gedrückt hatte und dass der Regen – der Himmel hatte es beim Wort genommen – gegen die Fenster prasselte. Sie ging wieder zu Bett, das Buch an der richtigen Stelle aufgeschlagen, und stellte fest, dass der Fehler behoben war. Als sie aufwachte, war der Morgen so rosig wie das Kleid, das sie tragen sollte.

Croker hält es mit aller Kraft seiner Autorität für notwendig, diese kindische Erinnerung zu widerlegen, indem er darauf hinweist, dass die Gebete für

Regen und schönes Wetter auf derselben Seite des Gebetbuchs stehen. Wir wiederholen die Geschichte hauptsächlich, weil sie die seltsame methodistische Frömmigkeit und den fast kindischen Aberglauben zeigt, die Mrs. Siddons während ihrer gesamten wechselvollen Karriere begleiteten. Es besteht kaum ein Zweifel, dass diese Frömmigkeit in hohem Maße den von ihrer Mutter vermittelten Grundsätzen zu verdanken war.

Mrs. Kemble war eine stattliche, strenge Frau mit einem gewissen Maß an Genialität und viel Charakterstärke und in ihrem bescheidenen Lebensbereich selbst unter schwierigsten Umständen energisch und mutig. Sie kämpfte an der Seite ihres Mannes einen harten Kampf gegen die Armut und ernährte und erzog eine Familie mit zwölf Kindern. Obwohl sie spartanisch in ihrer Einstellung zur Erziehung der Jugend war, wurde ihr herrischer Despotismus oft als absolut schrecklich beschrieben. Es war damals Brauch, einen Haushalt mit einiger Strenge zu regieren, aber ihre Kinder zitterten in ihrer Gegenwart. Später richtete sie einen charakteristischen Vorwurf an ihren Sohn John: „Herr, Sie sind so stolz wie Luzifer." Er und seine majestätische Mutter müssen im Alltag tatsächlich ein Coriolanus und eine Volumnia gewesen sein. Ihre Stimme hatte viel von der gemessenen Betonung der ihrer Tochter, und ihr Porträt, das einzige, das wir kennen und das immer in Mrs. Siddons Wohnzimmer hing, hatte einen intellektuellen, fast großartigen Ausdruck und erinnerte uns eher an ein gutes ... Das Aussehen von Elizabeth Fry mit der enganliegenden Rüschenmütze und dem weichen Musselin-Taschentuch um den Hals ist besser als das, was man sich Sally Kemble, die flanierende Schauspielerin, vorgestellt hätte. Obwohl sie äußerst gutaussehend war, als Roger Kemble sie zum ersten Mal heiratete, und allen Versuchungen des Schauspielerinlebens ausgesetzt war, schwankte sie nie in ihrer ehelichen Hingabe und beharrte bis zum letzten Tag ihres Lebens darauf, dass ihr Roger in manchen Teilen „beispiellos" sei. Ihr Zeugnis ist das einzige in dieser Richtung, und wir stellen uns eher vor, dass er ein sehr gleichgültiger Schauspieler war, aber ein gutaussehender, gutmütiger Mann mit den Manieren eines Gentlemans und Ansichten über das Leben, die über seinen bescheidenen Beruf hinausgehen.

Stolz und zurückhaltend würdigte John Kemble Jahre später sein Andenken aufs Beste, als er am 31. Dezember 1802, als er von seinem Tod hörte, an seinen Bruder aus Madrid schrieb: „Wie aufrichtig habe ich meinen Vater immer geliebt und seinen respektiert." Mit gutem Verständnis, Sie wissen es zu gut, als dass es notwendig wäre, dass ich beim Öffnen Ihres Briefes überhaupt erwähne, was ich in diesem Moment fühle. Gott, der Allmächtige, empfange ihn in seinem ewigen Glück und lehre mich, resigniert und entschlossen zu sein, damit ich es verdiene, ihm zu folgen, wenn meine bestimmte Stunde gekommen ist. Meine arme Mutter, obwohl ich weiß, dass sie in diesem und jedem Abschnitt ihres Lebens angemessene

Entschlossenheit an den Tag legen wird, kann nicht umhin, eine melancholische Leere zu verspüren, weil sie den Gefährten ihrer Jugend, den Gefährten ihrer fortschreitenden Jahre und ihren Vater verloren hat Kinder. Ich bedaure aus tiefstem Herzen, dass ich ihr nicht mit der pflichtbewusstesten Zuneigung zu ihren Füßen versichern kann, dass das, was ein dankbarer Sohn anbieten und tun kann, mir niemals fehlen wird, um ihre Zufriedenheit, Leichtigkeit und ihr Glück zu fördern. Wie vergeblich habe ich mich über Tausende unbequemer Ereignisse auf dieser Reise gefreut, bei dem Gedanken, über die vorsichtige Ungläubigkeit meines Vaters nachzudenken, während ich sie ihm erzählte! Millionen von Dingen, die vielleicht für niemanden anderen uninteressant waren, hatte ich für seine Überraschung und Prüfung aufgesammelt! Es ist Gottes Freude, dass er von uns gegangen ist. Die Ergebenheit, die ich bei ihm schon seit langem beobachtet hatte, und seine gewohnheitsmäßige Frömmigkeit sind für mich kein geringer Trost; Dennoch kann ich nicht umhin, eine niedergeschlagene Schwellung in meinem Herzen zu verspüren, die mich in Tränen ausbrechen lässt, trotz allem, was ich tun kann, um sie zu stoppen.“

KAPITEL II.
HOCHZEIT.

Als Sarah Kemble von der Kindheit zur frühen Frau überging, spielte sie weiterhin in allen Theaterstücken des Ensembles mit und übernahm mit zunehmendem Alter immer wichtigere Rollen. Die Atmosphäre, die sie atmete, war dramatisch. Für sie war es eine Selbstverständlichkeit, auf der Bühne zu stehen. Sie war jedoch nicht gleichzeitig von alltäglichen Angelegenheiten ausgeschlossen. Sie half ihrer Mutter bei der Hausarbeit und kümmerte sich von der Probe über die Zubereitung eines Puddings bis hin zum Stopfen von Strümpfen. Es besteht kaum ein Zweifel daran, dass diese freie Einbindung in das einfache Familienleben ihres Zuhauses ihrem Geist ein gesundes Gleichgewicht verschaffte. Wie ihre Mutter bewahrte sie trotz ihrer beruflichen Tätigkeit stets ihr häusliches Leben und blieb stets einfach und weiblich. Ihre guten Freunde erzählten später, wie sie sie dabei erwischt hatte, wie sie ein Kleid für eines ihrer Kinder bügelte oder eine neue Rolle studierte, während sie die Wiege des letzten Babys schaukelte.

Im Alter von sechzehn Jahren hatte Sarahs Schönheit die Aufmerksamkeit ihres Publikums auf sich gezogen. Ein oder zwei Gutsbesitzer der von ihnen besuchten Kreisorte erwiesen ihr ihre Ehrerbietung; Doch bevor sie siebzehn war, wurde ihre Zuneigung bereits von einem Mitglied der Truppe, einem ehemaligen Lehrling aus Birmingham, geweckt.

Wir haben den Namen Siddons bereits auf den Theaterzetteln von Kemble gesehen, als Sarah erst dreizehn Jahre alt war. Wir können uns daher vorstellen, wie viele Gelegenheiten die jungen Leute hatten, sich zu verlieben, zusammen zu proben, zusammen zu spielen und durch ihr Berufsleben ein gemeinsames Interesse zu haben. Kein Wunder, dass sogar Mr. Evans, ein walisischer Gutsherr mit 300 Pfund im Jahr, der, versklavt durch Sarahs Gesang von *Robin, Sweet Robin*, ihr seine Hand anbot, schmählich abgewiesen wurde. Ihre Eltern sahen das jedoch anders und widerriefen, angelockt durch die Pracht von Mr. Evans' Angebot, ihre widerwillige Zustimmung zur Verlobung ihrer Tochter mit Siddons und entließen ihn kurzerhand aus der Truppe.

Der empörte Liebhaber griff auf eine Rachemethode zurück, die ebenso neuartig wie unflätig erscheint. Als ihm eine Abschiedsfeier zuteil wurde, nutzte er die Gelegenheit – es war in Brecon –, um das Publikum ins Vertrauen zu ziehen, und teilte ihnen mit allerlei Gehässigkeit seine Sorgen mit:

Ihr Damen von Brecon, deren Herzen immer fühlen

Für Unrecht wie dieses werde ich gleich enthüllen,

Entschuldigen Sie das erste Produkt und lassen Sie es nicht unbeachtet

Die Beschwerden des armen Colin, eines Liebhabers, der verworfen wurde.

Dennoch waren seine Hoffnungen immer noch auf seine Phyllis gesetzt,

Dass ihre Gelübde so fest waren, dass sie niemals ausgelöscht werden konnten;

Aber bald überzeugte sie ihn, dass alles nur ein Scherz war,

Denn die Pflicht erhob sich, *und alle ihre Gelübde wurden gebrochen* .

Liebe Damen, vermeiden Sie einen unauslöschlichen Fleck,

Entschuldigen Sie bitte, wenn mein Vers zu einfach ist;

Aber ein Trottel ist der Teufel , wie schon lange bekannt ist,

Was ein Herz wie das des armen Colin jemals verabscheuen muss.

Wir geben nur drei der elf Verse wieder, was unserer Meinung nach so viel ist, wie unsere Leser mit Geduld ertragen könnten.

Wie ein Mädchen jeglichen Geistes einem Liebhaber verzeihen konnte, dass er auf diese Weise seine privaten Angelegenheiten offenlegte, und wie ein Mädchen mit einem beliebigen künstlerischen Verständnis einem Liebhaber solch schlechte Verse verzeihen und ihn wieder in ihre Gunst zurückgewinnen konnte, ist mehr als wir verstehen können. Mrs. Kemble, ihre Mutter, schien die Situation am korrektesten zu beurteilen, denn anstatt „das erste Produkt" des glücklosen Dichters zu entschuldigen, „seine Verdienste waren so gering", belohnte sie sie reichlich mit einem Klingelkasten am Ohren, als er die Bühne verließ.

Jones, ein Mitglied von Roger Kembles Kompanie, hat einige Verse aufbewahrt, die Sarah an ihren Geliebten geschrieben hatte und aus denen hervorgeht, dass sie ihm in Geschmack und poetischer Wahrnehmung ebenso überlegen war, wie sie sich später auch in ihrer dramatischen Kraft unter Beweis stellte:

Sag nicht, Strephon, ich bin untreu,

Wenn ich nur an dich denke;

Wenn ja, denken Sie doch an mich

Wie ich von dir sollst du sein

Ohne einen Rivalen in meinem Herzen,

Was niemals die Rolle eines Tyrannen spielen kann.

Vertraue mir, Strephon, mit deiner Liebe –

Ich schwöre bei Amors Bogen oben,

Nichts soll mich jemals verraten

Deine Leidenschaft bis zu meinem Todestag:

Wenn ich lebe oder wenn ich sterbe,

Vertraue auf meine Beständigkeit.

Siddons verließ sich trotz seiner Äußerungen gegenüber „Ihr Damen von Brecon" hinreichend auf ihre Beständigkeit, um seiner Geliebten eine sofortige Flucht vorzuschlagen, was sie, wie Campbell es witzig ausdrückt, „die Liebeslust mit der kindlichen Pflicht abmildern" wollte, höflich ablehnte. und ihr Geliebter ging.

Da es als ratsam erachtet wurde, Sarah von alten Bindungen zu trennen, wurde sie eine Zeit lang weggeschickt und lebte „unter dem Schutz" von Mrs. Greatheed aus Guy's Cliff in Warwickshire. Einige haben behauptet, sie sei Kindermädchen oder Hausmädchen gewesen; Aber die Bedingungen, die sie mit ihrer Geliebten hatte, die ihr ein Exemplar von Milton schenkte, schließen diese Idee aus, es sei denn, sie schaffte es durch ihre Klugheit und ihren Fleiß, sich innerhalb kürzester Zeit nach ihrer Verlobung in eine bessere Position zu bringen. Campbell weist auch darauf hin, dass es zu dieser Zeit in der Familie Greatheed keine Kinder gab, die man stillen konnte. „Ihre Stellung bei ihnen", fährt er fort, „war bescheiden, aber nicht unterwürfig, und ihre Hauptbeschäftigung bestand darin, dem älteren Mr. Greatheed vorzulesen." Aus der geheimen Geschichte des Grünen Zimmers erfahren wir, dass sie die Magd von Lady Mary Bertie, der zweiten Frau von Samuel Greatheed, war; und die Herzogin von Ancaster erzählte Mrs. Geneste, sie erinnere sich gut daran, dass Lady Mary einmal diese attraktive Dienerin zu Besuch mitgebracht habe.

Es wurde bemerkt, dass es ihr Freude bereitete, zur Unterhaltung im Dienstbotensaal Fragmente von Theaterstücken vorzutragen. Lord Robert Bertie hörte ihrer Rede so gerne zu und bewunderte sie, dass Lady Mary ihn anflehen musste, damit aufzuhören und „das Mädchen nicht zu ermutigen, auf die Bühne zu gehen". Der junge Greatheed erzählte Miss Wynn später, dass er Mrs. Siddons oft *Macbeth vorlesen hörte* , als sie die Magd seiner Mutter war.

Lady Mary gestand Jahre später gegenüber „Conversation" Sharp, dass die Haltung des jungen Mädchens schon in diesem frühen Alter so königlich gewesen sei, dass sie immer den unwiderstehlichen Drang verspürte, von ihrem Stuhl aufzustehen, wenn ihre Zofe zu ihr kam.

Wir können uns das romantische Mädchen vorstellen, das durch die einsamen Lichtungen und zwischen den stattlichen Ulmenhainen von Guy's Cliff oder entlang der Ufer des sanft fließenden Avon, Shakespeares Avon, wandert, der am Fuße der Felsen zwischen grünen Wiesen gleitet und träumt von ihrer Liebe und der Lektüre des Dichters, den sie so sehr liebte, dessen Geburts- und Grabstätte so nahe bei ihr lag. Sie muss Erinnerungen an das große Jubiläum gehört haben, das 1769, nur drei Jahre zuvor, stattgefunden hatte, als Herr Garrick und eine „brillante Schar von Adligen und Adligen" nach Stratford gekommen waren, um das hundertjährige Jubiläum Shakespeares zu feiern. Damals wusste sie noch nicht, dass es ihr bestimmt war, sich zum ersten Mal vor einem Londoner Publikum zu verbeugen, und zwar in einer Wiederholung der Jubiläumsprozession auf den Brettern der Drury Lane. Es gibt eine Überlieferung, dass sie Garrick während ihres Aufenthalts in Guy's Cliff kennengelernt hat. Das ist nicht unmöglich, denn nach dem Jubiläum war er ständiger Gast der Greatheeds. Die Aussage stimmt jedoch kaum mit der Tatsache überein, dass er einige Zeit später an Moody schrieb, dass in Liverpool „eine Frau Siddons" tätig war, die zur Firma Drury Lane passen könnte, und ihn bat, sich sie anzusehen. Allerdings hätte er es leicht versäumen können, das Mädchen Sarah Kemble mit der Frau Mrs. Siddons in Verbindung zu bringen.

Es ist sowohl für die Greatheeds als auch für die Schauspielerin ein großer Verdienst, dass Mrs. Siddons später trotz der veränderten Umstände immer eine feste Freundin der Familie geblieben ist. Wir finden Miss Berry im Jahr 1822, siebenundvierzig Jahre später, wie sie in ihr Tagebuch schreibt:

„Guy's Cliff, Dienstag, 1. Januar. – Mrs. Siddons und ihre Tochter kamen an.

„Mittwoch, 2. – Frau. Siddons las *Othello* , die beiden Teile von Jago und Othello, ganz *à merveille* ."

Wir finden Bertie Greatheed als ständige Sponsorin für ihre Tochter Cecilia im Jahr 1794; und der größte Test für wahre Freundschaft war das Schreiben einer Tragödie, „ *The Regent* ", die katastrophal scheiterte.

Trotz strenger Eltern und sozialer Hindernisse „wird die Liebe immer Herr über alles sein." William Siddons kam mehrmals nach Guy's Cliff, um sie zu sehen. Dort, fast in Sichtweite von Shottery, wo Shakespeare seine

Liebesgeschichte mit Anne Hathaway inszenierte, spielte Sarah Kemble ihre Liebesgeschichte. William Siddons wanderte durch die duftenden Felder, durch die Shakespeare wanderte, und plädierte erneut für seine Sache. Wegen seiner Beharrlichkeit wurden ihm jedoch seine schlechten Verse und unzeitgemäßen Vertraulichkeiten verziehen.

Als die Kembles erkannten, dass die Bindung ernst war, gaben sie schließlich ihr Einverständnis, und in ihrem neunzehnten Lebensjahr wurde Sarah Kemble Mrs. Siddons.

Die Hochzeit fand am 26. November 1773 in der Trinity Church in Coventry statt und am darauffolgenden 4. Oktober wurde das erste Kind, Henry, in Wolverhampton geboren.

Mr. Siddons war genau der richtige Mann, um ein junges und temperamentvolles Mädchen zu faszinieren. Gutaussehend, ruhig, gesetzt, ausgeglichen, nicht mit zu viel Verstand und nicht zu viel Eigenwillen ausgestattet. Man könnte auf ihn anwenden, was Johnson über Sheridans Vater sagte: „Er ist kein schlechter Mensch, nein, Sir; wenn die Menschheit in Gut und Böse unterteilt würde, würde er deutlich in den Reihen der Guten stehen." „Ein verdammter Schurkenspieler", sagt der Reverend Henry Bate nachdrücklich, „aber ein höflicher Kerl." Uns wird gesagt, dass er nicht nur jene Erfindungsgabe besaß, die in Provinztheatern die erste Voraussetzung ist, sondern auch die zweite, eine schnelle Auffassungsgabe, in fast unerreichter Perfektion. Er konnte sich von Nacht zu Nacht die längste dramatische Figur aneignen und sie mit einer Genauigkeit vortragen, die nur durch langes Üben zu entstehen scheint; aber der Eindruck war so gering, dass er sie in den wenigen Stunden, die er zum Lernen gebraucht hatte, wieder aus seinem Gedächtnis verschwand. Später sagten Mitglieder der Gesellschaft seiner Frau, dass Siddons zwar selbst ein schlechter Schauspieler war, aber ein ausgezeichneter Richter, der seine Frau immer maßregelte und über jeden Misserfolg sehr verärgert war. Seine Position als Ehemann der „großartigen Mrs. Siddons", die ständig durch ihre Überlegenheit in den Schatten gestellt wurde, war undankbar, aber wir müssen gestehen, dass er sie mit lobenswerter Gelassenheit ausfüllte.

Ihre Liebe wirkte besser als der Lametta-Schmuck, mit dem sie begann. Das glückliche häusliche Leben, das ihr gelang, war zweifellos ein großer Schutz vor den Gefahren und Schwierigkeiten ihres Lebens und rettete sie vor vielem, was den Ruin ihrer weniger geschützten Schwestern bedeuten würde. Uns wird erzählt, dass sie in den Tagen ihres Erfolgs, als ihre potenziellen Bewunderer und Liebhaber zahlreich waren, das Ohr ihres Mannes war, dem sie alle Vorfälle versuchter Galanterie anvertraute und die ausnahmslos das Leben einer Schauspielerin begleitete; und es gab viele herzhafte Lacher, die sie gemeinsam darüber austrugen. Vielleicht war die Neigung, ihn auszunutzen, ab und zu zu groß. Wir finden den armen Mann, der den Managern als deren gehorsamer, bescheidener Diener schreibt, erbärmliche Appelle an Garrick richtet und Dun Sheridan für den seiner Frau geschuldeten Betrag vorschlägt; Aber auf den ersten Blick scheinen sie alle Prüfungen und Kämpfe ihres Berufs gemeinsam erlebt zu haben.

Wolverhampton war ihre erste Bühne nach ihrer Heirat. Der amtierende Bürgermeister scheint ein Vorurteil gegen alle Schauspieler gehegt zu haben. Er hatte den King's Head Yard geschlossen und verächtlich erklärt, dass „weder Schauspieler, noch Welpe, noch Affe" in der Stadt auftreten sollten. Nach einer Demonstration des Volkes wurde er dazu bewegt, dieses strenge Verbot aufzuheben, und zu Weihnachten 1773 gab Roger Kemble zwei Standarddramen, *The West Indian* und *The Padlock* . Sarah trat zum ersten Mal als Mrs. Siddons bei einem Abschiedskonzert auf. Eine von ihr selbst verfasste und bei dieser Gelegenheit gehaltene Ansprache wurde von einem Einwohner Wolverhamptons gefunden und veröffentlicht:

> Sehr geehrte Damen und Herren, mein Gatte und ich
>
> Wir hatten einen Streit und ich sage Ihnen, warum.
>
> Er sagte, ich müsse erscheinen; nein, er schwor, es sei richtig
>
> Um Ihnen für die heute Abend erwiesenen Gefälligkeiten zu danken.
>
> ...
>
> Er bestand immer noch darauf, und um die Zustimmung zu gewinnen,
>
> Bemühte mich, mich mit einem Kompliment zu überwältigen;
>
> Sagte mir, dass ich hier der Favorit war,
>
> Zwar hatte er nur wenig bis gar keinen Applaus erhalten.
>
> „Schreiben Sie mir ein paar Zeilen, in denen ich reden und prahlen kann,
>
> Von Giften, Morden, die mit einer Schüssel oder einem Dolch begangen wurden;
>
> Oder lassen Sie mich, mit meinem Brogue und meiner Action bereit,
>
> Gib ihnen einen Pinsel, meine Liebe, von Witwe Brady."
>
> ...
>
> Erstens für einen Vater, der auf diesem schönen Gelände
>
> Hat eine Freundschaft gefunden, die selten zu finden ist,

Möge die allgute Kraft jede deiner Tugenden nähren,

Gesundheit, Wohlstand und Handel in Wolverhampton gedeihen!

Dieser Knittelvers ist fast vergleichbar mit Mr. Siddons' Ergüssen gegenüber den Ladies of Brecon.

Im darauffolgenden Jahr machten sich Herr und Frau Siddons auf den Weg nach Cheltenham, einer Stadt, die damals nur aus einer Straße bestand, „durch deren Mitte ein klarer Wasserstrahl floss und Trittsteine dienten, die als Brücke dienten". Allerdings waren seine Vorzüge als Badeort bereits im Ausland bekannt geworden, und einige der „guten Leute" hatten begonnen, den Weg dorthin zu finden. Als einige der Modebewussten sahen, dass das Stück „*Venice Preserved*" zur Aufführung im Theater angekündigt war, nahmen sie Eintrittskarten in der Hoffnung, sich von der Schlechtigkeit der rustikalen Aufführung sehr amüsieren zu lassen. Der Mann an der Kasse, der sich ihre gedankenlosen Bemerkungen angehört hatte, meldete sie Mrs. Siddons, die die Rolle der Belvidera spielen sollte. Der Gedanke an die Tortur, die ihr bevorstand, bedrückte die junge Schauspielerin. Der Spott war ihr ganzes Leben lang das Einzige, was die tragische Muse nicht ertragen konnte; und vom ersten Moment an war sie sich des antagonistischen Einflusses in einer der Logen bewusst und bildete sich ein, Geräusche unterdrückten Lachens zu hören. Sie verließ das Theater nach dem Stück zutiefst beschämt. Am nächsten Tag traf Herr Siddons Lord Aylesbury auf der Straße, der sich nach dem Gesundheitszustand von Frau Siddons erkundigte. Dann drückte er seine Bewunderung für ihre Leistung am Abend zuvor aus und erklärte, dass die Damen seiner Gruppe so übermäßig geweint hätten, dass sie Kopfschmerzen gehabt hätten. Herr Siddons eilte nach Hause, um das Herz seiner Frau mit der Neuigkeit zu erfreuen. Die Schauspielerin verdankte diesem Vorfall eine der treuesten Freundschaften ihres Lebens, denn Miss Boyle, die Stieftochter von Lord Aylesbury, besuchte sie noch am selben Tag, um ihr persönlich ihre Freude auszudrücken, und ließ von diesem Zeitpunkt an die Intimität nie mehr nach . Diese Dame scheint in mehrfacher Hinsicht über beträchtliche künstlerische Begabungen verfügt zu haben, da sie, wie Campbell uns mit viel Nachdruck erzählt, „*An Ode to a Poppy*" *geschrieben hat*, das zu ihrer Zeit als sehr verdienstvoll galt. Was für die junge Schauspielerin jedoch wichtiger war als die Qualifikation ihrer neuen Freundin, „Oden" zu schreiben, war ihre Fähigkeit, Kostüme für verschiedene Rollen mit ihren eigenen Händen anzufertigen, und ihre Großzügigkeit, „Eigenschaften" aus ihrer eigenen Garderobe bereitzustellen. Es gab jedoch einige, die nicht einmal die ehrenwerte Miss Boyle besaß. Für die männlichen Gewänder der Witwe Brady stellte die junge Schauspielerin am Abend der Aufführung fest, dass keine Vorkehrungen getroffen worden waren. Die Geschichte besagt, dass ein Herr höflich die Loge verließ, in der er saß, ihr seinen Mantel lieh und mit einem Unterrock über den Schultern in den Nebenszenen stand, bis ihm sein Eigentum zurückgegeben wurde. Ob dieser höfliche Mensch Lord Aylesbury war, erfahren wir nicht, aber wir wissen, dass er zu Miss Boyles Gruppe gehörte.

Das besonders Faszinierende an Mrs. Siddons Schauspiel in jenen frühen Tagen war seine Einfachheit und sein Pathos, die, vereint mit bemerkenswerter Schönheit und Ausdruckskraft, die Herzen aller ländlichen Zuschauer eroberten. Ihr Talent scheint jedoch erstaunlich unreif gewesen zu sein, wenn man bedenkt, wie viel Übung sie fast von der Wiege an auf der Bühne hatte. Rachel erreichte den Höhepunkt ihres Könnens mit siebzehn, Mrs. Siddons erst mit dreißig. Sie selbst gesteht später in ihrem Bericht über ihre erste Lesung von *Macbeth* : „Da ich damals erst zwanzig Jahre alt war, glaubte ich wie viele andere auch, dass es nicht viel mehr brauchte, als mir die Worte in den Kopf zu schreiben; denn die Notwendigkeit von Urteilsvermögen und die Entwicklung des Charakters waren zu dieser Zeit meines Lebens noch kaum in meiner Vorstellungskraft vorhanden."

Die Fähigkeit, Tränen hervorzurufen, besaß jedoch bereits sie, und Gerüchte über den Charme und die Schönheit der jungen Schauspielerin waren nach London geschwungen und erreichten sogar die Ohren des großen Garrick selbst. Mrs. Siddons erzählt uns in ihren Autogrammerinnerungen: „Mr. King kam auf Befehl von Mr. Garrick, der von der Familie Aylesbury einiges über mich gehört hatte, nach Cheltenham, um mich im *Fair Penitent zu besuchen* . Ich kannte damals weder Mr. King noch seine Absichten." Sie wusste auch nichts von dem zweiten Abgesandten, den Garrick schickte, Rev. Henry Bate, der 1781 den Namen Dudley annahm und später zum Kanoniker und Baron ernannt wurde; ein kraftloser, muskulöser Geistlicher der alten Schule, der in einem Moment Duelle lieferte und im nächsten „scharfe" Artikel zu jedem Thema schrieb, „menschlich und göttlich". Er war als Theaterzensor und Kritiker mit großem Scharfsinn bekannt. Wir kennen ihn durch Gainsboroughs Porträt, wie er mit seinem Hund in einem Garten steht. Ein politischer Gegner soll geäußert haben, der Mann wolle „Hinrichtung" und der Hund „hängen". Wir stellen fest, dass Garrick ihn ständig auf Theaterbesuche schickt. Wir geben die Briefe, die er über Mrs. Siddons schrieb, aufgrund ihres charakteristischen urigen Humors und ihrer scharfsinnigen Beobachtungsgabe nahezu vollständig wieder; und auch , weil sie Garrick bis zu einem gewissen Grad von einigen der von Mrs. Siddons gegen ihn erhobenen Anschuldigungen entlasten: —

MEIN LIEBER FREUND ,

Nachdem wir die verschiedenen Schwierigkeiten einer der härtesten Kreuzungen in diesem Königreich bekämpft hatten, kamen wir am letzten Donnerstag sicher in Cheltenham an und sahen in der Figur der Rosalind die theatralische Heldin dieses Ortes. Obwohl ich sie vom Seitenflügel der Bühne aus (einer etwa drei Meter entfernten Scheune) und daher unter fast allen Nachteilen sah, gestehe ich, dass sie einen so starken Eindruck auf mich gemacht hat, dass ich denke, dass sie eine wertvolle Anschaffung für mich sein kann Drury Lane. Ihre Figur muss bemerkenswert gut sein, wenn auch vorerst geschädigt. Ihr Gesicht (wenn ich es von dort aus beurteilen könnte, wo ich es gesehen habe) ist eines der auffallendsten Bühneneffekte, die ich je gesehen habe, aber ich werde Sie noch mehr überraschen, wenn ich Ihnen versichere, dass dies nichts mit ihrer Handlung und ihrem allgemeinen Bühnenverhalten zu tun hat. die bemerkenswert angenehm und charakteristisch sind; Kurz gesagt, ich kenne keine Frau, die die verschiedenen Passagen und Übergänge mit so viel Vielfalt und gleichzeitig so viel Anstand im Ausdruck markiert. In der letzten Humbug-Szene mit Orlando, bevor sie sich zu erkennen gab, hat sie mehr daraus gemacht als jeder andere, den ich je gesehen habe, nicht einmal Ihre göttliche Mrs. Barry ausgenommen. Nach dieser Lobrede ist es jedoch notwendig, Ihnen mitzuteilen, dass mir ihre Stimme zunächst ziemlich dissonant vorkam, und aus dem privaten Gespräch, das ich mit ihr führte, schätze ich, dass sie in leidenschaftlichen Szenen etwas nervig sein muss; Da ich jedoch feststellte, dass es sich abnutzte, je interessanter das Geschäft wurde, neige ich dazu zu glauben, dass es sich nur um einen Scheinfehler handelt, der korrigiert, wenn nicht sogar vollständig beseitigt werden kann. Sie teilte mir mit, dass sie seit ihrer Wiege auf der Bühne stehe. Obwohl es mich überraschte, verschaffte mir dies die höchste Meinung über ihr Urteilsvermögen, denn ich stellte fest, dass sie sich keine Spaziergängergewohnheiten angeeignet hatte, die so oft der Fluch vieler Theatergenies waren. Sie wird Ihnen auf jeden Fall auf jeden Fall von großem Nutzen sein, da sie eine große Anzahl von Charakteren spielt, von denen ich, wie ich zu behaupten wage, alle mit Anstand ausfüllt, obwohl ich sie bisher nur in einer gesehen habe . Sie ist, wie Sie erfahren haben, eine sehr gute Figur in Hosen und spielt die Rolle *der Witwe Brady* , wie ich erfahren habe, bewundernswert. Ich würde mich aufgrund ihrer Leichtigkeit, Figur und Art nicht wundern, wenn sie die *Stolzesten* beider Häuser in vornehmer Komödie zum Zittern brachte — nein, seien Sie vorsichtig, *großer kleiner Mann* , denn sie spielt Hamlet zur Zufriedenheit der Worcestershire-Kritiker.

Sobald das Stück zu Ende war, schrieb ich eine Nachricht an ihren Ehemann (der ein verdammt schurkischer Spieler ist, wenn auch scheinbar ein sehr höflicher Kerl) und bat um ein Interview mit ihm und seiner Frau, wobei ich gleichzeitig die Art meines Geschäfts mitteilte. Sie werden es mir nicht verübeln, dass ich diesen Gewaltmarsch zu Ihren Gunsten durchgeführt habe, da ich erfahren habe, dass einige der Covent Garden Mohawks in der Nähe des Ortes verschanzt waren und beabsichtigten, sie zu überraschen. Am Ende der Posse warteten sie auf mich, und nachdem ich meinen Auftrag eröffnet hatte, äußerte sie sich erfreut über die Gelegenheit, unter Ihren Augen vorgeführt zu werden, lehnte es jedoch ab, irgendwelche Bedingungen vorzuschlagen, und überließ es ganz Ihnen, sie dafür zu belohnen Du hast es richtig gedacht.

Sie werden feststellen, dass sie im Moment so zurückhaltend ist, wie es normalerweise bei der ersten Betreuerin der Fall ist; Wie schnell die Kraft der Beispiele von Drury Lane, gepaart mit der wachsenden Eitelkeit einer Bühnenheldin, sie verwandeln wird, kann ich nicht sagen. Es ist ein großer Glücksfall, dass die Gesellschaft zur Rennwoche nach Worcester kommt, wo ich jede Gelegenheit nutzen werde, sie zu sehen, und wenn ich den geringsten Grund finde, meine Meinung zu ändern (vielleicht zu voreilig formuliert), erhalten Sie sofort meinen Widerruf. Meine Frau, von deren Urteilsvermögen in Theaterangelegenheiten ich eine hohe Meinung habe, schließt sich diesen Ansichten hinsichtlich ihrer Verdienste an. Ich hätte dir schon früher schreiben sollen, aber von hier aus ist außer der von heute Abend keine Post rausgegangen.

Ich erwarte, per Post von Ihnen zu hören, da Siddons mich besuchen wird, um zu erfahren, ob Sie sie als verlobt betrachten. Meine Frau schließt sich mir in Bezug auf Mrs. Garrick und Sie an. Ich verbleibe, mein lieber Herr (nachdem ich, wie ich annehme, in aller Eile einen verdammten Kauderwelsch unverständlichen Kram geschrieben habe),

Mit freundlichen Grüßen,

H. BATE .

Worcester, 12. August 1775.

PS: Direkt zu mir an den „Hop Pole".

An David Garrick, Esq., Adelphi, London.

Worcester, 19. August 1775.

MEIN LIEBER FREUND ,

Ich habe Ihren sehr freundlichen Brief erhalten und nehme die erste Post von hier, um ihn zu beantworten. Ich fand es unnötig, dem *Ehemann die von Ihnen gewünschte Mitteilung zu machen* , da er nur auf eine Art und Weise beschäftigt werden muss, die Sie für angemessen halten; und da er viel erträglicher ist, als ich ihn zuerst dachte, dürfte es keine große Schwierigkeit sein, ihn so einzusetzen, dass der Mann zufrieden ist, ohne das Vermögen zu belasten. Ich habe ihn neulich Abend in „Young Marlow" in Goldsmiths Comedy gesehen, und damals war er alles andere als verachtenswert; weder seine Figur noch sein Gesicht waren verachtenswert. Im Theater herrscht Eifersucht, weil man vermutet, dass sie sie verlassen, und der stellvertretende Direktor scheint entschlossen zu sein, dass ich sie nie wieder in einer Rolle sehe, in der sie mir eine zweite Demonstration ihrer schauspielerischen Fähigkeiten bieten könnte. Ich bin jedoch entschlossen, die Belagerung fortzusetzen, bis sie ihr etwas Großartiges geben, da ich weiß, *dass dies* schnell der Fall sein muss, oder die Garnison durch Hunger fallen muss.

Sie ist bereits *ein halbes Jahr alt* , so dass sie schon recht früh im Dezember dienstbereit sein wird; Da Sie sicherlich beabsichtigen, den folgenden Feldzug zu eröffnen, indem Sie persönlich an der Spitze Ihrer Linien angreifen, gehe ich davon aus, dass sie in einer sehr günstigen Krise ein zweites Kommando übernehmen wird, wenn der Rückzug vom Feld politisch notwendig sein könnte. Ich bin stark für ihren ersten Auftritt in *Rosalind* ; aber Sie können vielleicht besser urteilen, nachdem Sie die Liste auf der anderen Seite durchgelesen haben; Die unter [in *Kursivschrift*] markierten Zeichen sind diejenigen, die sie anderen vorzieht: –

- Jane Shore.

- *Alicia.*

- Roxana.

- *Griechische Tochter.*

- Matilda.

- *Belvidera.*

- Calista.

- Monimia.

- Julia.

- Cordelia.

- Horatien.

- Imogen.

- Marianne.

- *Frau Townley.*

- *Portia.*

- Frau Belville.

- Violante.

- *Rosalinde.*

- Frau Strickland.

- Klarinda.

- Fräulein Aubrey.

- Charlotte.

- *Witwe Brady.*

Sie haben sicherlich Recht, was ein Memorandum zwischen Ihnen betrifft. Sobald ich also eines von Ihnen erhalte, wird es ihnen nach Cheltenham übermittelt, wohin sie nächste Woche zurückkehren, und sie haben versprochen, mir umgehend eine Antwort nach Birmingham zu schicken. Ich werde mich sofort auf den Weg dorthin machen, sobald ich Ihren Brief auf irgendeine Weise erhalten habe, um diese Angelegenheit endgültig und zur Zufriedenheit aller Parteien abzuschließen. Ich bitte Sie um Ihre Antwort auf die folgenden drei Einzelheiten:

1. Da sie jederzeit bereit sind, Ihrer Vorladung Folge zu leisten, darf man ihnen dann nicht etwas zum Verpflegung geben, wenn sie vor ihrem Erscheinen in die Stadt kommen?

2. Haben Sie Einwände, ihn in einer Situation einzusetzen, in der er Ihrer Meinung nach „nützlich" sein könnte?

3. Wann entscheiden Sie, ob sie Sie begleiten sollen?

Was das erste betrifft: Wenn Sie nicht geneigt sind, sie bei der Eröffnung des Hauses dabei zu haben, kann es Ihnen vielleicht einige Kosten ersparen, wenn sie auf dem Land in ihrer eigenen Gesellschaft bleibt, wo es ihnen sehr gut geht; aber darüber müssen Sie der beste Richter sein. Was ihn betrifft, denke ich, dass Sie nichts dagegen haben können, ihn zu den Bedingungen zu akzeptieren, die er selbst vorschlägt. Ich habe vergessen, Ihnen zu sagen, dass Mrs. Siddons etwa zwanzig Jahre alt ist. Es wäre ungerecht, einen Umstand nicht zugunsten beider anzumerken; Ich meine den allgemein guten Charakter, den sie hier viele Jahre lang bewahrt haben, aufgrund ihres öffentlichen und privaten Verhaltens im Leben. Ich bitte Sie, bei der Beantwortung der drei Fragen sehr genau zu sein und auch ausdrücklich den Zeitpunkt anzugeben, zu dem Sie sie sehen möchten, damit sie ihre kleinen Angelegenheiten entsprechend regeln können.

In einem *Nachtrag* fügt er hinzu:

Sie ist die außergewöhnlichste Schnellstudierin, von der ich je gehört habe. Das kann nicht verkehrt sein, denn wenn ich mich recht erinnere, haben wir in D. Lane bereits eine ausreichende Anzahl von *Bleiköpfigen* .

Dann kamen Briefe von Siddons als Antwort auf einige von Bate, in denen eine Verlobung abgeschlossen wurde. Wir können die zitternde Angst des jungen Paares sehen. „Sie waren sehr besorgt", sagt er, „weil sie nicht früher davon hörten", denn aus der Zeile, die er ihm in Mr. Garricks Handschrift gezeigt hatte, war er sich der Verlobung von Mrs. Siddons sicher gewesen. Infolgedessen hatten sie seine Partner im Management von Cheltenham über seine Absicht informiert, zu gehen; Wenn also irgendetwas geschehen wäre, um ihre Verlobung zu verhindern, hätte es sich „als sehr unglücklicher Umstand erwiesen". Dann geht er auf einen sehr wichtigen Punkt ein – dass sie dringend Geld brauchen, um Mrs. Siddons erwartete Entbindung zu überbrücken. "Herr. „Garrick", sagt er, „hat durch sein freundliches Angebot des Geldes eine ewige Verpflichtung übertragen."

In seinem nächsten Brief vom 9. November 1775 in Gloucester schreibt er: „Nach meinen früheren Berichten über die Zeit von Mrs. Siddons werden Sie überrascht sein, wenn ich Ihnen erzähle, dass sie zu Bett gebracht wird; Sie wurde unerwartet krank, als sie auf der Bühne auftrat, und brachte mir am nächsten Morgen früh ein schönes Mädchen zur Welt. Es ist wahrscheinlich, dass es beiden, Gott sei Dank, gut geht; aber ich fürchte, Sir, trotzdem werde ich nicht viel früher als zu dem Zeitpunkt, den ich zuletzt erwähnt habe, hier abreisen können." Dann spielt er auf zwanzig Pfund an, die er in Garricks Namen geliehen hat, um dringende Forderungen zu erfüllen.

Dieses „feine Mädchen" war Mrs. Siddons Tochter Sarah, deren früher Tod ihrer Mutter später fast das Herz brach.

KAPITEL III.
„DAVEY."

„Haben Sie jemals gehört", fragte Garrick in einem unveröffentlichten Brief an Moody, der damals in Liverpool war, „von einer Frau, Siddons, die irgendwo in Ihrer Nähe herumschlendert?" Vier Monate später trat sie mit Hilfe des positiven Berichts von Rev. Henry Bate über ihre Kräfte zum ersten Mal in Drury Lane auf. Die Goldenen Tore des Temple of Fame wurden geöffnet. Man hätte meinen können, die junge Priesterin hätte nur eintreten und die heilige Flamme entzünden müssen; Aber Genie ist nicht an Zweckmäßigkeit oder Gelegenheit gebunden.

Im Jahr 1775, dem Jahr, in dem Garrick die Geschäftsführung aufgab, trat Mrs. Siddons in den Vorstand von Drury Lane ein. Sie hatte den höchsten Punkt ihres Ehrgeizes erreicht – sie sollte mit dem größten Schauspieler seiner Zeit vor einem Theaterpublikum auftreten, das durch große Traditionen anspruchsvoll und kritisch war.

Dies ist der unglücklichste Teil ihres Lebens, den sie erzählen kann. Misserfolg und Enttäuschung begleiteten jeden Schritt, den sie machte; und dieses Scheitern und diese Enttäuschung entmutigten sie zwar nicht im Geringsten bei der Verfolgung ihrer Kunst, trieben sie jedoch in Verbitterung und ein ungerechtfertigtes Gefühl des Grolls gegen Garrick, was eine Untersuchung der Umstände des Falles in keiner Weise rechtfertigt. Eine der Schwächen von Kemble war eine stolze Sensibilität für alles wie Beleidigungen oder Vernachlässigungen, und diese Beleidigungen waren meist nur Phantome ihrer eigenen Einbildung.

Es gibt einem ein trauriges Gefühl der Ungerechtigkeit, wenn man sieht, wie der Vorwurf der Eifersucht, den sie offen vorbringt, von dem früheren Biographen wiederholt wird, der über sie geschrieben hat – wenn wir, die durch die Veröffentlichung seiner Korrespondenz ein umfassenderes Licht auf das Leben des großen Schauspielers geworfen haben, wissen, wie frei er war von den belastenden Sünden seines Handwerks verschont. Um beliebt zu sein, muss ein Mann die Fehler derer haben, zu denen er gehört. Garrick wurde als geizig bezeichnet, weil er sein Geld nicht wie seine Kollegen wegwarf; steif, weil er ein moralischer Mann inmitten einer sprichwörtlichen Laxheit der Manieren war; eifersüchtig, weil er die Ehre seiner Kunst und seines Theaters über persönliche Rücksichten stellte. Wegen seines beispiellosen Erfolgs wurde er beneidet. Die beiden Wolken, die den Adel seines Charakters verhüllten – die Liebe zum Geld und die Liebe zu guten Freunden – verschwanden wie Nebel im Sonnenschein, wenn er wirklich gerufen wurde, um in einer Notsituation zu helfen oder sich um einen alten Freund zu kümmern. Diese Fehler wurden jedoch von Johnson, Foote und vielen anderen hervorgehoben. Garrick könnte am Abend seines Lebens auf der Terrasse seines Hauses in Twickenham die für ihn bittere Bemerkung machen: „In einem Schauspielhaus bin ich nicht immer auf Dankbarkeit gestoßen."

Damals war es zweifellos eine Erleichterung für Mrs. Siddons' Enttäuschung, sich die fadenscheinigen Andeutungen von Mr. Sheridan über Garricks Eifersucht anzuhören; Aber wenn Sheridan mit seinen Aussagen aufrichtig war, ist es eine merkwürdige Tatsache, dass er, als er Garricks Nachfolger als Manager wurde, nie versucht hat, sie wieder zu verpflichten; im Gegenteil, sie schloss abrupt und unhöflich alle Verhandlungen ab und kündigte alle mit der Schauspielerin und ihrem Ehemann getroffenen Vereinbarungen über einen erneuten Auftritt im Drury Lane.

Wir erlauben dem Leser jedoch, die Geschichte anhand ihrer eigenen Vorzüge zu beurteilen.

Nach den positiven Berichten von King und Bate engagierte Garrick, wie wir aus den Briefen von Bate ersehen konnten, Mrs. Siddons und ihren Mann. Die Energie, die sie später so außerordentlich auszeichnete, zeigte sich nun.

Obwohl sie überhaupt nicht kräftig war – ihr ältestes Mädchen und zweites Kind, wie wir gesehen haben, wurde erst am 5. November 1775 geboren –, begann sie Anfang Dezember mit den Vorbereitungen für ihre Reise nach London, was damals kein Scherz war als es „zwei Stunden vor Tagesanbruch oder erst spät in der Nacht" drei Tage dauerte, um Bristol zu erreichen.

Fünf Tage, erzählt uns Mrs. Delaney, dauerte die Fahrt über die gleiche Straße, die die Siddons nun vor sich hatten, bis zum Haus ihres Vaters in Gloucestershire. „Bei jedem halbstündigen Flop gerieten wir in ein Sumpf, überschlugen uns nicht, sondern blieben stecken. Wir wurden herausgezerrt und die Kutsche mit großer Mühe wieder aufgebaut."

Voller Hoffnung und Aufregung bereitete sich die junge Schauspielerin jedoch in Begleitung ihres Mannes und ihrer Babys auf ihre Expedition vor. Kein Pilger, der sich dem Heiligtum von Mekka näherte, war jemals begeisterter als sie, als sie sich dem Ort aller Schauspieler dieser Zeit, Drury Lane, näherte. Doch trotz all ihrer Freude hören wir bereits einen Anflug von Unzufriedenheit, der uns missfällt. Garrick hatte vereinbart, ihr fünf Pfund pro Woche zu geben, damals ein üppiges Gehalt für einen Anfänger. Frau Abington und Frau Yates erhielten nur zehn. Sie hatte den gegen ihn erhobenen Vorwurf der Geizigkeit gehört und wiederholte ihn papageienartig, ohne wirklich darüber nachzudenken, ob er in ihrem Fall zutraf.

Wir werden die Geschichte jedoch mit ihren eigenen Worten erzählen, die aus Recollections stammen, die sie viele Jahre später geschrieben hat, aber voller Bitterkeit, als ob sie sie geschrieben hätte, während sie noch unter ihrem Rücken schmerzte.

„Glücklich, dort platziert zu sein, wo ich anmaßend versprochen hatte, dass ich alles tun würde, was ich seitdem erreicht habe, und wenn ich nur einmal die Gelegenheit dazu bekommen könnte, zollte ich dem großen Mann sofort meinen Respekt. Ich sah damals gut aus; und ganz gewiss, alles in allem betrachtet, eine Schauspielerin, die meine armen fünf Pfund pro Woche wert ist. Sein Lob wurde mir großzügig zuteil.“ Campbell erzählte uns, dass er ihr in diesem Interview ein Kompliment dafür gemacht habe, dass sie nicht den üblichen „Tie-tum-Tie“- oder Singgesang der Provinzschauspielerin an den Tag legte. „Aber“, fährt sie fort, „seine Aufmerksamkeit, so groß und unermüdlich sie auch war, endete schlimmer als nichts.“ Wie ließ sich all diese Bewunderung mit seinem späteren Verhalten vereinbaren ? Warum das so ist, glaube ich: Er zog sich aus der Leitung von Drury Lane zurück, und ich nehme an, dass er zu diesem Zeitpunkt seine Hände von all seinen Sorgen und Details waschen wollte. Wie dem auch sei, er hatte immer Einwände gegen mein Erscheinen in einer sehr prominenten Rolle und sagte mir, dass Mrs. Yates und Miss Young mich vergiften würden, wenn ich das täte. Ich hielt ihn natürlich nicht nur für ein Orakel, sondern auch für meinen Freund; und aufgrund seines Ratschlags wurde Portia im „ *Kaufmann von Venedig* “für *mein Debüt* ausgewählt , eine Figur, bei der ich wahrscheinlich kein großes Aufsehen erregen würde. *Ich wurde daher lediglich geduldet. ”*

Wir möchten hier erwähnen, dass es kaum richtig sein kann, dass Mrs. Siddons dachte, sie würde in Portia keinen Eindruck hinterlassen, da sie Portia in der Liste ihrer Lieblingsteile, die sie Mr. Bate gab, unterstrichen hatte, und wir finden, dass sie es später als auswählte die Figur, in der man vor Horace Walpole auftritt, wenn man den erbarmungslosen Kritiker besänftigen möchte. Aber wir werden die unglückliche Geschichte dieser Zeit weiterhin mit ihren eigenen Worten erzählen.

„Die überschwängliche Bewunderung, die Garrick im Theater umwarb, kann man sich nicht vorstellen; und wer auch immer der glücklose Wicht war, der durch sein vornehmes und beneidetes Lächeln geehrt werden sollte, wurde natürlich zum Gegenstand von Bosheit und Böswilligkeit. Ich konnte mir kaum vorstellen, dass ich selbst nun dieses elende Opfer war. Manchmal reichte er mich von meinem eigenen Platz im grünen Saal, um mich neben seinen Platz zu stellen ... Außerdem“, fährt sie fort, „wählte er mich aus, um bei der Wiederbelebung des *Jubiläums die Venus zu verkörpern* . “ Dies brachte mir den böswilligen Namen von Garricks „Venus“ ein, und die Damen, die sie mir so freundlicherweise schenkten, stürmten in der letzten Szene vor mir her, so dass er (Mr. Garrick) uns nicht mit seinen eigenen Händen mit nach vorne gebracht hätte , mein kleiner Amor und ich, deren festgelegte Plätze ganz vorne auf der Bühne lagen, hätten in diesem Moment genauso gut auf der Insel Paphos sein können."

Thomas Dibdin, der Amor bei dieser Gelegenheit, erzählte Campbell später, dass Mrs. Siddons ihn bei Laune hielt, weil er in seiner Rolle als Gott lächeln musste, indem sie ihn fragte, welche Art von Zuckerpflaumen er am liebsten möge, und ihm einen großen Vorrat davon versprach. Nach der Vorstellung hielt sie ihr Wort. Dies ist ein charakteristischer Charakterzug; die meisten jungen Schauspielerinnen wären unter diesen Umständen eher mit der Wirkung ihrer eigenen Schönheit auf das Publikum beschäftigt gewesen als mit dem Lächeln ihrer Amoren.

Endlich kam der Tag, an dem sich ihr Schicksal entscheiden sollte. Er fiel in die Weihnachtswoche 1775, und das anwesende Publikum wurde als „zahlreich und prächtig" beschrieben.

Nachfolgend sehen Sie eine Kopie des Theaterprogramms:

(In diesen zwei Jahren nicht aufgeführt.)
Von Her Majesty's Company im Theatre Royal in Drury Lane. An diesem
Tag wird aufgeführt

DER KAUFMANN VON VENEDIG.

Shylock	Herr KÖNIG .
Antonio	Herr REDDISH .
Gratiano	Herr DODD .
Lorenzo (mit Liedern)	Herr VERNON .

&C. &C.

Dann Jessica (mit einem Lied)	Fräulein JARRETT .
Nerissa	Frau DAVIES .

Portia, von einer jungen Dame (ihr erster Auftritt).

Das Ergebnis lässt sich am besten anhand des Urteils der Zeitungskritiker erkennen. Einer sagt: „Vor uns wankte eher, als dass er ging, ein sehr hübsches, zartes, zerbrechlich aussehendes junges Geschöpf, das auf höchst unziemliche Weise gekleidet war, einen verblichenen lachsfarbenen Sack und Mantel trug und unsicher war, wo es entweder seine Augen oder sich selbst fixieren sollte Füße. Sie sprach in gebrochenem, zitterndem Ton; und am Ende jedes Satzes versank ihre Stimme in einem „schrecklichen Flüstern", das fast unhörbar war. Nach ihrem ersten Ausstieg fiel das Urteil der Grube einstimmig über ihre Schönheit aus, erklärte sie jedoch für unbeholfen und provinziell."

In der berühmten Prozessszene gewann sie ihren Mut zurück und hielt die große Rede vor Shylock mit „kritischem Anstand", aber mit einer schwachen Ausdrucksweise, die eher auf körperliche Schwäche als auf mangelnden Geist oder Gefühl zurückzuführen zu sein schien. Eine andere Zeitung, die „verstand, dass die neue Portia die Heldin einer dieser kleinen Gruppen reisender Komödianten gewesen war, die durch das Land ziehen", gestand, dass sie eine schöne Bühnenfigur hatte; ihre Gesichtszüge waren ausdrucksstark; sie war ungewöhnlich anmutig; aber ihrer Stimme mangelte es an Klangvielfalt und Klarheit. Dies kann jedoch auf eine Erkältung oder Nervosität zurückzuführen sein. Ihre Worte wurden mit gesundem Menschenverstand und Geschmack vorgetragen, nur war in der Darbietung weder Feuer noch Geist zu spüren. „Nichts", schließt der Kritiker, „ist so gewinn- und ruhmlos wie eine kalte Korrektheit."

Wenn man weiß, dass Kemble zu viel lernt und sich zurückhält, scheint dies eine berechtigte Kritik zu sein. Einige Nächte später vertrat sie Portia erneut, ihr Name erschien jedoch nicht auf den Rechnungen. Sie zeigte mehr Selbstvertrauen und hatte etwas mehr Erfolg, aber sie schien ihr Publikum nicht erreichen zu können.

Garrick war zu dieser Zeit damit beschäftigt, eine von Colman verfasste Kurzfassung von Ben Jonsons „ *Epicœne" anzufertigen* , und im Vertrauen auf die Aussage seines Freundes Mr. Bate, dass die *Debütantin* „eine sehr gute Hosenfigur" hatte, wählte er sie aus die Rolle der Heldin. Das Ergebnis war ein Misserfolg. Kritiker beklagten „die Verwirrung, als Mrs. Siddons, in dem Stück als Frau verkleidet, sich am Ende als Junge zu erkennen gab." Die von Parson Bate herausgegebene *Morning Post* war die einzige Zeitung, die sich für den Versuch aussprach.

Der nächste Teil, in den sie eingebunden wurde, stammte von demselben Bate, *The Blackamoor White-washed* . Wir können sehen, wie Garrick durch die Erfordernisse seiner Verpflichtungen gegenüber Bate gezwungen wurde, dieses Stück auf die Bühne zu bringen; Der einzige Fehler, den er machte, bestand darin, die junge Schauspielerin den Risiken und Chancen der ersten Darstellung auszusetzen, die aufgrund der scharfen Feder und der energischen Fäuste ihres Autors wahrscheinlich nicht auf uneingeschränkte Zustimmung stoßen würde. Leider verstand er die stolze Schüchternheit des Mädchens, dem er die Aufgabe auferlegt hatte, nicht. Seine anderen Damen hatten nichts gegen eine Zurückweisung und würden alles für einen Kritiker tun, der sie lobte, so wie Mr. Bate „Portia" gelobt hatte. Was einen theatralischen Aufruhr anbelangt, so erfreuten sie ihn lieber als sonst, wenn er sich nicht gegen sie persönlich richtete. Obwohl Mrs. Siddons im

Nachhinein mit so manchem Gast behandelt wurde, vergaß sie dieses erste Erlebnis nie. Eine Gruppe von Preiskämpfern, die angeblich Anhänger des Pfarrers waren, stürmte in die Grube und brachte die Möchtegern-Kritiker des Stücks zum Schweigen, indem sie nach rechts und links schlugen. In der nächsten Nacht versammelten sich beide Seiten in großer Zahl, und die Szene entzog sich jeder Beschreibung. Offiziere in den Logen kämpften mit Herren aus der Grube und den Galerien. Die Damen wurden aus den Logen vertrieben und überließen sie den Kämpfern. Garrick, der zu versuchen schien, den Mob zu besänftigen, wurde mit einer Orange beworfen, und eine brennende Kerze wurde an King vorbeigereicht, der vom Autor kam, um den Rückzug des Stücks anzukündigen. Selbst diese Aussage bewirkte erst nach Mitternacht, dass die Ruhe wiederhergestellt wurde, als sich die Randalierer erschöpft von ihren Anstrengungen zerstreuten. Am nächsten Tag beschimpften alle Zeitungen die Julia des Artikels, die keine Chance gehabt hatte, sich Gehör zu verschaffen. "Frau. „Siddons, die keine Komik in ihrer Natur hatte", sagte einer, „machte das lächerlich, was der Autor offenbar angenehm machen wollte."

Am 15. Februar erlaubte Garrick ihr erneut, zu erscheinen; Diesmal in Mrs. Cowleys *Runaway* – eine kleine, aber aussagekräftige Rolle, die einen ihrer Kritiker zu der Aussage veranlasste, dass sie sich in die wandelnde Gentleman verfiel und ihr kein langer Spaziergang gestattet wurde, bevor sie zur „Runaway" wurde. Garrick machte ihr daraufhin das Kompliment, ihr die Rolle der Mrs. Strickland in der alten Komödie „ *Der verdächtige Ehemann*" seines Ranger anzuvertrauen . Eine Dame gesteht, dass sie in diesem Teil von Mrs. Siddons zu Tränen gerührt war, doch die Mehrheit des Publikums und der Zeitungen scheinen sie mit völligem Schweigen übergangen zu haben.

Garrick begann nun mit seinen Abschiedsvorstellungen. Er wählte sie aus, um die Lady Anne vor seinem Richard III. zu spielen – eine Ehre, die die meisten Damen der Kompanie begehrten. Der Schauspieler hat seine besten Tage übertroffen; Die Wildheit und das Feuer seines Blicks ließen die junge Schauspielerin fast erstarren. In ihrer Aufregung vergaß sie seinen wichtigen Befehl, aufzustehen, damit *sein* Gesicht dem Publikum präsentiert werden könne. Der Blick, den sie erhielt, ließ sie vor Schrecken fast in Ohnmacht fallen und verriet zweifellos ihre Angst in ihrem Schauspiel. Die Kritiker bezeichneten sie als „beklagenswert" und die Öffentlichkeit war völlig gleichgültig. Dies war ihr letzter Auftritt. Und so endete ihre erste katastrophale Saison bei Drury Lane. Wir glauben, dass jede unvoreingenommene Person, die den Bericht darüber liest, Garrick vollständig von den gegen ihn erhobenen Vorwürfen freisprechen wird. Es waren andere Ursachen im Spiel, die die beleidigte Schauspielerin nicht berücksichtigte.

Garrick konnte Grobheit und mangelnde Vollständigkeit nicht verzeihen. Er selbst hatte die Londoner Bühne mit ebenso natürlicher Leichtigkeit betreten, und in seiner Darstellung von Richard III. hatte die Stadt beim ersten Mal ebenso völlig im Sturm erobert wie beim letzten Mal, als er sie spielte. Er nahm nie Rücksicht auf seine Schüchternheit und wurde ungeduldig, weil es ihm an Selbstvertrauen mangelte. Wir wissen, dass er völlig an Mrs. Graham und später an der großen Mrs. Yates verzweifelte, als er sie zum ersten Mal in der Rolle der Marcia sah; und Miss Barton, später Mrs. Abington, erlaubte er zunächst, Drury Lane zu verlassen, weil er ihr, wie er sagte, keine angemessene Rolle geben konnte. Das Kemble-Genie hingegen war eine Pflanze mit langsamem Wachstum, die viel Kultivierung und viele Jahre brauchte, um sie zur Perfektion zu bringen.

Garrick war vor allem ein Manager, dem die Ehre seines Theaters am Herzen lag. Er hatte jahrelang das Ruder an der Drury Lane inne und die Geschicke des Ensembles durch stürmische Gewässer sicher in die Oase des finanziellen und künstlerischen Erfolgs geführt, wie ihn noch kein Theater zuvor genossen hatte; aber zu welchem Preis! Gequält von den Eifersüchteleien, der Unverschämtheit und der Gier seiner Hauptdarstellerinnen, entmutigt vom Neid und dem Verrat seiner ältesten Freunde, muss er froh gewesen sein, darüber nachzudenken, sich aus dem Tumult zurückzuziehen, um ungestört die Kompetenz zu genießen, die er vor einem retten konnte ein langes Leben im Dienste seiner Kunst und der Öffentlichkeit. Er hatte nur noch ein Jahr Knechtschaft, aber das Geschirr hatte begonnen, fast unerträglich zu verschleißen. Als er nach langwierigen Proben krank und erschöpft nach Hause kam, musste er gereizte Briefe beantworten, als er ins Theater zurückkehrte, mussten feindliche Angriffe vermieden werden, während draußen versteckte und erklärte Feinde aufgestellt waren, die eifersüchtig auf seinen Erfolg waren und darauf bedacht waren, sie zu finden ein Fehler in seiner Ehre oder seinem Genie. Plötzlich fiel ihm eine Methode ein, die er zuvor mit Erfolg ausprobiert hatte, um die hitzigen Gemüter der Damen in „seinem Königreich" zu zügeln. Er hatte von einer hübschen jungen Schauspielerin gehört, die Mitglied einer Gruppe war, die in der Provinz unterwegs war. Er beschloss, sie zu engagieren und sie im letzten Amtsjahr als Gegenspieler gegen die rebellischen Mitglieder seines weiblichen Stabes zu nutzen. Da sie aus bescheidenen Verhältnissen und harter Arbeit stammte, war es unwahrscheinlich, dass sie ihn mit vielen Allüren belästigen würde; und bevor ihr Zeit gegeben worden wäre, sie zu verwöhnen, wäre seine Amtszeit als Manager zu Ende gewesen. Garrick hatte in seinem langen Leben als Schauspieler nie großen Anlass gehabt, viel von Frauen zu halten – seine eigene Frau immer ausgenommen – und er stellte Sarah Siddons höchstwahrscheinlich auf die gleiche Ebene wie die anderen – schmutzig, wie Miss Pope; eifersüchtig, wie Mrs. Yates; oder schlecht gelaunt, wie Mrs. Clive

– gut in der Lage, auf sich selbst aufzupassen, und nicht mit den beiden unter Theaterdamen seltenen Eigenschaften ausgestattet: Bescheidenheit oder Sensibilität. Wie konnte er trotz all seiner Scharfsinnigkeit und Erfahrung ahnen, dass dieses junge Geschöpf, dessen Leben bisher damit verbracht hatte, mit den Vagabunden und Abenteurern, mit denen sein Beruf es zu tun hatte, von Ort zu Ort zu schlendern, stolz, einfühlsam, schüchtern und fürsorglich war? höchstes Ideal ihrer Kunst und gleichgültig gegenüber jeglicher Hommage an ihre Person und nicht gegenüber ihrer intellektuellen Fähigkeit, die Werke der großen Dichter ihres Landes zu interpretieren? Wie konnte er erkennen, dass sich unter dem hübschen Äußeren dieses jungen und zitternden Rekruten die feurige Seele der majestätischen, großartigen Lady Macbeth verbarg? Er behandelte sie mit einem Maß an Rücksichtnahme und Höflichkeit, das selbst für ihn ungewöhnlich war, und schickte ihr Kartons für all seine großartigen Auftritte, wenn Kabinettsminister um Plätze baten und abgelehnt werden mussten. Er würde sie aus dem grünen Saal holen und sie auf den Ehrenplatz neben sich setzen; und gab ihr Teile, die seiner Meinung nach, die er hastig auf der Grundlage dessen, was er sehen konnte, zusammenstellte, am besten zu ihr passten. Und wie wurde er belohnt? Durch einen Groll, der ihr ganzes Leben lang genährt wurde, und durch einen Vorwurf, der von ihren Freunden beharrlich geäußert und wiederholt wurde, dass der große „Roscius" eifersüchtig auf eine ungelernte, unausgebildete Country-Schauspielerin sei! Warum hatte er dann nicht Eifersucht auf Mrs. Abington, Mrs. Clive oder, noch mehr, auf die Herren seiner Gesellschaft, Barry und Smith, die Romeo und Charles Surface ihrer Zeit, gezeigt? Es gibt so wenige Persönlichkeiten im öffentlichen Leben, die so vollständig und bewundernswert sind wie die von David Garrick, die so weit entfernt sind von der Kleinlichkeit und dem Egoismus, die den Erfolg begleiten, dass wir mit Schmerz die Anschuldigungen von Mrs. Siddons lesen und denken, dass die einzige Möglichkeit, sie zu entschuldigen, darin besteht, das zu zeigen die Qualen, die sowohl ihr Mann als auch sie selbst in der elenden Fortsetzung der traurigen Geschichte des Scheiterns und der Enttäuschung erlebt haben, und ihre Ungerechtigkeit dem Elend eines verbitterten Lebens und verdorbener Aussichten für die damalige Zeit zuzuschreiben, was sie immer wieder dazu bringt, die Fakten des Falles zu erkennen durch ein verzerrtes Medium. Wir werden in ihren eigenen Worten erzählen, was jetzt geschah:

„Er (Garrick) versprach Mr. Siddons, mir ein gutes Engagement bei den neuen Managern zu verschaffen, und forderte ihn auf, sich in dieser Angelegenheit keine Sorgen zu machen, sondern meine Sache ganz in seine Hände zu legen. Nach all diesen Beteuerungen ließ er mich jedoch auf die demütigendste Weise im Stich, und anstatt mir mit diesen Herren Gerechtigkeit widerfahren zu lassen, entwertete er eher meine Talente. Das erzählte mir Herr Sheridan später; und sagte, als Mrs. Abington von meiner bevorstehenden Entlassung hörte, habe sie ihnen gesagt, dass sie sich alle wie Idioten benahmen. Als die Saison in London zu Ende war, verlobte ich mich für den darauffolgenden Sommer in Birmingham und zweifelte kaum daran, für den nächsten Winter nach Drury Lane zurückzukehren. doch während ich meiner Verpflichtung in Birmingham nachkam, erhielt ich zu meinem größten Entsetzen und Erstaunen einen offiziellen Brief vom Souffleur von Drury Lane, in dem er mir mitteilte, dass meine Dienste nicht länger benötigt würden. Es war ein überwältigender und grausamer Schlag, der alle meine ehrgeizigen Hoffnungen zunichte machte und sogar den Lebensunterhalt meiner hilflosen Kinder in Gefahr brachte. Es war nahe daran, mich zu zerstören. Meine düsteren Aussichten lösten in der Tat einen Geisteszustand aus, der sich negativ auf meine Gesundheit auswirkte, und anderthalb Jahre lang sollte ich auf einen Verfall zusteuern. Um meiner armen Kinder willen nahm ich mich jedoch auf, diese Verzweiflung abzuschütteln, und meine Bemühungen waren von Erfolg gesegnet, *trotz der Erniedrigung, die ich erlitten hatte, als ich als wertloser Kandidat für Ruhm und Reichtum aus der Drury Lane verbannt wurde ."*

Siddons schrieb am 9. Februar 1776 mitleiderregend an Garrick und bat um seine „Freundschaft" und „Bemühungen" um ihren Fortbestand in Drury Lane. „Ich behaupte, dass wir bei unserem Einstieg ins Theater doppelt unglücklich waren, erstens weil besondere Umstände uns daran hinderten, zum richtigen Zeitpunkt daran teilzunehmen, und es uns dadurch unmöglich machten, uns in das Geschäft der Saison einzumischen, wo es sinnvoll wäre wurden häufiger beobachtet; Zweitens, dass wir Sie als Manager verlieren und uns denen überlassen werden, die diesen Winter vielleicht überhaupt keine Gelegenheit haben, uns zu beobachten: Diese Überlegungen, Herr, haben zu dieser Ansprache geführt, in die Sie Hoffnungen setzen werden sie vor Mr. Lacy und diesen Herren, Ihren Nachfolgern; und da zwischen Ihnen und uns keine Vereinbarung über das Gehalt getroffen wurde, könnte es nun notwendig sein, diesen Artikel vorzuschlagen, um sie damit darüber zu informieren, was wir erwarten werden, was (da wir noch so jung im Theater sind) nicht mehr der Fall ist als das, wovon wir einigermaßen leben und dem Berufsstand Ehre erweisen können. Das heißt, für Mrs. Siddons drei Pfund pro Woche, für mich zwei; Das schmeichle ich mir selbst, wir werden beide im ersten Jahr für würdig befunden; Danach (man kann davon ausgehen, dass wir in unserem Geschäft erfahrener sein werden) werden wir den Wunsch haben, aufzusteigen, wie es unsere Verdienste erfordern. Ich entschuldige mich vielmals für diese Freiheit, mein Herr, Ihr gehorsamster und sehr demütigster Diener, WM. SIDDONS ."

Es zeigt, wie katastrophal die Wirkung ihres Handelns gewesen sein muss, dass Lacy, Sheridan & Co. sich weigerten, ihren Vorschlag zu berücksichtigen, obwohl ihre Forderungen gering waren.

Es ist eine merkwürdige Tatsache, wenn, wie sie sagt, die Behandlung, die sie durch Garrick erfuhr, ungerecht war, dass zu diesem Zeitpunkt die Direktoren des konkurrierenden Theaters von Covent Garden, die bereits mit ihr im Vertrag waren, sich unhöflich behandelt fühlten Als Garrick sie sicherte, meldete er sich jetzt nicht. Es ist klar, dass die Sorge der Manager von Covent Garden um ihre Hilfe durch ihre Leistung zunichte gemacht wurde; Jene Talente, die sie schon vor ihrem Erscheinen bereit waren, mit Garrick zu bestreiten, überließen sie anschließend mühelos der Dunkelheit einer umherziehenden Gesellschaft. Wir haben eine merkwürdige Ergänzung zu ihrer Aussage, „dass Mrs. Abington ihnen erzählte, dass sie sich alle wie Idioten benahmen", in den kürzlich veröffentlichten Memoirs of Crabbe Robinson, in denen er ein Gespräch erzählt, das er 1811 mit Mrs. Abington zu diesem Thema führte von Frau Siddons. Sie sei keineswegs herzlich gewesen, sagt er in ihrem Lob. Sie wandte sich gegen die übermäßige Betonung sehr unbedeutender Wörter. „Das haben sie eingebracht", fügte sie wahrheitsgemäß hinzu und spielte damit auf die Schwäche der Familie an. Vielleicht war das Lob der schönen Abington zunächst ein ebenso überzeugendes Zeichen des Scheiterns wie Sheridans Entlassung.

Der gutmütige Pivey Clive war damals ehrlicher und sagte nichts; Aber als sie später mit Mrs. Garrick zu ihr ging, als sie auf dem Höhepunkt ihres Erfolgs war, erklärte sie die junge Schauspielerin auf ihre eigene Art und Weise für „ganz wahr und hell".

Wir hören Garricks Namen nie wieder zusammen mit ihrem, außer in einer Notiz im Zusammenhang mit zwei Folio-Shakespeares von 1623. „1776", sagt Payne Collier, „hat Garrick den Band vorgelegt (eine der Foliokopien mit den Autogrammen von David Garrick). und Sarah Siddons) an Mrs. Siddons als Zeugnis ihrer Verdienste und seiner Verpflichtung." Bisher Payne Collier. Ein anderer Autor, der diese Notiz kommentiert, zeigt, dass es unwahrscheinlich ist, dass Garrick Mrs. Siddons einen so großen Schatz wie Shakespeares Folio von 1623 geschenkt hat, zumal die Worte „ein Zeugnis ihrer Verdienste und seiner Verpflichtung" ein Zusatz waren Payne Collier. Anschließend erzählt er von den Umständen ihres ersten Auftritts. Garrick, sagt er, bemerkte unter anderem eine unbeholfene Bewegung ihrer Arme und sagte: „Wenn sie sie auf diese Weise hin und her bewegte, würde sie ihm die Perücke abschlagen", worauf sie der Person, die ihr sagte, erwiderte: „Das war er." Ich habe nur Angst, ich könnte seine Nase überschatten." Ein gegenseitiges Gefühl dürfte nicht zu einem solchen Geschenk führen. Es wäre daher interessant zu wissen, durch welche Hände der Band von Garrick an Mrs. Siddons und von Mrs. Siddons an Lilly, die Buchhändlerin, gelangte. Mit der Frau des großen Schauspielers verband sie später eine Freundschaft; und als Frau Garrick starb, hinterließ sie ihr in ihrem Testament ein Paar Handschuhe, die von Shakespeare stammten und

„meinem verstorbenen lieben Mann von einem Familienmitglied während
des Jubiläums in Stratford-on-Avon geschenkt wurden". Und so
verschwindet „Davey" aus ihrem Leben.

KAPITEL IV.
ARBEITEN.

Die Zurückweisung, die sie in Drury Lane erlitten hatte, brachte das Beste in Mrs. Siddons' Natur zum Vorschein. Der Schlag sei „umwerfend und grausam" gewesen, wie sie sagt; Doch die entschlossene, tapfere Natur, die sie von ihrer Mutter geerbt hatte, zeigte sich bald wieder. Trotz ihres anfälligen Gesundheitszustands, von dem Wilkinson, der mit ihr in „*Evander*" *spielte* , befürchtete, dass er „sie daran hindern könnte, die Strapazen der Pflicht auszuhalten", sehen wir, wie sie von Ort zu Ort wandert, ununterbrochen studiert und mit jeder neuen Darstellung, die sie macht, eine Stufe höher kommt Aufsatz, der ihr Publikum beharrlich auf ihr Niveau hebt und nicht auf ihres herabsinkt.

Sie führte nicht mehr das „Vagabundenleben" ihrer frühen Wandertage, sondern immer noch ein Leben voller ständiger Angst und Unruhe. Die junge Schauspielerin kehrte mit dem Prestige in die Provinz zurück, mit dem großen Garrick gespielt zu haben und durch ihre dramatische Kraft sogar die Eifersucht von „Roscius" erregt zu haben – ein Bericht, den ihre Freunde und Manager eifrig verbreiteten und zweifellos bestätigten von der Schauspielerin selbst. So beeinflusst unser Eigeninteresse unbewusst unsere Meinung.

Wenn wir sagen, dass sie nicht mehr das „Vagabundenleben" ihrer frühen Tage führte, meinen wir damit, dass sie nicht mehr, wie es Wanderschauspieler tun mussten, von Stadt zu Stadt zog, sich auf die Gegebenheiten der Stunde verließ, ihre Zelte in einer Scheune oder einem Gasthof aufschlug und sich auf die Launen und Launen der öffentlichen Beamten der Orte verließ, die sie besuchten, sondern dass sie nun feste Engagements in den besten Provinztheatern hatte, die wegen der Schwierigkeiten und Kosten einer Reise nach London während der Saison von vielen Magnaten der Grafschaft und den weniger bedeutenden Stars besucht wurden, die den helleren Planeten folgten und sie umkreisten.

Bath stand an der Spitze dieser Provinztheater. York, Hull, Manchester, Hereford, Liverpool, Worcester und viele andere folgten in der Rangfolge ihrer Verdienste.

Das erste Engagement, das sie nach ihrem Ausscheiden aus Drury Lane erhielt, fand in Birmingham statt, wo sie den ganzen Sommer 1776 blieb und hochrangige Rollen spielte. Hier genoss sie das Privileg, Henderson als Koadjutor zu haben, der, wie Campbell uns erzählt, von ihren Verdiensten so beeindruckt war, dass er sofort an Palmer, den Manager des Bath Theatre, schrieb und ihn eindringlich aufforderte, sie zu engagieren. Palmer konnte diesem Rat zu diesem Zeitpunkt nicht folgen, tat es aber später.

Die einzige direkte Mitteilung, die wir in dieser Zeit der Arbeit und des Kampfes von ihr haben, ist ein Brief an Mrs. Inchbald, deren Freundschaft mit den Kembles 1776 begonnen hatte. Die Anschuldigungen waren in der Tat „enorme Umstände" für sie, zumindest im besten Fall Damals genoss er nur ein Gehalt von drei Pfund pro Woche. Ihre Beobachtungen über „Exoten" sind amüsant, da sie selbst zum Schrecken aller Provinzschauspielerinnen erst später in dieser Figur eine so große Rolle spielt:

„Ich habe *Hamlet* in Liverpool gespielt, fast hundert Pfund schwer, und wünschte, ich hätte es mir selbst zu eigen gemacht; Aber die Angst vor einer Anklage, die, wie Sie wissen, ein äußerst schrecklicher Umstand ist, hat mich dazu bewogen, an einer Benefizveranstaltung mit Barry teilzunehmen, wofür mir seither große Vorwürfe gemacht wurden; aber ich glaube, er war sehr zufrieden – und kurz gesagt, ich bin es auch. In unserem Theaterdienst werden seltsame Beschlüsse gefasst; Einer von ihnen halte ich für sehr klug – dieser kleine Schurke, Harry, plappert so viel, dass ich kaum weiß, wovon ich rede. [Ihr ältester Junge war damals vier.] Aber um fortzufahren: Unsere Manager haben beschlossen, keine Exoten mehr zu beschäftigen; Sie haben herausgefunden, dass der späte Besuch von Miss Yonge bei uns (von dem Sie bestimmt schon gehört haben) ihnen eher geschadet als geholfen hat; so dass Liverpool sich von nun an mit der heimischen Kost begnügen muss, die wir kleinen Leute seinem feinen Sinn bieten können ... Überreichen Sie Mr. und Mrs. Wilkinson unsere freundlichen Komplimente und sagen Sie dem ersteren, dass ich seine niemals erwähne Namen, aber ich möchte ihn gerne bei einer Prise seines besten irischen Schnupftabaks verwöhnen, von dem ich seit meiner Abreise aus York nur noch eine Ahnung hatte." Es ist schwierig, sich die göttliche Melpomene beim Schnupftabak vorzustellen, obwohl sie dies ihr ganzes Leben lang tat; aber damals war es Mode, dass jeder schnupfte.

Anfang 1777 spielte sie in Manchester, wo sie einen so großen Eindruck hinterließ, dass die kluge und unternehmungslustige Tate Wilkinson, Pächterin des York Theatre, ihr ein Engagement anbot. Zu ihrem Figurenspektrum gehörten nun „die griechische Tochter", Alicia, Jane Shore, Matilda, Lady Townley – alle tränenreichen Dramen der Zeit, die die junge Schauspielerin anstelle der künstlichen Komödie der vorangegangenen Zeit in Mode brachte. In Manchester waren wir erstaunt zu hören, dass *Hamlet* eine ihrer am meisten gefeierten Figuren war .

Wie Mr. Bate uns erzählt, war es „höchstwahrscheinlich nur eine Mädchenfreak“, dass sie dieses großartige Stück während ihrer Spaziergänge spielte. Ihre schauspielerische Leistung zeigt nun, dass sie ihr dramatisches Genie in alle Richtungen kultivierte, sich aus dem eingeschränkten Bereich von Jane Shore, der griechischen Tochter, und Calista heraus bewegte und sich nicht länger damit zufrieden gab, ihr Publikum durch ihr Pathos und ihre Anmut zu bewegen, sondern entschlossen war, etwas zu bringen sie durch ihre intellektuelle Kraft auf die Beine. Es ist merkwürdig, dass sie, obwohl sie es viele Jahre später in Dublin spielte, nie dazu überredet werden konnte, in London aufzutreten. Ihre Abneigung gegen alles, was auch nur annähernd männlicher Kleidung ähnelte, war geradezu krankhaft, und selbst in Rosalind belustigte sie die Stadt außerordentlich mit ihrem Kostüm – „geheimnisvolle, unscheinbare Kleidungsstücke“, die weder männlich noch weiblich waren und dazu gedacht waren, eine Prüderie zu befriedigen, die bei einer solchen Figur völlig tabu war des Ortes.

In York, wo Mrs. Siddons von Ostern bis Pfingsten 1777 für Tate Wilkinson, die Managerin, fungierte, hatte sie einen eindeutigen Erfolg. „Alle hoben vor Erstaunen die Augen, dass eine solche Stimme, ein solches Urteil und eine solche Schauspielerei von einem Londoner Publikum und vom ersten Schauspieler der Welt vernachlässigt worden sein sollten!“ – ein weiterer Treffer für Garrick von Wilkinson, der , der zu Beginn seiner Karriere von Garrick großzügig unterstützt wurde, hatte sich gegen seinen Wohltäter gewandt und keine Gelegenheit ausgelassen, seine Verdienste zu schmälern.

Die kritischsten örtlichen Zensoren lobten sie überschwänglich, doch alle bemerkten, „wie krank und blass sie war, und fragten sich, wie sie ihre Rollen überstanden hatte.“ Sie spielte die Runde ihrer Charaktere. Ihre Haltung und Figur wurden sehr bewundert; Sie galt als „so elegant“. Wilkinson bemühte sich, sie dauerhaft als Mitglied seiner Kompanie zu gewinnen, und erzählt in seinen Memoiren, wie er versuchte, sie mit feiner Kleidung zu verführen, indem er für eine ihrer Rollen einen äußerst „eleganten Sackrücken mit silbernen Verzierungen“ versah. Er verstand genauso wenig wie Garrick die Natur der Frau, mit der er es zu tun hatte. Am 17. Mai spielte sie zu ihren Gunsten die Rolle der Semiramis, und die Saison in York endete. Palmer vom Bath Theatre hatte Hendersons starke Empfehlung nicht vergessen, und als er endlich eine Möglichkeit fand, schloss er eine Verlobung mit ihr ab.

Unter den Provinztheatern war Bath das wichtigste Theater. Das Publikum bestand in der Tat größtenteils aus der Londoner „Mode“, die kam, um das Wasser zu trinken; Keine „Sack-Backs“, also „voller Silberbesatz“, durften ihre Entschlossenheit beeinträchtigen, denn obwohl sie in ihren gereizten Augenblicken gern erklärte, dass sie das Land bevorzuge und in London so grausam behandelt worden sei Sie würde nie wieder dort spielen, in ihrem

Herzen war sie entschlossen, auf den Brettern, auf denen sie einst mit Garrick getreten war, die Oberhand zu behalten.

„Ich habe mich jetzt in Bath verlobt", sagt sie in ihren *Memoranden* . „Dort wurden meine Talente und mein Fleiß durch größte Nachsicht und, ich darf sagen, mit einiger Bewunderung gefördert. Tragödien, die fast verbannt worden waren, erlangten wieder ihr eigentliches Interesse; Dennoch hatte ich die Demütigung, in der Komödie viele untergeordnete Charaktere spielen zu müssen, von denen die erste vertraglich im Besitz einer anderen Dame war. Dem musste ich mich unterwerfen oder auf einen Teil meines Gehalts verzichten, *das nur drei Pfund pro Woche betrug* . Tragödien kamen nun immer mehr in Mode. Das kam meiner Machtverteilung zugute; und während ich hart arbeitete, begann ich, mir einen hervorragenden und schmeichelhaften Ruf zu erarbeiten. Das war wirklich harte Arbeit! denn nach der Probe in Bath und an einem Montagmorgen musste ich am Abend desselben Tages nach Bristol gehen, um dort aufzutreten, und als ich nach einer Fahrt von zwölf Meilen wieder in Bath ankam, musste ich eine ermüdende Rolle darstellen dort am Dienstagabend. Wenn ich an all diese geistige und körperliche Arbeit denke, frage ich mich, ob ich die Kraft und den Mut hatte, sie zu ertragen, unterbrochen von der Fürsorge einer Mutter und den kindischen Vergnügungen meiner Kleinen, die oft sehr widerwillig zum Schweigen gebracht wurden zum Schweigen gebracht, weil sie das Studium ihrer Mutter unterbrochen haben."

Von den Seiten von Horace Walpole, Mrs. Montagu und Fanny Burney können wir uns die Pan-Tiles von Tunbridge Wells oder die Parade in Bath mit ihren Perücken, Puderflecken und Skandalen deutlich vor Augen führen. Lassen Sie uns einen Moment auf der Parade stehen und die bemerkenswerten Menschen, Musen, Dichter und Staatsmänner beobachten, die sich dort im Jahr 1778 versammelt haben, um das Wasser zu trinken. Man konnte sehen, wie königliche Herzöge und Prinzessinnen umherschlenderten, abends Whist und EO spielten und „morgens drei Gläser Wasser, ein getoastetes Brötchen, einen Badekuchen und einen kalten Spaziergang" genossen. Neben ihnen zieht die berühmte Herzogin von Devonshire, die Schönste der Schönen, die Fröhlichste der Fröhlichsten, die meiste Aufmerksamkeit auf sich. Ihre umwerfende Schönheit und die Augen, vor denen der irische Arbeiter bei der Fox-Wahl sagte, er könne seine Pfeife anzünden, sollen dem jungen Maler namens Gainsborough, der angeblich „ein gewisses Talent hatte", die Handfertigkeit und die Fröhlichkeit der Berührung genommen haben , während er sie dieses Jahr in Bath malte.

Nach der Königin der Schönheit kommt die Königin des Blues, Mrs. Montagu, „brillant in der Kleidung, solide im Urteil, kritisch im Reden, mit der Ausstrahlung und dem Benehmen einer Frau, die es gewohnt ist, ausgezeichnet zu werden und große Rollen zu spielen." In ihren Briefen schreibt sie, sie hasse „den Wirrwarr von den Badeorten", scheint aber glücklich genug zu sein, „mit der einzigen anderen Kandidatin für umgangssprachliche Eminenz" um den Vorrang zu kämpfen, die sie für würdig hielt, ihre Kollegin zu sein – die kleine, rundliche, forsche Mrs . Thrale; auf der einen Seite eine ruhige, hochangespannte intellektuelle Anstrengung, auf der anderen eine überschwängliche Fröhlichkeit, ohne die geringste Bosheit in beidem. Die ganze „Johnsonhood", wie Horace Walpole den Kreis nennt, versammelt sich um die beiden brillanten Damen, den Großen Bären in der Mitte, denn er und Boswell machen Halt im Pelican Inn. Das Gespräch dreht sich um *Evelina* , das universelle Thema des Tages; Johnson erklärt, er habe die ganze Nacht gesessen, um es zu lesen, sehr zur Freude von Fanny Burney, die nach Schmeichelei dürstet und mit aufmerksamen Augen und einem sarkastischen kleinen Mund da sitzt, was über die prüde gefalteten Hände und die arrogante Miene hinwegtäuscht. Der brillante Sheridan wandert von Gruppe zu Gruppe, begleitet von seinem Vater und seiner Frau und umgeben von der Familie Linley, der die liebenswerte Cecilia von den Ehrungen erzählt, die ihnen in London zuteil wurden.

Unbemerkt unter all diesen großartigen Menschen gibt es einen kleinen, lahmen schottischen Jungen, der dazu bestimmt ist, der Größte von allen zu werden. Wahrscheinlich sah und kannte Mrs. Siddons damals den kleinen Kerl, der später ein so treuer Freund wurde, denn Walter Scott erzählt uns in seiner Autobiografie, dass er wegen seiner Lahmheit häufig nach Bath gebracht wurde, und nachdem er morgens gebadet hatte Nachdem er eine Lesestunde bei der alten Dame in der Nähe der Parade absolviert und eine Fahrt über die Downs gemacht hatte, nahm ihn sein Onkel manchmal mit in das alte Theater. Bei einer Gelegenheit, als er „*As You Like It*" miterlebte , war sein Interesse so groß, dass er mitten in der Wrestling-Szene im ersten Akt schrie: „Sind das nicht Brüder?"

Inmitten dieses Durcheinanders fällt uns plötzlich ein wunderschönes junges Geschöpf auf, dessen Ankunft in der Modewelt für Aufruhr zu sorgen scheint. Sie wird von einem gutaussehenden, blonden Mann und zwei wunderschönen Kindern begleitet. Das ist die neue Schauspielerin, die alle Blicke auf sich zieht. Anhand von Lawrences Buntstiftzeichnung, die sie während dieses Aufenthalts in Bath angefertigt hat, können wir uns eine klare Vorstellung davon machen, wie sie war. Er hat ihr Dreiviertelgesicht, den Hut und Federbusch aus schwarzem Samt, die weiße Kavalierkrawatte aus Musselin und den braunen Reitspencer mit großen Knöpfen und umgeschlagenen Revers gezeichnet. Im Schatten des Hutes liegt das feine, edle Gesicht mit zart geschwungenen Augenbrauen, Adlernase, fein modelliertem Mund und rundem, gespaltenem Kinn. Sie ist noch nicht die tragische Muse von Reynolds oder die vollmundige, modische Schönheit von

Gainsborough, sondern eine hübsche junge Diana mit offenen, großen, nach außen gerichteten Augen und einem hübschen Ausdruck von Trotz und Entschlossenheit, dessen Helligkeit nicht getrübt ist die Angst und harte Arbeit späterer Tage; Die junge Schönheit ist offenbar entschlossen, das Universum zu erobern.

Es war eine Welt, die seltsamerweise im Widerspruch zu ihren eigenen Vorstellungen stand, in die sie eingetreten war – eine prunkvolle, feierliche Welt voller witziger und böser Damen und Herren, die Karten spielten und Pferde unterstützten; Aber zum Glück für sie war sie gleichzeitig eine Welt voller kindlicher Begeisterung, ein Zeitalter voller Blässe, Ohnmacht und Hysterie. Erwachsene Männer und Frauen sitzen nachts auf und weinen und lachen über die Nöte und Abenteuer von Clarissa Harlowe und Evelina; Damen schreiben an Richardson: „Beten Sie, Sir, machen Sie Lovelace glücklich; Du kannst es so einfach machen. Beten Sie, ihn zu reformieren! Willst du nicht eine Seele retten?"

Das gleiche lebhafte Interesse galt dramatischen Situationen. Es kam häufig vor, dass Frauen – und natürlich auch Männer – in Ohnmacht fielen; und was das Weinen und Schluchzen betrifft, so war es im Allgemeinen im ganzen Haus zu hören. In einem erbärmlichen Stück beschreibt Miss Burney zwei junge Damen, die in einer Kiste über ihr saßen und beide so schockiert über den Tod von Douglas waren, dass „beide in lautes Brüllen ausbrachen und danach fast die Hälfte der Zeit schluchzten." Farce." Es erübrigt sich daher zu erwähnen, welche Begeisterung eine schöne junge Schauspielerin wie Mrs. Siddons hervorrufen würde. Es geschah jedoch nicht unmittelbar; Sie war, wie wir gesehen haben, gezwungen, untergeordnete Charaktere zu verkörpern und in Komödien zu spielen, die ihr nicht passten.

Donnerstags waren die Nächte der Cotillon-Bälle in Bath und der Versammlungen bei Lady Miller, der Vasenberühmtheit von Bath Easton, auf die Horace Walpole anspielt: „Sie veranstalten jeden Donnerstag vor den Bällen eine Parnassus-Messe, geben Reime aus und." Themen, und die ganze Bewegung in Bath kämpft um die Preise. Eine römische Vase, geschmückt mit rosa Bändern und Myrten, empfängt die Poesie, die zu jedem Fest hervorgeholt wird. Sechs Juroren dieser Olympischen Spiele ziehen sich zurück und wählen die brillantesten Kompositionen aus, die die jeweils erfolgreichen zehn Kandidaten würdigen."

Diese Ereignisse führten dazu, dass das Theater immer leerer wurde, und es war eine der Beschwerden der jungen Schauspielerin, dass sie bei diesen Gelegenheiten eine Zeit lang in den Vordergrund gerückt wurde – zweifellos aufgrund der Ansprüche der Hauptdarstellerinnen. Allmählich wuchs jedoch ihre Anziehungskraft, und es gelang ihr bei verschiedenen Gelegenheiten, die

Ballbesucher ins Theater zu locken. Sie brachte Tragödien in Mode, und in *„Die trauernde Braut"*, „Juliet, die Königin in *Hamlet"*, „Jane Shore" und „Isabella" gelang es ihr, die Zustimmung ihres Bath-Publikums zu gewinnen.

Wir finden, dass die „tonischen" jungen Männer ihr anlässlich ihrer Benefizveranstaltung sechzig Guineen überreichten, „um sich Eintrittskarten zu sichern, da sie befürchteten, dass die Nachfrage nach ihnen bald so groß sein würde." „War es nicht elegant?" Sie fragt. Eine dieser Wohltaten brachte ihr einhundertsechsundvierzig Pfund ein – damals eine stattliche Summe. Bevor zwei Jahre ihres vierjährigen Aufenthalts in Bath vergangen waren, sahen wir sie als Liebling und Freundin aller großartigen Menschen des Ortes. Die Herzogin von Devonshire zeigte ihre besondere Gunst; und später, als ihre Verlobung in Drury Lane auf der Kippe stand, warf sie das Gewicht ihres überragenden Einflusses in die Waagschale.

Trotz der so häufig gegen sie erhobenen Vorwürfe über ihre Liebe zu guten Freunden können wir nicht umhin zu bemerken, dass diejenigen, die sich in jenen frühen Bath-Tagen um sie scharten, dreißig Jahre später die gleiche Position in ihrem Herzen einnahmen. Einer von ihnen, ein Dr. Whalley, und seine Frau waren ihr ganzes Leben lang treue und hingebungsvolle Freunde, und ihre Briefe an ihn gehören zu den wertvollsten Materialien, die wir für die Niederschrift ihres Lebens haben. Dr. Thomas Sedgwick Whalley war ein Gentleman von Geschmack und gutem Einkommen, das er aus seinen eigenen Privatgrundstücken und dem reichen Stipendium eines ungesunden Lebensunterhalts in Lincolnshire bezog, das ihm ein gutherziger Bischof unter der Bedingung gegeben hatte, dass er nie darauf wohnen würde. Als Autor des langen Erzählgedichts „ *Edwy und Edilda"* *erlangte er literarische Berühmtheit* . Er bewohnte eines der schönsten Häuser am Crescent; war mit Frau Piozzi vertraut; korrespondierte mit der umfangreichen Briefschreiberin Miss Seward; und war in der Tat ein schönes Exemplar des *dilettanten* Gentleman der alten Schule.

Der spitze Stift des kleinen Burney beschreibt Whalley genau:

Einer der Geistlichen war Mr. W — , ein junger Mann, der ein Haus am Crescent hat und einer der besten Unterstützer von Lady Millers Vase in Bath Easton ist. Er ist ungeheuer groß, dünn und gutaussehend, aber affektiert, zart und sentimental erbärmlich; und sein Gespräch über seine eigenen „Gefühle", über „liebenswerte Beweggründe" und über den Wind – der, wie er am Crescent im Tonfall sterbenden Entsetzens sagte, „auf eine wirklich schreckliche Weise wehte!" – lenkte mich völlig ab Abend. Aber Miss Thrale, die sich mit privater Ablenkung nicht zufrieden gab, lachte über seinen Gesichtsausdruck, bis er sicher ihre Heiterkeit bemerkte und verstand.

Später erwähnt sie:—

Am Abend hatten wir Mrs. Lambart zu Gast, die uns eine Geschichte mit dem Titel „ *Edwy und Edilda*" von dem sentimentalen Mr. Whalley mitbrachte, die unleserlich sanft, zart und sinnlos ist.

Er gehörte zur sanften und zärtlichen Schule; Miss Sewards Herz „bebt bei jedem Satz seines letzten bezaubernden Briefes"; sie geben sich der „Mitteilung ansprechender Ideen" hin; und als sie Bath verlässt, redet sie ihn folgendermaßen an:

Edwy, leb wohl! In Lichfields dunklem Hain,

Mit schmerzendem Herzen und aufsteigenden Seufzern gehe ich.

Doch trage einen dankbaren Geist, während ich umherwandere,

Für all Dein Leid, das einen unheilbaren Kummer linderte.

Wir können nicht sagen, ob der „Austausch angenehmer Ideen" mit so vielen schönen Damen letztlich Mrs. Whalleys Eifersucht erregte oder ob ihre unvereinbaren Temperamente die Ursache waren, aber im Jahr 1819 schrieb Mrs. Piozzi:

Ich höre wundersame Geschichten von Doktor und Frau Whalley; Die Hälfte der Stadt sagt, er sei die betroffene Partei, und die andere Hälfte beklagt das Schicksal der Dame. Sicherlich zwei Witzbolde, alte Bekannte seit vierzig Jahren und beide über siebzig!

Als Mrs. Siddons sie zum ersten Mal in Bath kannte, gab es offensichtlich nichts dergleichen. Sie schreibt ihm aus Bristol: –

„Ich kann nicht ausdrücken, wie sehr ich mich durch Ihre Freundschaft fühle; Deshalb dürfen Sie keine Worte erwarten, sondern so viel Dankbarkeit, wie in der Brust eines Menschen wohnen kann. Ich hoffe mit einer bei solchen Gelegenheiten ungewöhnlichen Inbrunst, dass Sie heute Abend in Ihren Erwartungen an mich nicht enttäuscht werden; Aber es tut mir leid, sagen zu müssen, dass ich oft die schlechteste Leistung erbracht habe, wenn ich mir am sehnlichsten gewünscht hatte, es besser als je zuvor zu machen. Seltsame Perversität! Und das führt mich zu der Beobachtung –

wie ich es vielleicht schon früher getan habe –, dass diejenigen, die mechanisch handeln, mit Sicherheit in irgendeiner Weise Recht haben; während wir, die wir uns auf die Natur verlassen – wenn wir nicht zufällig in der Stimmung sind (was jedoch, Gott sei Dank!, selten vorkommt) – so langweilig sind, wie man es sich nur vorstellen kann, weil wir nicht vortäuschen können. Aber ich hoffe, dass Mrs. Whalley sich daran erinnert, dass es Ihre Belobigungen waren, die sie gehört hat, und dass sie Ihr Lob eher nach dem gütigen Herzen beurteilt, aus dem es kommt, als nach Maßstäben dafür, was ich verdient habe. Glücklicherweise konnte ich Plätze in der ersten Reihe neben der Bühnenloge ergattern, links von Ihnen, wenn Sie hineingehen. Ich hoffe, diese werden Ihnen gefallen.“

In der Zwischenzeit kam Henderson, der sie zuvor dem Badeverwalter so wärmstens empfohlen hatte, für ein oder zwei Nächte vorbei und spielte vor ihrer Beatrice den Benedikt; kehrte so voll ihres Lobes nach London zurück, dass die Manager von Drury Lane ihr im Sommer 1782 ein Engagement anboten. „Nach meiner früheren Entlassung von dort“, sagt sie später in ihren *Memoranden* , „kann man sich das vorstellen.“ war für mich ein triumphaler Moment.“

Gleichzeitig war sie abgeneigt, ihre dankbaren Freunde in Bath zurückzulassen, und merkwürdigerweise zögerte sie im letzten Moment, die Einladung anzunehmen; Daher war es etwas verfrüht, Whalleys Glückwunschgedicht zu ihrer Verlobung in Drury Lane, das zu Lady Millers „Roman Vase“ beitrug, zu veröffentlichen. Schließlich wurde jedoch ihr Abschied offiziell bekannt gegeben und sie nahm ihren Abschied in Anspruch. Sie spielte in „ *Distressed Mother*“ und „*The Devil to Pay*“ und trat dann vor und rezitierte einige Zeilen *ihrer eigenen Komposition* , von der wir dem Leser nur eine kurze Kostprobe geben, da die „Virgin Muse“ nicht sehr hoch schwebt:

Habe ich hier nicht einige Erwartungen geweckt?

„Allein geschrieben? Was! Autorin und Spielerin?

Stimmt, wir haben sie gehört“ – so würdest du wohl sagen –

„Rezitiere mit Anstand das Lied eines anderen;

Aber nie gehört, noch konnten wir jemals träumen,

Sie selbst hatte den Heliconian-Strom getrunken.“

Vielleicht haben Sie weiter gesagt: „Entschuldigen Sie, bitte,

Denn wenn man alles annimmt, was man sagen könnte:

„Worüber wird sie in derselben Ansprache sprechen?

Soll es ihr zeigen, dass sie lernt? Kannst du es erraten?"

Lassen Sie mich hier antworten: Nein. Sehr unterschiedliche Ansichten

Besitzte meine Seele und feuerte meine jungfräuliche Muse ab.

Es war ehrliche Dankbarkeit, auf deren Wunsch

Schein wäre das Herz, das nicht sein Bestes geben würde!

Dann teilt sie ihnen mit, dass sie sich trennen müssen; dass, wenn sie nur woanders so viel Freundlichkeit findet,

Neid, überwunden, wird ihren sinnlosen Pfeil schleudern,

Und Kritiker werden ohne ihre Klugheit vergossen.

Nichts würde sie aus Bath wegziehen, sagt sie, außer eines; Hier ging sie zum Flügel und führte ihre Kinder voran: –

Das sind die Maulwürfe, die mich von deiner Seite tragen,

Wo ich verwurzelt war – wo ich hätte sterben können.

Mittlerweile waren es drei Muttermale, ihre zweite Tochter und ihr drittes Kind, Maria, wurden am 1. Juli 1779 geboren.

Tretet hervor, ihr Elfen! und trete für die Sache deiner Mutter ein,

Ihr kleinen Magneten, deren sanfter Einfluss anzieht

Ich von einem Punkt, wo jede sanfte Brise

Wehte mein Bellen zu Glück und Leichtigkeit –

Schickt mich abenteuerlustig auf eine größere Strecke,

In der Hoffnung, dass Sie von meinem Gewinn profitieren.

War ich voreilig? Bin ich dann schuld?

Antwortet alle, die den Namen eines Elternteils besitzen!

So habe ich dich mit einer ungelehrten Muse ermüdet,

Wer zu Deinen Gunsten noch in aller Demut klagt;

Das erhalten Sie zum klassischen Lernen

Die besten Wünsche meiner Seele, die ich frei gebe –

Für polierte Perioden, rund und mit Kunst berührt,

Das inbrünstige Opfer meines dankbaren Herzens.

Also verneigte sich Mrs. Siddons. Als sie das nächste Mal in Bath auftrat, war sie die damals größte tragische Schauspielerin auf der Bühne.

Gegen Ende August machte sie sich entschlossen, sich langsam auf den Weg nach London zu machen und spielte dabei an verschiedenen Landtheatern. Ihre Briefe an die Whalleys sind voller Spaß und zeigen, dass sie die Feder einer geschickten Schriftstellerin hatte.

„Es wird Sie freuen zu hören", sagt sie, „dass Mrs. Carr sehr höflich zu mir war – sie hat mir ein bequemes Bett gegeben und ich habe sehr gut geschlafen." Wir waren zu fünft in der Maschine, alle bis auf eine Frau, ein Jugendlicher von etwa sechzehn Jahren und das zivilisierteste Wesen, das man sich vorstellen kann – ebenfalls aus Bristol.

„Eine der Damen war, glaube ich, ein wenig verrückt. Ihre Kleidung war die eigenartigste und ihr Benehmen die anstößigste, die ich je getroffen habe; ihre Person war größer und dünner, als Sie sich vorstellen können; ihr rabenschwarzes Haar war vorne und hinten so straff wie möglich über ihr Kissen gezogen; und oben auf ihrem Kopf saß eine einzelne Fliegenmütze aus dem letzten Jahrhundert, die aus etwa zwanzig verschiedenen Stoffen bestand und so schmutzig war wie der Boden; Ihren Hals, der aus einem dünnen, einen Viertelmeter langen Fetzen bestand und die Farbe einer Walnuss hatte, trug sie zum Trost aller Betrachter unbedeckt; Ihr Tscherkessen war ein olivfarbener Baumwollstoff aus drei verschiedenen Sorten, der im Rock etwa zwei Breiten breit war und nur an einer Stelle genau in der Mitte zusammengebunden war. Sie trug einen schwarzen Unterrock mit roten Flecken und darüber einen sehr dünnen weißen Musselinrock mit einer langen schwarzen Gazeschürze und ohne den geringsten Reif. Ich habe noch nie in meinem Leben eine so seltsame Erscheinung gesehen; und meine Meinung war nicht einzigartig, denn wo immer wir anhielten, löste sie entweder Heiterkeit oder Erstaunen aus, war sich dessen aber völlig unschuldig. Als sie in Bristol ihren Platz unter uns einnahm, geriet sie in heftige Leidenschaft, als sie sah, wie eines der Fenster herunterfiel. Ich sagte, ich würde es aufhängen, wenn es ihr gefiele. „Natürlich", sagte sie; „Ich habe keine Ambitionen, meinen Tod zu erwischen!" Kaum war sie mit mir fertig, fing sie schon an, die Frau, die ihr gegenüber saß, zu beschimpfen, weil sie ihren Fuß berührt hatte. „Du bist es nicht gewohnt, in einer *Kutsche zu fahren* , glaube ich, gute Frau." Sie fand in dieser Dame etwas mehr Mut als in mir, und wir waren ihr dankbar, dass sie diese unglückliche Frau für den Rest des Tages in erträglicher Ordnung gehalten hatte. Segne mich! Ich hatte fast vergessen, Ihnen zu sagen, dass ich zum Frühstück Tee kochen sollte. Vergeblich waren meine Bemühungen, diesem seltsamen Geschöpf zu gefallen. Sie hatte den Wunsch gehabt, ihren Tee in einer Schüssel zu trinken, und ich befolgte ihre Anweisungen so genau wie möglich, um ihren Tee zuzubereiten; Aber sie hatte es kaum probiert, als sie zum Fenster sprang, es hinauswarf und erklärte, sie hätte noch nie solch ungeschickte, schlecht erzogene Menschen getroffen. Was kann man eigentlich von einer Postkutsche erwarten? Sie schnappte mir den Kanister, goss eine große Menge Zucker, Sahne und Wasser in die Schüssel und trank alles zusammen. Haben Sie jemals etwas so Seltsames gehört? Als wir uns zum Abendessen hinsetzten, schien sie schreckliche Angst davor zu haben, dass irgendjemand außer ihr etwas essen könnte.

„Der verbleibende Teil unserer Reise wurde durch ihre Nervosität fast unerträglich. Eben schrie sie noch, der Kutscher könnte uns umwerfen; Sie war sich sicher, dass er das tun würde, denn sie würde ihm nichts dafür geben, dass er es versäumte, ihren Koffer trocken zu halten; und obwohl es übermäßig heiß war, mussten wir sehr oft mit offenen Fenstern sitzen, denn man hatte ihr gesagt, dass die Luft nach Sonnenuntergang pestilenzartig sei und dass sie, ganz gleich, wie es den Leuten gefiel, es nicht vorzog, ihr Leben dadurch aufs Spiel zu setzen bei geöffnetem Fenster sitzen. Um des Friedens willen waren alle bereit, sie ihren eigenen Weg gehen zu lassen, mit Ausnahme der Person, der wir wirklich verpflichtet waren, sie hin und wieder zum Schweigen zu bringen. Sie war hübsch gewesen, aber jetzt war sie vermutlich sechzig Jahre alt. Ich bedauere ihr Temperament und bedauere ihre Situation, die ich als die einer enttäuschten alten Jungfer beschrieben habe.

„Gegen sieben Uhr kamen wir in Dorchester an. Als ich aus der Kutsche stieg, reichte mir ein Herr sehr höflich die Hand. Wer sollte es sein außer Mr. Siddons! der absichtlich gekommen war, um mich zu treffen. Ihm ging es sehr gut, und in derselben Nacht hatte ich das Vergnügen, meinen lieben Jungen zu sehen, der vom Meer mehr profitierte, als man sich vorstellen kann. Er möchte, dass ich Herrn Whalley für die Früchte danke, die er sehr genossen hat. Wir haben eine äußerst erbärmliche Unterkunft, und das Wasser und das Brot sind unerträglich; „Aber Reisende müssen zufrieden sein." Mr. Whalley war so freundlich, sich für mein Baden zu interessieren. Gibt es etwas, was ich auf seinen oder Ihren Wunsch hin verweigern könnte? Ich habe vor, morgen früh zu baden, so schmerzhaft es auch sein mag. Ich hatte erwartet, hier mehr Gesellschaft zu finden.

„Ich bin gestern nach Dorchester gefahren, um mit Mr. Beach zu essen, der gerade einen Verwandten besucht und an Gicht erkrankt ist, sich aber sehr schnell erholt. Er sehnt sich danach, Langford zu sehen, und ich möchte, dass er es sieht. Ich nehme an, Mr. Whalley hat gehört, wann Mr. Pratt kommt. [Herr. Pratt war eine Buchhändlerin aus Bath, die ihr Sprechunterricht gegeben hatte; und später, als ihr der Manager von Drury Lane nicht erlaubte, in seiner Tragödie mitzuspielen, erklärte er, er werde eine Ode über die Undankbarkeit schreiben und sie ihr widmen.] Bitte überbringen Sie die freundlichsten Wünsche von Mr. Siddons, dem kleinen Harry und mir . Ich hoffe, dass Mr. Whalley mir den Gefallen tun wird, das Band für mein Uhrenarmband auszuwählen. Ich möchte, dass es so nah wie möglich an der Farbe des Ohrs der kleinen lieben Paphy liegt. Ich habe nicht ganz verstanden, was Lady Mary (Knollys) über die Schnallen gesagt hat. Könnten Sie ihr bitte meine respektvollen Komplimente machen und sagen, dass ich sie um Verzeihung bitte, dass ich das Gespräch mit ihr über dieses Thema auf einen so unangenehmen Zeitpunkt verschoben habe, aber ich hoffe, dass meine Krankheit an dem letzten Tag, an dem ich die Ehre hatte, Ihre Ladyschaft zu sehen, meine Entschuldigung sein wird . Ich hoffe, dass ich mit einer Zeile von Ihnen begünstigt werde und dass Ihre Ladyschaft sich dann ausführlicher äußern wird. Harry hat mich gerade sehr verwirrt. Als ich nach dem Abendessen ein paar Haselnüsse essen wollte, sagte ich ihm, dass du wünschtest, er würde sie nicht essen; „Aber", sagt er, „was hätten Sie getan, wenn Mr. Whalley es gewünscht hätte?" Ich blieb eine Weile stehen, und schließlich fand er einen Weg, mich aus meiner Verlegenheit zu erlösen, indem er sagte: „Aber Sie wissen, dass Mr. Whalley nicht möchte, dass Sie sie essen, wenn er glaubt, dass sie Ihnen schaden würden." „Sehr wahr, Harry", sage ich; also endete es dort."

Aus dem Folgenden geht hervor, dass die Zusammenarbeit mit dem Londoner Manager noch nicht vollständig bestätigt wurde; Sie verlangte wahrscheinlich bessere Konditionen, zu denen er jedoch nicht geneigt war.

„Ich freue mich mit unaussprechlicher Freude auf unsere gemütlichen Partys und freue mich, Ihnen mitteilen zu können, dass ich diesen Winter nicht nach London fahren werde. Mr. Linley glaubt, dass mein teilweises Erscheinen weder mir noch den Eigentümern nützen wird. Mrs. Crawford droht sehr oft, sie zu verlassen, sagt er, aber ich nehme an, sie kennt ihre eigenen Interessen besser. Ich gehe davon aus, dass sie ein sehr großes Vermögen hat, und ich wäre ihr zutiefst dankbar, wenn sie gehen und ein sehr angenehmes Leben davon führen würde. Ich erlaube ihr, zu bleiben und der Tragödie meiner guten und lieben Freundin so viel wie möglich beizustehen, und lasse sie dann in den Ruhestand gehen, sobald es ihr gefällt. Ich hoffe, ich werde Sie nicht ermüden; Mr. Siddons befürchtet, dass ich es tun werde, und in Übereinstimmung mit ihm (der zusammen mit mir seine dankbare Anerkennung für all Ihre Freundlichkeiten erwidert), schließe ich mit der, wie ich hoffe, unnötigen Zusicherung, dass ich stets Ihr dankbarer und liebevoller Diener sein werde. S. SIDDONS .

„PS: Bitte übermitteln Sie unsere gemeinsamen Komplimente an Mr. Whalley, Mrs. Whalley und Miss Squire, kurz gesagt, an den gesamten Kreis, nicht zu vergessen Mrs. Reeves, der ich sehr dankbar bin. In besonderer Weise möchte ich mich an die grausame Schönheit Sappho erinnern. Sie kennt ihre Macht und behandelt mich deshalb wie einen kleinen Tyrannen. Adieu! Gott segne dich und deine Freunde für immer! Der Strand hier ist der schönste, den ich je gesehen habe.“

Sie spielt oben auf Whalleys Tragödie *Morval an* , die später mit ihr als Heldin aufgeführt wurde. Es war ein völliger Misserfolg und wurde nur drei Nächte lang aufgeführt.

Mrs. Siddons liebte Weymouth und kehrte in späteren Jahren oft dorthin zurück. Miss Burney erzählt uns in ihren *Memoiren* , wie sie dort einmal im Dienst des Königs und der königlichen Familie war. Sie trafen die Schauspielerin, die einen ausladenden Knicks machte, während sie mit ihren Kindern über den Sand spazierte. Der König ordnete eine Aufführung im Theater an, aber die königliche Familie war auf eine Expedition gegangen, kam nicht rechtzeitig zurück und ließ alle warten. Als der König und die Königin endlich eintrafen, schickten sie einen Pagen nach Hause, um ihre Perücken zu holen, um das Publikum nicht länger warten zu lassen.

KAPITEL V.
ERFOLGREICH.

Schließlich wurden alle Schwierigkeiten zwischen dem Manager von Drury Lane und Mrs. Siddons geklärt, und der Tag brach an, an dem sie erneut dazu bestimmt war, sich vor einem Londoner Publikum zu verbeugen. Es war der 10. Oktober 1782. Seit dem verhängnisvollen Dezember vor sieben Jahren hatten im Theater wichtige Veränderungen stattgefunden. Die stolze Vormachtstellung von Drury Lane war dahin; Der magische Kreis des Theatergenies, den Garrick durch seinen persönlichen Einfluss zusammenhielt, war unter Sheridans unberechenbarer Führung aufgelöst und zerstreut worden. Mrs. Abington, Mrs. Yates und Miss Young waren zu anderen Unternehmen übergelaufen. So dass die feine Auswahl an Stücken, die stets mit der gleichen Gruppe von Spielern zur Verfügung standen, um sie auszuführen, was eine noch nie dagewesene Perfektion gewährleistete, nun ohne große Überlegungen inszeniert und von demjenigen ausgeführt werden konnte, den der launische Manager gerade auswählte . Alte, geschulte Arbeiter, die an die methodische Regel von Garrick gewöhnt waren, ließen sich nicht von einem Teil zum anderen versetzen, ohne vorher eine entsprechende Benachrichtigung zu erhalten, und vor allem würden sie sich nicht der Unregelmäßigkeit in den Geldvereinbarungen fügen, die fast sofort begonnen hatte nachdem der mittellose Ire die Zügel der Regierung übernommen hatte. Außer denen von Smith, Palmer und King waren jetzt kaum noch nennenswerte Namen auf den Rechnungen zu sehen, und sie sprachen offen davon, das sinkende Schiff zu verlassen.

Der Auftritt der jungen Schauspielerin auf den Bühnen von Drury Lane zu diesem besonderen Zeitpunkt hat daher etwas fast Heroisches. Allein und ohne Hilfe rettete sie trotz enormer Widrigkeiten das berühmte Theater, das bei jedem Liebhaber der dramatischen Kunst beliebt ist, vor dem künstlerischen und finanziellen Ruin. Bisher hatte sie bewiesen, dass sie über unbezwingbaren Fleiß und Energie verfügte und alle Qualitäten einer fleißigen, sorgfältigen Künstlerin besaß; Jetzt sollte sie plötzlich in der ganzen Pracht ihres Genies und ihrer Kraft aufblitzen. Und doch blieb sie einfach und weiblich. Es gab kein übermäßiges Vertrauen in ihre eigenen Gaben, trotz des wahllosen Lobes, mit dem sie in Bath von allzu eifrigen Freunden überhäuft worden war. Für Miss Seward – „alles Sternchen und Ausrufe" – und für Dr. Whalley – „alles Seufzen und Bewunderung" – war sie taub; Aber er hörte auf die klugen Vorschläge von Mr. Linley und dem alten Sheridan, dem Vater von Richard Brinsley Sheridan, der selbst ein Schauspieler im Ruhestand war und die Bühne und ihre Anforderungen bestens kannte. Sie und sie hatten Angst, dass ihre Stimme nicht in der Lage wäre, ein großes Londoner Theater zu füllen. „Aber wir hatten bald Grund zu der Annahme", erzählt sie uns, „dass die schlechte Konstruktion des Bath-Theaters und nicht die Schwäche meiner Stimme die Ursache unserer gegenseitigen Ängste war."

Isabella in Southernes erbärmlichem Stück „ *The Fatal Marriage* " war die Rolle, die Sheridan ihr für ihren ersten Auftritt empfohlen hatte, und die Auswahl zeigte sein anerkennendes Wissen sowohl über ihre Kräfte als auch über das Publikum, vor dem sie spielen sollte; Die Kombination aus Zärtlichkeit, Trauer und Empörung zeigte die Vielfalt und Bandbreite des Ausdrucks, zu dem sie fähig war. Hamilton hat in diesem Teil ein Bild von ihr gemalt, in tiefem Schwarz gekleidet, wie sie ihren Jungen an der Hand hält und ihren Schwiegervater um Hilfe bittet, das einem selbst jetzt noch beim Betrachten die Tränen in die Augen treibt. Ihr damals achtjähriger Sohn Henry spielte mit ihr. Es heißt, dass er, als er seine Mutter in den Qualen der Sterbeszene bei der Probe beobachtete, die Fiktion für Realität hielt und in Tränen ausbrach. Sie selbst litt in den zwei Wochen vor ihrem Erscheinen stärker unter nervöser Erregung, als man sich vorstellen kann. Der gesamte Bericht über ihren Geisteszustand lässt sich am besten in ihren eigenen Worten erzählen.

denkwürdigen Tag, der mein eigenes Schicksal und das meiner kleinen Familie bestimmen sollte, nervös war . Ich hatte Bath verlassen, wo alle meine Bemühungen erfolgreich gewesen waren, und fürchtete, dass ein zweiter Misserfolg in London die öffentliche Meinung stark zu meinem Vorurteil beeinflussen könnte, falls ich aus Drury Lane zurückkehren würde, so beschämt wie zuvor. Pünktlich wurde ich zur Probe von Isabella gerufen. Wer kann sich meinen Schrecken vorstellen? Ich hatte Angst, einen Ton von mir zu geben, der über dem hörbaren Flüstern lag; aber nach und nach heiterte mich die Begeisterung auf und vergaß meine Ängste, und ich stieß unbewusst meine Stimme aus, die nicht im entferntesten Teil des Hauses von einem Freund gehört wurde, der sich freundlicherweise verpflichtete, den glücklichen Umstand festzustellen.

„Die Gesichter, nicht weniger als die Tränen und die schmeichelhaften Ermutigungen meiner Begleiter, ermutigten mich immer mehr, und die zweite Probe war noch bewegender als die erste." Mr. King, der damalige Manager, spendete lautstarken Applaus. Diese zweite Probe fand am 8. Oktober 1782 statt, und am Abend dieses Tages befiel mich eine nervöse Heiserkeit, die mich äußerst elend machte; denn ich fürchtete mich davor, mein Erscheinen auf den 10. verschieben zu müssen, und sehnte mich, was ich innigst tat, zumindest danach, das Schlimmste zu erfahren. Ich ging daher in einem Zustand schrecklicher Spannung zu Bett. Als ich jedoch am nächsten Morgen aus einem unruhigen, wenig erholsamen Schlaf erwachte, stellte ich fest, dass meine Stimme viel klarer war, als ich mit meinem Mann sprach. Das war natürlich ein großer Trost für mich; und außerdem schien die Sonne, die viele Tage lang völlig verdeckt war, hell durch meine Vorhänge. Ich begrüßte es, wenn auch unter Tränen, aber dennoch dankbar, als ein glückliches Omen; und selbst jetzt schäme ich mich nicht für *diesen* (wie man es vielleicht nennen könnte) kindischen Aberglauben. Am Morgen des 10. war meine Stimme glücklicherweise vollkommen wiederhergestellt; und wieder ' *strahlte die gesegnete Sonne hell auf mich* .' An diesem ereignisreichen Tag kam mein Vater, um mich zu trösten und Zeuge meines Prozesses zu sein. Er begleitete mich in meine Garderobe im Theater. Dort verließ er mich; und in einer meiner verzweifelten Ruhezustände, die ich normalerweise unter schrecklichen Umständen beeindrucke, vollendete ich dort zum Erstaunen meiner Begleiter mein Kleid, ohne ein Wort zu sagen, obwohl ich oft tief seufzte.

Die junge Schauspielerin war zuvor von Sheridan in den Theateraufführungen eifrig angepriesen worden, und er hatte zweifellos auf seine geschickte Art die Runde gemacht, dass Garricks Eifersucht die Ursache für ihr früheres Scheitern gewesen sei, wie wir tatsächlich wissen, dass er es der Schauspielerin gesagt hatte Sie selber.

Es gab eine gewisse Erwartung und Diskussion. Das Haus war voll von allem, was im damaligen London am brillantesten, intellektuellsten und „tonigsten" war. Sie waren alle mit gepuderten Köpfen, goldbesetzten Mänteln und diamantbesetzten Hälsen gekommen, um einer hübschen Frau ein rührendes Stück vorzuführen; Aber sie waren kaum auf die Leidenschaft und das Pathos vorbereitet, die sie vorerst aus ihrer künstlichen Spitzentaschentuch-Kummer schüttelten und die gepuderten Köpfe mit echter Emotion senkten. Sie wurde gut unterstützt – Smith, Palmer, Farren, Packer und Mrs. Love spielten mit ihr, ganz zu schweigen von dem Veteranen Roger Kemble, ihrem Vater, der, wie sie uns erzählt, kaum weniger aufgeregt war als sie selbst. Ihr Mann wagte es nicht einmal, hinter oder vor die Kulissen zu treten, so groß war seine Aufregung.

„Endlich wurde ich zu meiner feurigen Prüfung gerufen. Das schreckliche Bewusstsein, dass man das einzige Objekt der Aufmerksamkeit in diesem riesigen Raum ist, der sozusagen von oben bis unten und rundherum mit menschlichem Intellekt ausgekleidet ist, kann man sich vielleicht vorstellen, kann aber niemals beschrieben werden und kann es auch nie sein Vergessene."

Wenn diese Nacht nie aus der Erinnerung von Mrs. Siddons verschwinden würde, würde sie auch nie aus der Erinnerung der Anwesenden verschwinden, noch würde sie jemals aus den Annalen der englischen Bühne gelöscht werden, deren wunderschönes und erbärmliches Gesicht und Gestalt sollte für viele Jahre der größte Stolz sein.

Die Geschichte von *Isabella oder der tödlichen Ehe* ist einfach aufgebaut, das Interesse konzentriert sich auf eine Figur, die der Heldin. Biron, Sohn eines stolzen und weltlich gesinnten Mannes, heiratet entgegen dem Wunsch seines Vaters ein Mädchen, das unter seiner Würde steht. Ein Sohn wird geboren, aber Biron hatte kaum Zeit, sich über seine Geburt zu freuen, als er in den Krieg eingezogen wird und nach einigen Monaten Berichten zufolge im Kampf gefallen ist. Die Frau erscheint mit dem Kind in der ersten Szene und bittet ihren Schwiegervater aus Mitleid vergeblich, ihr etwas zu geben, um sie und das Kind zu unterstützen. Als der Gerichtsvollzieher hereinkommt, um sie wegen Schulden zu verhaften, tritt Villeroy (dessen Aufmerksamkeit sie aus Trauer um ihren Mann zurückgewiesen hatte) vor, befreit sie von den Zudringlichkeiten ihrer Gläubiger und überredet sie, ihn um ihres Kindes willen zu heiraten . Kaum ist sie Villeroys Frau, kehrt Biron zurück. In ihrer Verzweiflung bringt sie sich um.

Es gab Momente, Sätze, die nach dieser ersten Nacht zur Tradition wurden, als sie als Antwort auf die Frage, die ihr beim Eintreffen der Gläubiger gestellt wurde, was sie tun würde, antwortete: „Tu! Nichts!" Der bloße Ton ihrer Worte erzählte ihre ganze Geschichte. Miss Gordon wurde ohnmächtig, als sie den Ruf „Biron!" hörte. Biron!" während wir Madame de Staëls Bericht in *„Corinne"* über das hysterische Lachen kennen, als Isabella sich am Ende umbringt.

Es war ein außergewöhnlicher Abend. Das Haus wurde von einem Sturm der Emotionen mitgerissen; Männer schämten sich nicht zu schluchzen, und viele Frauen gerieten in heftige Hysterie. Es ist für uns jetzt tatsächlich schwierig, eine solche Aufregung zu verstehen; wir verschwenden unsere Gefühle mit den alltäglichen Angelegenheiten des Lebens: –

Die Stadt lag damals größtenteils

Zwischen der Taverne und dem Theater.

Die Penny-Presse war noch nicht für jedermann zugänglich, und die Männer waren für ihre fiktive Aufregung auf das Theater angewiesen. Ein neues Stück, ein junger Schauspieler oder eine junge Schauspielerin waren für sie interessantere Themen als selbst die letzte Rede von Mr. Pitt oder Mr. Fox, die sie nur bruchstückhaft hörten.

Frau Siddons hatte das Glück, immer noch vor einem Publikum zu spielen, das ihr natürliches und kritisches Urteilsvermögen voll ausschöpfte. Sie setzte all ihre Kräfte ein, um ihre Gefühle hervorzurufen. Sie berührte sie mit ihrem Pathos und ihrer Kraft bis ins Innerste. Das Publikum ergab sich nach Belieben dem Ruf der jungen Zauberin. Ihre eigene einfache Darstellung des

Ganzen ist sehr attraktiv; und später, in der Geschichte ihres Lebens, wenn ein wenig Härte oder eine etwas zu abrupte Behauptung der Überlegenheit zu bedauern ist, wenden wir uns diesem spontanen, fast mädchenhaften Bericht über ihren ersten Triumph zu – durch den wir das Lächeln sehen können strahlte, die Tränen glänzten – vor Freude und Erleichterung.

„Ich erreichte meinen eigenen ruhigen Kamin", sagt sie, „nachdem ich mich von der Szene wiederholter Rufe und Beifallsrufe zurückgezogen hatte. Ich war halb tot; und meine Freude und Dankbarkeit waren zu feierlich und überwältigend, um Worte oder auch nur Tränen zuzulassen. Mein Vater, mein Mann und ich setzten uns zu einem bescheidenen, ordentlichen Abendessen in einer Stille nieder, die nur durch freudige Ausrufe von Mr. Siddons unterbrochen wurde. Mein Vater genoss seine Erfrischungen, blieb aber gelegentlich stehen, legte Messer und Gabel nieder, hob sein ehrwürdiges Gesicht und warf sein silbernes Haar zurück und weinte vor Freude. Wir trennten uns bald für die Nacht; und ich, erschöpft von ständig unterbrochener Ruhe und mühsamer Anstrengung, fiel nach einer Stunde Rückschau (wer kann sich die Intensität dieser Träumerei vorstellen?) in einen süßen und tiefen Schlaf, der bis zur Mitte des nächsten Tages anhielt. Ich war geistig und körperlich wach."

Und so hatten die sieben langen Jahre, die sie damit verbrachte, ihr Genie zu zügeln und an Kraft und Selbstvertrauen zu gewinnen, ihre Wirkung gehabt, denn wir werden nicht zugeben, wie Mr. Fitzgerald sagt, dass ihr gegenwärtiger Erfolg auf das Fehlen „der Zurückhaltung" zurückzuführen war B. aufgrund der gönnerhaften Anweisung von Garrick" oder einem anderen äußeren Umstand. Die Veränderung kam von innen, nicht von außen. Sie war im Wesentlichen ein Genie mit langsamem Wachstum, sowohl körperlich als auch geistig erreichte sie ihre volle Entwicklung erst zu dem Zeitpunkt, als die meisten Schauspielerinnen sieben oder acht Jahre lang Erfolg hatten. Sie hatte gearbeitet und wie alle anderen Arbeiter ihren Lohn geerntet; Allerdings war die Belohnung, die sie erntete, nicht nur ein vorübergehender Erfolg, sondern auch Ruhm, anders als bei den gewöhnlichen Arbeitern, die von Genies unterstützt wurden. Die Erinnerung an diese Nacht wurde uns zusammen mit Garricks erstem Auftritt in *Richard III.* überliefert . und Edmund Keans in Shylock im Jahr 1814.

Die Kritiker am nächsten Tag waren sich einig in ihrem Lob. Einige fanden die Stimme etwas rau, die Leidenschaft etwas zu „unruhig und flatternd", aber alle waren sich einig, dass sich in der dramatischen Welt ein großes Ereignis ereignet hatte. Es nützt wenig, das Lob und die Kritik zu wiederholen, *was* in einem Rückblick auf ihr künstlerisches Leben durchaus möglich ist; Wir interessieren uns mehr für die persönliche Geschichte der Frau, die auf diese Weise das Wasser aufgewühlt hatte, das seit Garricks Pensionierung zu stagnieren drohte. Es ist für uns selbstverständlich, lieber persönliche Anekdoten von denen zu hören, die öffentlich vor uns auftreten, als seitenlange abgedroschene Worte über ihr Verhalten und Aussehen.

Sie schrieb an Dr. Whalley einen dieser echten, spontanen Briefe, die zeigen, wie sie von denen missverstanden wurde, die sie für hart und zurückhaltend hielten: „Mein lieber, lieber Freund, der schwierige Moment ist vorbei, und ich bin von einem Erfolg gekrönt, der …" übertrifft sogar meine Erwartungen bei weitem. Gott sei gelobt! Ich habe es sehr eilig, da ich gezwungen bin, bei Linley zu speisen. Ich war bei der Probe einer neuen Tragödie in Prosa, einem höchst ergreifenden Stück, in dem ich eine Rolle habe, die mir sehr gefällt. Ich glaube, meine nächste Figur wird Zara in „Die *trauernde Braut*" sein . Mein Freund Pratt war, glaube ich, genauso aufgeregt und freute sich ebenso sehr wie ich. Da ich weiß, dass es Ihnen Freude bereiten wird, wage ich Ihnen zu versichern, dass ich noch nie in meinem Leben solchen Applaus gehört habe. Ich dachte, sie hätten nicht zugelassen, dass Mr. Packer das Stück beendete. Oh! Wie sehr habe ich mir gestern Abend gewünscht, dass du eine Freude teilst, die ich allein nicht ertragen konnte! Mein armer Mann war so aufgeregt, dass er es nicht wagte, sich dem Haus zu nähern. Ich füge einen Epilog bei, den mein guter Freund für mich geschrieben hat, den ich aber aufgrund übermäßiger geistiger und körperlicher Erschöpfung nicht sprechen konnte. Lass mich niemals seine Güte zu mir vergessen. Ich habe in den vergangenen drei Tagen und Nächten Folterungen für die Unseligen erlitten und glaube, dass ich derzeit nicht vollkommen im Besitz meiner selbst bin; Entschuldigen Sie daher, mein lieber Mr. Whalley, die Unrichtigkeit dieses Gekritzels und akzeptieren Sie es als die erste Liebesbezeugung (nach dem ersten entscheidenden Moment) von Ihrem stets dankbaren und wahrhaft liebevollen S. SIDDONS ."

Am nächsten Abend war ihr Erfolg noch größer. Die Lobbys waren von Scharen von Damen und Herren „von höchster Mode" gesäumt. Lady Shelburne, Lord North, der Politiker, Lady Essex, Mr. Sheridan und die Familie Linley, die in seiner Loge weinten, und viele andere.

Schon bald begann sie, erheblichen Nutzen aus ihrem Erfolg zu ziehen.

„Ich hätte Angst zu sagen", fährt sie fort, „wie oft *Isabella* nacheinander wiederholt wurde, mit immer größerer Gunst." Ich war nun sehr erfreut darüber, dass ich aus meiner sehr gleichgültigen und unbequemen Garderobe in eine auf dem Bühnenboden umziehen konnte, anstatt eine lange Treppe hinaufsteigen zu müssen; und dieser Raum (oh, unerwartetes Glück!) war Garricks Ankleidezimmer gewesen. Es ist unmöglich, sich meine Befriedigung vorzustellen, als ich meine eigene Figur in demselben Glas sah, das so oft das Gesicht und die Form dieses unvergleichlichen Genies widergespiegelt hatte – vielleicht nicht ohne eine vage, phantasievolle Hoffnung auf ein wenig Inspiration von ihm Es."

Acht Nächte lang wurde das Stück aufgeführt, und jedes Mal, wenn sie auftrat, wuchs die Gunst der Bevölkerung. Die Kasse wurde von Leuten belagert, die Karten wollten, und über den Andrang wurden die lächerlichsten Geschichten erzählt. Zwei alte Männer stellten sich auf, um rund um die Uhr draußen Schach zu spielen und sich Karten zu sichern. Lakaien lagen vom Morgengrauen an schlafend da, um Plätze für ihre Herrinnen zu kaufen. Jahre später, als bei einem großen Treffen in Edinburgh die Gesundheit von Mrs. Siddons angesprochen wurde, beschrieb Sir Walter Scott die Szene an einem dieser berühmten Abende: das Frühstück in der Nähe des Theaters, das Warten den ganzen Tag, das Gedränge an den Türen Um sechs Uhr steigen sie ein und zählen ihre Finger bis sieben. Aber der allererste Schritt, das erste Wort, das sie aussprach, reichte aus, um allen ihre Müdigkeit zu überdeuten. Das Haus wurde dann unter Strom gesetzt, und erst als man die Wirkung ihres Genies miterlebte, konnte man ahnen, auf welche Höhe theatralische Exzellenz getrieben werden konnte. „Diese jungen Kerle“, fügte Sir Walter hinzu, „die nur die untergehende Sonne dieses hervorragenden Künstlers gesehen haben, so schön und heiter er auch ist, müssen uns alten Kerlen, die seinen Aufstieg gesehen haben, die Erlaubnis geben, unseren Kopf etwas höher zu halten.“ .“

Nach *Isabella* trat die Schauspielerin in Murphys *griechische Tochter auf*, einem sehr gleichgültigen Stück, dem sie jedoch durch die Kraft ihrer Intuition Leben und Schönheit einhauchte.

Die Einundneunzig des vergangenen Jahrhunderts mit ihrer Göttin der Vernunft, ihren spärlichen klassischen Gewändern und ihren in Sandalen gekleideten, barfüßigen Schönheiten waren noch nicht angebrochen. Toupets, Hauben, Bouffantes, Reifen, Sacques und alle Utensilien aus Rosshaar, Puder, Pomatum und Nadeln waren immer noch auf dem Vormarsch. Charlotte Corday hatte ihr Leben noch nicht für die Freiheit ihres Volkes geopfert; aber das Murmeln des kommenden Sturms war in der Ferne zu hören, und mit der Vorahnung des Genies sah die junge Schauspielerin sein Kommen voraus, verblüffte ihr Publikum mit der schlichten Schönheit ihrer klassischen Vorhänge und schüttelte es mit ihren hinreißenden Appellen vor Aufregung zur Freiheit.

Es herrschte eine herrliche Begeisterung über die Lieferung bestimmter Portionen. Sie kam, um zu sterben oder zu siegen. Sie schien mehrere Zentimeter größer zu werden. Ihre Stimme nahm Töne an, von denen man vorher nicht zu träumen gewagt hatte: –

Soll er nicht zittern, wenn eine Tochter kommt?

Wild vor Kummer und schrecklich vor Unrecht?

Der *Mann aus Blut wird mich hören* ! Ja, meine Stimme

Wird auf den Flügeln des Wirbelsturms emporsteigen.

Ihre Verachtung war großartig. Ihre Antwort an Dionysius, als er sie bittet, ihren Mann zum Abzug seiner Armee zu bewegen:

Denkst du denn

So gemein von meinem Phokion? Glaubst du an ihn?

Schlecht zu einem bloßen Anfall von Tapferkeit verwickelt,

In den Tränen einer schwachen Frau dahinschmelzen?

Oh, du kennst ihn kaum.

In der letzten Zeile, erzählt uns Boaden, herrschte triumphale Eile und Freude in ihrer Verachtung, die das Publikum als elektrisierend empfand und mindestens eine Minute lang entzückt applaudierte:

Der Arm einer Tochter, gefallenes Monster, führt den Schlag aus!

Ja, *zuerst* schlägt sie zu – den Arm einer verletzten Tochter

Sendet dich den höllischen Göttern ergeben!

Danach spielte sie Jane Shore. „Mrs. Siddons", wie einer der Kritiker zu dieser Aufführung bemerkte, „hat den Eindruck, nie eine Schauspielerin gewesen zu sein; Sie scheint sich nicht bewusst zu sein, dass eine bunte Menschenmenge namens „Grube" darauf wartet, ihr zu applaudieren, oder dass ein Dutzend Geiger auf ihren Ausgang wartet." Ihr „Verzeih mir, aber vergib mir", als sie ihren Mann um Verzeihung bat, erschütterte das Haus mit Schluchzen. Als Crabb Robinson dieser erschütternden Darbietung beiwohnte, brach er in schallendes Gelächter aus, und als er entfernt wurde, stellte sich heraus, dass er stark hysterisch war.

Nach Jane Shore trat sie als Calista, Belvidera und Zara auf. Alle wurden mit der gleichen Begeisterung aufgenommen.

Am 5. Juni spielte sie zum letzten Mal in dieser Saison die Rolle der Isabella, nachdem sie in insgesamt etwa achtzig Abenden aufgetreten war, sechs davon zugunsten anderer; und in dieser kurzen Zeit könnte man sagen, dass sie die englische Bühne völlig revolutioniert hat. Jetzt wurde nichts außer der Tragödie beklatscht. Die Possen, die zuvor für viel Aufsehen gesorgt hatten, wurden nun nicht mehr gehört. Die junge Schauspielerin deprimierte die Stimmung des Publikums so völlig, dass der beste Komiker anscheinend nicht in der Lage war, sie zu heben. Sie bereitete bereits den Weg für die stattliche Feierlichkeit von John Kemble und die Wiederbelebung der Shakespeare-Tragödie.

Die Stadt wurde nach ihr „wahnsinnig geboren", wie Horace Walpole es ausdrückte. Die Zeitungen schrieben ständig über sie, ihre Kleidung, ihre Bewegungen. Nichts anderes schien das gleiche Interesse zu haben. Ihr Gehalt, das ursprünglich fünf Pfund pro Woche betrug, wurde vor Ende der Saison auf zwanzig Pfund erhöht, und ihr erster Vorteil belief sich auf achthundert Pfund.

Bei dieser letzten Gelegenheit richtete sie einen Brief an die Öffentlichkeit:

"Frau. Siddons wäre nicht so lange geblieben, ohne ihr die hohe Meinung zum Ausdruck zu bringen, die sie von den großen Ehren hatte, die ihr in letzter Zeit zuteil wurden, aber dass sie nach wiederholten Prüfungen keine passenden Worte finden konnte, um ihre Gefühle auszudrücken, und mit denen sie jetzt zufrieden sein muss die klare Sprache eines dankbaren Geistes; dass ihr Herz allen ihren Wohltätern für die hervorragende und, wie sie befürchtet, allzu einseitige Ermutigung dankt, die sie bei dieser Gelegenheit gewährten. Ihr wird gesagt, dass der großartige Auftritt an diesem Abend und die daraus resultierenden Bezüge alles übertreffen, was jemals in den Annalen der englischen Bühne über einen ähnlichen Bericht berichtet wurde; aber sie hat nicht die Eitelkeit, sich vorzustellen, dass dies auf irgendeine Überlegenheit gegenüber vielen ihrer Vorgänger oder einigen ihrer Zeitgenossen zurückzuführen sei. Sie führt dies ausschließlich auf die Freizügigkeit des Gefühls zurück, die die Bewohner dieser großen Metropole von allen anderen auf der Welt unterscheidet. Sie kennen ihre Geschichte — sie wissen, dass sie durch einen seltsamen Schicksalsschlag viele Jahre lang darauf beschränkt war, sich in einem engen Umfeld zu bewegen, in dem die Belohnungen, die ihre Arbeit mit sich brachte, verhältnismäßig gering waren. Mit einer beispiellosen Großzügigkeit schlugen sie vor, sofort die Rechnung auszugleichen und die fälligen Rückstände entsprechend dem Satz, dem zu geringen Satz, zu dem sie ihre Talente schätzten, zu begleichen. Sie ist sich der Gefahr bewusst, die von außergewöhnlichen und unverdienten Gefälligkeiten ausgeht, und hütet sich sorgfältig vor jedem Anflug von Stolz, der allzu oft damit einhergeht. Glücklich wird sie sich selbst schätzen, wenn sie durch äußersten Fleiß und ständige Anstrengung ihrer dürftigen Fähigkeiten in der Lage sein wird, die enorme Schuld, die sie der Öffentlichkeit schuldet, zu verringern, auch wenn es aussichtslos ist, sie jemals zu begleichen."

Mrs. Siddons zog die Öffentlichkeit immer gern in ihr Vertrauen. Alles in diesem Brief kann als selbstverständlich angesehen werden; und es wäre würdevoller gewesen, zu schweigen.

Erfreulicher und natürlicher sind die Briefe, die sie an ihre Freunde schreibt. Sie schrieb zu dieser Zeit an Dr. Whalley:

„Gerade in diesem Moment sitzen Sie, mein lieber Herr, zum Abendessen, und ‚Jeder Gast ist ein Freund'. Oh! dass ich bei dir war, aber nur für eine halbe Stunde. 'Oh! Gott bewahre es!' sagt meine liebe Frau Whalley; „denn er redete so laut und so schnell, dass er Fieber bekam und obendrein an unbefriedigter Neugier starb .“ Schmeichele ich mir selbst, mein lieber Herr? Ach nein! Sie haben mir beide die Ehre erwiesen, mir zu versichern, dass Sie mich lieben, und ich würde um keinen Preis auf die gesegnete Idee verzichten … Ich habe alle Ihre Briefe erhalten und danke Ihnen tausendmal dafür. Eine Zeile davon ist den Beifall von zehntausend Jubeltheatern wert.“

Und so geht dieses wundervolle Jahr im Leben der großen Schauspielerin zu Ende – das Jahr, auf das sie immer als den Höhepunkt ihres Glücks und Glücks zurückblickte.

KAPITEL VI.
DUBLIN UND EDINBURGH.

Iren haben einen natürlichen Theaterinstinkt, und Dublin wurde zu der Zeit, über die wir schreiben, bis zu einem gewissen Grad als Zensor für dramatische Angelegenheiten ebenso hoch geschätzt wie London. Ein Dubliner Publikum wagte es oft, von den Urteilen der Metropole abzuweichen und sie, wie im Fall von Mrs. Pritchard, „die Iren vor Enttäuschung elektrisierte", wie uns Campbell urig erzählt, völlig umzukehren. Die meisten der besten Spieler von Drury Lane hatten ihre Karriere im Smock Alley Theater begonnen und viele von ihnen hatten irisches Blut in ihren Adern. Das Theater war neben Drury Lane das schönste im Königreich und glänzte mit der Innovation einer Drop-Scene, die das Parlamentsgebäude darstellte, anstelle des herkömmlichen grünen Vorhangs.

Dieselben Ursachen, die den Provinzstädten Englands eine wichtige Stellung in gesellschaftlichen und dramatischen Angelegenheiten verschafften, wirkten im Fall von Dublin noch wirksamer. Die Überfahrt nach London war damals eine ebenso lange und mühsame Reise wie heute nach New York; und nicht einmal der Adelige dachte daran, dies jedes Jahr zu tun. Der vizekönigliche Hof war daher wirklich ein Hof, umgeben von einem gewissen Maß an Glanz und Pracht. Seit den Tagen von Peg Woffington und Miss Gunnings hatten irische Schönheiten es gewagt, Mode zu setzen; und wir lesen in einem Brief aus Dublin, geschrieben von einem Modeführer der Zeit, dass es für englische Frauen keinen Sinn hat, herüberzukommen, wenn sie nicht bereit sind, „ihre Taille auf den Umfang von zwei Orangen zu bringen, nicht mehr"; ihre „Köpfe einen Fuß hoch, ohne Federn, und sich bis zu einem Penthouse von höchst furchtbarer Vorwölbung dahinter erstreckend, die Breite von Flügel zu Flügel beträchtlich breiter als Ihre Schultern; und in Ihrer Mütze sind so viele verschiedene Dinge wie in der Arche Noah... Wahrlich", schließt die Dame, „ich habe nie solche Ungeheuer gesehen wie die Köpfe, die jetzt in Mode sind; ich bin auch ein Ungeheuer, aber ein gemäßigtes."

Um den kleinen Hof herum flatterten junge Stallmeister, die Theaterstücke schrieben und sich dem Drama widmeten. Schauspieler und Schauspielerinnen selbst wurden in den Kreis des Vizekönigs aufgenommen, sofern sie sich überhaupt im Bereich der Seriosität befanden. Frau Inchbald war mit vielen der modischen und literarischen Damen vertraut. Daly, der Manager des Theaters, war ein regelmäßiger *Stammgast* im „Castle"; und John Kemble, der einige Zeit vor seiner Schwester in Irland angekommen war, war vom Stallmeister Jephson der „Gruppe" vorgestellt worden, zu der Tighe, Courtenay und andere gehörten.

Die ganze Gesellschaft geriet in große Aufregung, als bekannt gegeben wurde, dass die schöne junge Schauspielerin, die in London alle Blicke auf sich gezogen hatte, nach Dublin kommen würde. Kemble wurde interviewt und mit Fragen zu diesem Thema gelöchert. Tatsächlich war sein Ansehen für die damalige Zeit durch seine Verwandtschaft enorm gestiegen. Bei einem Abendessen im Schloss brachte Lord Inchiquin einen Toast auf „Die unvergleichliche Mrs. Siddons" aus und schickte ihrem Bruder einen Ring mit ihrer Miniatur, die mit Diamanten besetzt war.

Daly war über sich selbst hinausgegangen, um sie zu engagieren; und es hieß, sie habe alle Provinzangebote in England abgelehnt, um die Herzen der irischen Kritiker zu gewinnen. Alles schien günstig und der Weg für das Kommen der siegreichen Heldin bereitet. Die Ereignisse verliefen jedoch nicht wie erwartet. Dort, wo die lebhafte, freche, gutmütige Peg Woffington mit ihrer „schlechten" Stimme und ihrer prahlerischen Art zu einem beliebten Idol wurde, erpressten die königlichen Siddons mit ihrer herrischen, tragischen Art Lob für ihr Schauspiel, zweifellos, aber nie ihre Herzen gewonnen. Trotz des irischen Blutes in ihren Adern hatte sie kein Mitgefühl für das Volk; und von Anfang an entstand zwischen ihr und ihrem Dubliner Publikum ein Widerspruch. Sie mochte den Schmutz, die Prahlerei, die Unaufrichtigkeit und die Frivolität der Iren nicht und weigerte sich, ihre Gutherzigkeit und echte künstlerische Wertschätzung anzuerkennen.

Anhand ihrer Briefe können wir erkennen, welchen Eindruck das Land auf sie gemacht hat. Sie startete Anfang Juli in Begleitung einer kleinen Gruppe, die aus Brereton, ihrem Mann und ihrer Schwester bestand. Am 14. schreibt sie an ihre Freundin Whalley:

„Ich danke Ihnen tausendmal für Ihren Brief; aber Sie erwähnen nicht, dass Sie seit Ihrer Abreise aus England von mir gehört haben. Wir freuen uns aufrichtig, dass Sie ohne materielle Unfälle angekommen sind, ohne gefährliche Unfälle meine ich, denn einige davon waren natürlich sehr *unterhaltsam* . Oh! Wie ich jedes Mal lache, wenn mir das schläfrige Abenteuer in den Sinn kommt, denn „es war mehr gemeint, als man denkt." Ich bin sicher, ich hätte die Welt dafür gegeben, meine liebe Mrs. Whalley auf der kleinen alten Wanne gesehen zu haben. Wie glücklich sind Sie mit Ihren Beschreibungen! Es ging ihr also sehr gut; Dann muss sie sehr scherzhaft sein. Ich denke, ihr Gespräch, so thronend und umgeben, muss das höchste Vergnügen auf der ganzen Welt gewesen sein. Einige Abschnitte Ihrer Tour müssen bezaubernd gewesen sein. Wie gut war es von Ihnen, mir eine Teilnahme an Ihrem pastoralen Abendessen zu wünschen! Seien Sie versichert, meine lieben, lieben Freunde, niemand kann Ihnen aufrichtiger danken oder sich der Ehre, die Ihnen entgegengebracht wird, bewusster sein, obwohl viele es vielleicht mehr verdienen. Was für eine angenehme Sache, so nette Menschen zu treffen! Aber eine Gesellschaft und ein Umgang wie bei Ihnen und der lieben Mrs. Whalley müssen die Wilden sehr bald angenehm machen. Wie hat der arme kleine Paphy das ertragen? Hat sie in ihrem üblichen sanften Ton Einwände erhoben? Ich bin sicher, sie war sehr froh, in Ruhe zu sein, was in einer Kutsche, soweit ich mich erinnere, nicht für längere Zeit vorkommt. Ich kann mir nichts vorstellen, das so provozierend oder lächerlich wäre wie die Höflichkeit des Franzosen und die Ratlosigkeit des armen Vincent. Sie werden, lange bevor Sie dies erfahren, gehört haben, dass unser süßer D — sicher von einem sehr schönen Mädchen entbunden wurde, was Ihnen, wie ich weiß, keine geringe Freude bereiten wird. Nun zu mir selbst. Unsere Reise war herrlich; Die Straßen durch Wales bieten Ihnen unüberwindbare Berge , die großartigsten und schönsten Aussichten, die man sich vorstellen kann. aber ich möchte, dass deine Feder sie beschreibt.

„Wir kamen sehr sicher in Holyhead an, und dann hatte ich das Gefühl, als würde ein großartiges Ereignis stattfinden, da ich noch nie auf dem Meer war. Ich war beeindruckt, aber nicht verängstigt; Ich fühle mich in den Händen eines großen und mächtigen Gottes, „dessen Barmherzigkeit über alle seine Werke ruht". Das Meer war besonders rau; Wir wurden berghoch gehoben und sanken augenblicklich wieder ebenso tief. Guter Gott! wie gewaltig, wie wunderbar! Ein angenehmer Schrecken erfasste mich, den man kaum beschreiben kann, und ich habe die Majestät des göttlichen Schöpfers noch nie zuvor so deutlich gespürt. Ich war furchtbar krank, ebenso wie meine arme Schwester und Mr. Brereton. Mr. Siddons ging es ziemlich gut; Und hier, mein lieber Freund, möchte ich Ihnen einen kleinen guten Rat geben: Gehen Sie immer (wie Sie sehen, ich habe vergessen zu buchstabieren) zu Bett, sobald Sie an Bord gehen, denn wenn Sie horizontal liegen und sich sehr ruhig verhalten, betrügen Sie das Meer von der Hälfte seines Einflusses. Wir kamen am 16. Juni um halb eins nachts in Dublin an. In dieser Hauptstadt eines aufstrebenden Königreichs, wie sie sich selbst nennen, gibt es keine Taverne oder ein Haus, das eine Frau aufnehmen würde; und wissen Sie, ich war gezwungen, nachdem ich im Zimmer des Zollbeamten eingesperrt war, die Sachen untersuchen zu lassen, wobei dieses Zimmer eher einem Kerker glich als alles andere – nachdem ich hier mehr als anderthalb Stunden verbracht hatte Ich sage Ihnen, ich musste, so krank und müde ich auch war, bis fast zwei Uhr morgens zu Fuß durch die Straßen wandern (denn die Kutschen und Stühle waren alle von der Tribüne verschwunden), und es schien auch zu regnen Himmel und Erde kamen zusammen. Ein hübscher Anfang! dachte ich; aber diese Menschen sind in jeder Hinsicht tausend Jahre hinter uns. Schließlich wagte Mr. Brereton, dessen Vater ihm bei seiner Ankunft ein Bett zur Verfügung gestellt hatte, zu sagen, er würde darauf bestehen, in dem Haus, in dem er schlafen sollte, ein Bett für uns bereitzustellen. Nun, wir kamen an diesem Ort an, und die

Dame des Hauses gewährte uns, nachdem sie uns oft gesagt hatte, dass sie nie Damen aufnahm, die Erlaubnis, die Nacht dort zu verbringen."

Der erste Auftritt der Schauspielerin fand am 21. Juni 1783 in *Isabella statt* . Das Theater war zum Ersticken überfüllt, und für Sitzplätze im Graben und auf der Galerie wurden Guineen und Halbguineen bezahlt; Aber nach der ersten Nacht schien die Begeisterung nachzulassen, und Mrs. Crawford vom Crow Street Theatre, die von Mrs. Siddons in London völlig entthront worden war, wagte es nun mutig, sich ihrer Rivalin und ihr entgegenzustellen Das eigene Erstaunen, aber auch das aller anderen, befahl bald größere Häuser. Auch die Kritiker begannen bald mit ihren Angriffen in Form von Spott, einer Methode der Kriegsführung, die für eine Person mit ihrer stolzen, sensiblen Natur sehr anstrengend war.

„Am Samstag präsentierte Mrs. Siddons, über die die ganze Welt gesprochen hat, zum ersten Mal ihre schöne, unnachgiebige, sanfte und anmutige Persönlichkeit im Theatre Royal, Smock Alley. Das Haus war mit Hunderten überfüllt, als es fassen konnte, mit Tausenden von bewundernden Zuschauern, die weggingen, ohne etwas zu sehen. Sie war die Natur selbst; Sie war das erlesenste Kunstwerk. Mehrere fielen in Ohnmacht, noch bevor sich der Vorhang öffnete. Die Geiger im Orchester heulten wie hungrige Kinder, die um Brot und Butter weinten; und als die Glocke zwischen den Akten läutete, liefen dem Fagottisten in solchen Regenfällen Tränen aus den Augen, dass sie die Fingergriffe erstickten, und als sie das Instrument zum Spritzen brachten, ergossen sie sich in einem solchen Strom über das Buch des ersten Geigers, dass der Anführer der Band, da er nicht sah, dass die Ouvertüre zwei Kreuze hatte, tatsächlich in zwei Bs spielte; Aber das Schluchzen und Seufzen des stöhnenden Publikums und das Geräusch der Korken, die aus den Riechflaschen gezogen wurden, verhinderten, dass der Fehler entdeckt wurde. Der salzhaltige Teich in der Grube war einen Meter tief, und die Menschen, die auf den Bänken stehen mussten, standen in dieser Position bis zu den Knöcheln und weinten. Ein Gesetz des Parlaments gegen ihr Spiel wird mit Sicherheit verabschiedet, denn sie hat die Freiwilligen infiziert, und sie sitzen und lesen „ *The Fatal Marriage* " und weinen und brüllen die ganze Zeit. Mögen die Flüche einer beleidigten Nation die Herren des Colleges, die Herren der Anwaltskammer und die Adligen und Adligen verfolgen, die sie in der zweiten Nacht beschimpft haben. Es ist wahr, dass Mr. Garrick nie etwas aus ihr machen konnte und sie für unterdurchschnittlich hielt; Es stimmt, das Londoner Publikum mochte sie nicht; aber was ist damit?"

Ihr Bewusstsein für die Feindseligkeit, die in der Presse und in der Öffentlichkeit gegen sie herrschte, machte ihren Aufenthalt in der Hauptstadt keineswegs angenehm oder erfolgreich, und sie war froh, mit der Party zu beginnen, die Daly zusammengestellt hatte, um die Runde zu machen Land. Es bestand aus dem Manager und seiner zukünftigen Frau, Miss Barsanti, den beiden Kembles, Miss Younge, Digges, Miss Philipps und Mrs. Melnotte, der Frau von Pratt Melnotte, einem prominenten Bath-Star.

Ein amüsanter Bericht über die Tour wurde vom Schauspieler Bernard hinterlassen, der sich zu dieser Zeit zufällig in Irland aufhielt. Die feierlichen Kembles scheinen in dem ausgelassenen Spaß sicherlich fehl am Platz zu sein, und wir können uns Mrs. Siddons' stattlichen Ekel vorstellen, als ein Herr aus dem Graben rief: „Sally, mein Juwel, wie geht es dir?" oder, wie es mehrmals vorkam, als gleich nach Beginn des Orchesters ein allgemeiner Tanz auf der Galerie stattfand.

Mrs. Siddons scheint keinen Anlass gehabt zu haben, ihre erste Meinung über das Land später zu ändern, denn in einem vertraulichen Brief aus Cork an Mr. Whalley vom 29. August schrieb sie, dass sie die Stadt Dublin für einen Sumpf der Unsauberkeit halte.

„Die üblen Gerüche und die Vielzahl schockierender und höchst elender Gegenstände veranlassten mich, mich nie wieder auf den Weg zu machen, sondern mich meinem Geschäft zuzuwenden. Ich mag die Leute auch nicht; Sie sind alle protzig und unaufrichtig und in ihren Vorstellungen von Pracht den Franzosen sehr ähnlich, aber nicht so reinlich; und sie reden nicht nur, sondern denken grob. Dies geschieht im Vertrauen; Deshalb bete ich: Deine Finger auf deinen Lippen. Sie sind so hartnäckig gegenüber ihrem Land, dass es sehr lächerlich ist, und würden mich den schwärzesten aller Undankbaren nennen, wenn sie wüssten, was ich von ihnen halte. Ich habe diesen Sommer tausend Pfund darunter. Ich bekenne mich immer zu ihnen verpflichtet, aber ich kann sie nicht lieben. Ich kenne nur einen unter ihnen, der die Barbarei der anderen einigermaßen sühnen kann und der glaubt, dass es andere Mittel gibt, Wertschätzung zum Ausdruck zu bringen, als die Menschen zum Essen und Trinken zu zwingen, eine Tat, die sie in höchst anstößiger Weise irische Gastfreundschaft nennen. Ich sehne mich danach, zu Hause zu sein und ruhig in dem kleinen, gemütlichen Salon zu sitzen, wo ich zuletzt die Freude oder vielmehr den Schmerz hatte, dich in dieser Nacht zu sehen. Zum ersten Mal in meinem Leben wünschte ich, dich nicht zu sehen. Ich hatte Angst davor, und das aus gutem Grund. Ich wusste (was auch der Fall war), dass ich diesen grausamen Abschied mehrere Tage lang nicht wiedererlangen würde.

"Oh! Mein lieber Freund, gleichen die Freuden des Lebens die Schmerzen aus? Ich denke nicht. Manche Menschen legen das ganze Glück des Lebens in die Freuden der Fantasie, in den Bau von Burgen; Ich für meinen Teil gehöre nicht zu den Leuten, die besonders prächtige bauen. Nein; Ich baue keine Burgen, sondern Hütten ohne Ende. Möge der große Entsorger aller

Ereignisse mir gestatten, den Abend meines mühsamen, geschäftigen Tages in einer Hütte zu verbringen, wo ich manchmal die Unterhaltung und Gesellschaft haben kann, die mich dieser unvergänglichen Behausungen würdiger machen, die für die Geister der Gerechten vorbereitet sind Männer perfekt gemacht! Ja, lass mich in dieser Welt in der Nähe meines geliebten Langford meine Ruhe finden. Du weißt, dass dies in diesen vier Jahren immer mein Schloss war. Und ich mache eine kleine gemütliche Party. Ich habe Herrn Nott und meine liebe Schwester gewonnen und hege keinen Zweifel daran, noch ein paar andere zu gewinnen. Ist das nicht ein entzückender Plan?

„Seit ich hier bin, habe ich für eine Wohltätigkeitsorganisation gespielt (ich bin in Cork, sollte ich Ihnen sagen) und werde morgen für eine andere spielen – Ihre Lieblings-Zara, in der *Mourning Bride* ...“ Ich freue mich außerordentlich, dass Dir Dein kleiner Begleiter so gut gefällt [in Anspielung auf eine Miniatur von sich, die sie ihm geschickt hatte]. Ich habe an diesem Ort vor einem jungen Mann gesessen, der beim ersten Eintritt von Biron in Isabella ein kleines Porträt von mir gemacht hat. Sie werden denken, dass dies ein mühsames Unterfangen ist, aber es ist ihm gelungen und hat Bewunderung hervorgerufen. Ich denke, es ähnelt mir mehr als alles, was ich je gesehen habe. Ich bin sicher, Sie hätten sich darüber gefreut. Noch nie in meinem Leben ging es mir so gut wie in Irland; aber, Gott sei Dank, werde ich nächsten Dienstag in das liebe England aufbrechen.

„Dieser Brief wurde diesen Monat begonnen und mit ein oder zwei Zeilen auf einmal beendet, Sie werden also feststellen, dass es sich um ein feines Gekritzel handelt, und ich bin immer noch so ein sachlicher Körper, dass ich daran verzweifle, Ihnen das zu geben am wenigsten Unterhaltung. Ich kann keinen anderen Anspruch auf die Ehre und das Glück Ihrer Korrespondenz rühmen als eine sehr aufrichtige Zuneigung zu Ihnen beiden, verbunden mit der vollkommensten Wertschätzung für Ihre liebenswürdigsten Eigenschaften und Ihr großes Talent. Sagen Sie meiner lieben Frau W — alles, was freundlich für mich ist , und glauben Sie mir, immer mit Ihrer Zuneigung

„ S. Siddons .“

„Cork, 29. August.

„Ich hoffe, dass Sie mir bald die Freude bereiten werden, von Ihnen zu hören.“

„London, 7. Oktober 1783.

„Um Gottes willen, meine lieben Freunde, betet für mein Andenken. Ich hatte vergessen, das Porto zu bezahlen, wie Sie freundlicherweise gewünscht haben, und dieser arme Brief wandert seit meiner Abreise aus Cork um die Welt.

„Es wurde in Irland eröffnet, also darf ich dort nie wieder mein Gesicht zeigen. Der König befiehlt *Isabella* morgen, und ich spiele am Samstag *Jane Shore* . Ich habe Frau Jackson beleidigt, weil ich ihr keine Plätze besorgen konnte. Es tut mir sehr leid, denn ich hatte höchste Wertschätzung für sie und ihre Freundschaft zu Ihnen hatte sie eng an mein Herz gebunden. Ich habe alles getan, was ich konnte, um mich wieder in ihre Gunst zu stellen, aber vergebens. Der arme Herr Nott war in großen Schwierigkeiten; Er hat in letzter Zeit einen Bruder verloren, der eher mit ihm verbunden war als durch Blut, und über dessen Verlust er untröstlich ist. Er ist nicht in der Stadt, aber ich hoffe, ihn bald zu sehen. Adieu! Mr. Siddons usw. wünschen Ihnen die herzlichsten Wünsche. Im letzten Brief, den ich Ihnen geschrieben habe, war ich kurz davor, auf die gleiche Weise zu dienen. Ist das nicht ein wenig beunruhigend? Ich fürchte, dass ich in ein paar Jahren überaltert sein werde.“

Ihre Erbitterung ist fast unverständlich. Anhand der im obigen Brief verwendeten Ausdrücke können wir gut verstehen, wie sie sich unbeliebt machte. Sie hätte sich vielleicht gewünscht, dass ihre Gefühle geheim gehalten würden, aber sie war nicht die Frau, die ihre Gefühle verbergen konnte. Sie ist auch ungerecht mit der Aussage, dass die Iren „nicht nur unhöflich denken, sondern auch unhöflich sprechen“. Dabei ließ sie, wie auch bei anderen Gelegenheiten, zu, dass ihre verletzte Eitelkeit ihre Beobachtungsgabe trübte. Die Strafe kam jedoch scharf und plötzlich und zerstörte ihr Glück für viele Tage.

Während Mrs. Siddons in Dublin spielte, nahm Jackson, der Manager des Edinburgh Theatre, Gespräche mit ihr im Hinblick auf eine Verlobung auf. Da es ihm schwer fiel, sich zu einigen, ging er schließlich über sich selbst hinweg, aber der Verlauf der Verhandlungen von Anfang bis Ende lässt uns verstehen, wie unbeliebt Mrs. Siddons bei all ihren Vorgesetzten war. Es herrscht ein zu entschiedenes Festhalten an den eigenen Interessen, zu viel ruhige, kalte Überlegenheit. Sie „feilschte“ und feilschte bei jedem Schritt, bis Jackson aus Verzweiflung fast das ganze Geschäft aufgegeben hätte. Ermutigt wurde er jedoch, wie uns FitzGerald erzählt, durch einen Geldbeutel von 200 Pfund, den einige Adlige und Herren Schottlands großzügig bereitgestellt hatten, um ihn bei der Verlobung zu unterstützen, und stimmte schließlich ihren Bedingungen zu. Die Forderungen der Siddons für eine Aufführung an neun Abenden beliefen sich neben einem „klaren Vorteil“ auf 400 Pfund. Sie hörten jedoch bald von dem 200-Pfund-

Abonnement, und Herr Siddons schrieb daraufhin, ob dieser Betrag in den 400 Pfund enthalten sein sollte oder ob er unter die Rubrik einer zusätzlichen Vergütung fallen sollte. Der Manager machte in seiner Aussage deutlich, dass die 200 Pfund zu seinen Gunsten bestimmt waren. Daraufhin kündigte Mrs. Siddons an, dass sie keinen bestimmten Betrag wünsche, sondern die Hälfte der klaren Quittungen entgegennehmen würde. Der arme Jackson musste diesem Vertragsbruch zustimmen, da er mit seinen Gönnern in Edinburgh bereits so weit gegangen war. Die Geschichte der Verhandlungen ist jedoch für die Bewunderer von Mrs. Siddons keine erfreuliche Lektüre, vor allem, wenn wir später erfahren, dass es ihr ohne Wissen des Managers gelungen ist, sich das 200-Pfund-Abonnement auszahlen zu lassen, und zwar am Ende Verlobung Jackson war ein Verlierer. Die „Hausgebühren" wurden zu niedrig angesetzt. Schauspieler wie Pope, King und Miss Farren hatten bei der Abrechnung immer etwas Schönes zugelassen. Von Mrs. Siddons war nichts zu bekommen.

Der durchschnittliche Gewinn hätte etwa 25 £ pro Nacht betragen. Von Dublin kehrte sie nach London zurück und spielte dort ihre zweite Staffel; Es war sogar noch brillanter als ihr erstes und wurde sowohl durch ihren ersten Auftritt mit ihrem Bruder John Kemble in „ *The Gamester*" , der von da an häufig mit ihr spielte, als auch durch ihre Rolle als Isabella in „ *Maß für Maß*" , in dem sie bemerkenswert war, hervorgehoben Ihren ersten Erfolg hatte sie mit einer Shakespeare-Figur in London. Sie sah perfekt aus wie die Novizin von St. Clare. Im Frühjahr machte sie sich auf den Weg nach Norden, um ihre Verlobung mit dem Direktor von Edinburgh aufrechtzuerhalten, und am Samstag, dem 22. Mai 1784, trat sie auf der Bühne des Royal Theatre in Belvidera auf. Die bekannte Gleichgültigkeit des Edinburgher Publikums löste bei Mrs. Siddons ein unerträgliches Gefühl der Depression aus.

Nach einigen ihrer größten Leidenschaftsausbrüche, auf die kein Ausdruck von Applaus reagiert hatte, keuchte sie erschöpft und atemlos vor Verzweiflung und leise: „Dumme Leute, dumme Leute!" Diese gewohnheitsmäßige Zurückhaltung, die sie bald feststellte, wich jedoch zuweilen sehr heftigen Enthusiasmusdemonstrationen, die umso leidenschaftlicher waren, als ihr allgemeiner Ausdruck – einmal tatsächlich wurde die gesamte schlafwandelnde Szene in „*Macbeth*" so vehement beklatscht, dass im Gegensatz zu In der Regel musste sie es ein zweites Mal durchgehen, bevor das Stück fortgesetzt werden konnte.

Später, als sie durch diese Aufwallungen echter Gefühle die Wertschätzung ihres Publikums bewiesen hatte, konnte sie es sich leisten, Geschichten über deren Gleichgültigkeit zu erzählen, als sie zum ersten Mal unter ihnen auftrat. Am zweiten Abend war sie entmutigt über den kalten Empfang ihrer aufregendsten Passagen und hielt nach einem verzweifelten Versuch inne, um eine Antwort zu erwidern. Es kam schließlich, als die Stille von einer einzelnen Stimme unterbrochen wurde, die ausrief: „Das ist nichts Schlimmes!" eine Hommage, die das Signal für grenzenlosen Applaus war. Ein ehrwürdiger alter Herr, der von seiner Tochter mitgenommen wurde, um die große Schauspielerin in „ *Venice Preserved" zu sehen* , saß während des ersten und zweiten Akts mit vollkommener Gelassenheit da, als er seine Tochter fragte: „Welche Frau war Siddons?" Da Belvidera die einzige weibliche Rolle im Stück ist, fiel es ihr nicht schwer, darauf zu antworten. Bis zur Katastrophe geschah nichts mehr; Dann fragte er: „Ist das eine Komödie oder eine Tragödie?" „Warum, Gott segne dich, Vater, eine Tragödie." „Das dachte ich mir, denn ich spüre langsam Aufregung." Dieser Vorfall war typisch für das gesamte Publikum – und als sie anfingen, „eine Aufregung zu spüren", gab es keinen Zweifel mehr daran, wie sie dies zum Ausdruck brachten. Tatsächlich mündete die Leidenschaft für Hysterie und Ohnmachtsanfälle bei ihren Auftritten in eine modische Manie. Ein angesehener Chirurg, allgemein „Sandy Wood" genannt, der es mit seinem klugen gesunden Menschenverstand verstand, die Torheiten seiner eleganten Patienten zu durchschauen, wurde von seinem Platz in der Grube gerufen, wo er jeden Abend zu finden war Mrs. Siddons handelte, um den hysterischen Anfällen einer der aufgeregten Damen entgegenzuwirken, die um ihn herumstolperten. Auf seinem Weg durch die Menge sagte ein Freund zu ihm und spielte dabei auf Mrs. Siddons an: „Das ist eine großartige Schauspielerei, Sandy." Als er sich zu den ohnmächtigen und schreienden Damen in den Kisten umsah, antwortete Wood: „Ja, und wir würden uns auch darum kümmern." Einige Verse im *Scot's Magazine* geben ein Bild der Szene, in der die Grube als „ganz Porter und Pathos, ganz Whisky und Gejammer" beschrieben wird, während –

„Hört von allen Seiten des Hauses! der Schrei, wie es anschwillt,

Während die Kisten unter herzzerreißendem Geschrei zerrissen werden!"

Die Begeisterung, sie zu sehen, war so groß, dass es an einem Tag mehr als 2.500 Bewerbungen für etwa 600 Plätze gab. Die Unterdrückung und Hitze war in dem überfüllten und schlecht belüfteten Theater so groß, dass eine Epidemie, die die Stadt heimsuchte, scherzhaft auf diese Ursache zurückgeführt und als „Siddons-Fieber" bezeichnet wurde. Alles, was in Edinburgh am kultiviertesten und intellektuellsten war, kam, um ihr zu huldigen – Blair, Hume, Beattie, Mackenzie, Home, sie alle besuchten ihre Auftritte. Sie verdiente durch ihre Verlobung, den Anteil am Haus, die Zuwendung und das Abonnement mehr als tausend Pfund. Und dieser Erfolg blieb nicht nur bei den gebildeten Schichten, auch Grube und Galerie zollten ihren Tribut. Campbell erzählt uns, wie ein armes Dienstmädchen mit einem Korb voller Gemüse auf dem Arm eines Tages in der High Street in ihrer Nähe anhielt und sie sprechen hörte und sagte: „Ah, wie kenne ich diese süße Stimme, die mich grüßen ließ?" sae sair the streen."

Bevor sie ging, wurde ihr eine silberne Teeurne überreicht, als Zeichen der „Wertschätzung" für überlegenes Genie und unübertroffene Talente. Auf diesen Besuch bezieht sie sich später in ihrer hochtrabenden Art. „Wie soll ich meine Dankbarkeit für die Ehre und Freundlichkeit meiner nördlichen Freunde zum Ausdruck bringen? Denn sollte ich es versuchen, würde man mich für die Königin der Egoisten halten. Aber niemals kann ich die privaten und öffentlichen Zeichen ihrer erfreulichen Wahlen vergessen."

Kapitel VII.
WOLKEN.

Am 15. Juni riss sie sich von all diesen „privaten" und „öffentlichen Zeichen erfreulicher Wahlrechte" los und stattete Dublin erneut einen Besuch ab, der anfangs erfolgreicher war als ihr erster, gegen Ende jedoch von Trübsal getrübt wurde ungünstige Umstände, die während ihrer gesamten beruflichen Laufbahn gegen sie wirkten.

Diesmal war sie Gast ihrer früheren Freundin Miss Boyle, die nun Mrs. O'Neil von Shane's Castle ist. Der Lord Lieutenant hieß sie willkommen, als wäre sie eine „hohe Dame von Rang", und sie erzählt uns, wie sie „von allen First *Family* mit der schmeichelhaftesten Gastfreundschaft empfangen wurde, und die Tage, die ich mit ihnen verbrachte, werden mir immer zu den schönsten meines Lebens zählen." Sie stattete Shane's Castle einen Besuch ab. „Mir fehlen die Worte, um die Schönheit und Pracht dieses bezaubernden Ortes zu beschreiben, der, wie ich leider sagen muss, seitdem durch ein gewaltiges Feuer dem Erdboden gleich gemacht wurde. Hier waren oft all das Talent, der Rang und die Schönheit Irlands versammelt. Unter den Mitgliedern der Leinster-Familie, die ich hier traf, war der arme Lord Edward Fitzgerald, der liebenswürdigste, ehrenhafteste, wenn auch fehlgeleitete junge Mann, den ich je kannte.

„Der Luxus dieses Etablissements weckte beinahe Erinnerungen an Tausendundeine Nacht. Sechs oder acht Kutschen mit einer großen Schar von Lords und Ladies zu Pferd begannen den Tag mit Ausflügen durch dieses irdische Paradies und kehrten gerade rechtzeitig nach Hause zurück, um sich für das Abendessen umzuziehen. Der Tisch war mit einer Fülle und Eleganz gedeckt, mit der ich noch nie etwas Vergleichbares gesehen habe. Die Anrichten waren mit angemessener Pracht dekoriert, auf denen mehrere riesige silberne Krüge mit Rotwein standen. Eine hervorragende Musikkapelle spielte während der gesamten Mahlzeit. Sie waren in den Korridoren stationiert, die in einen schönen Wintergarten führten, wo wir unser Dessert von zahlreichen Bäumen mit den erlesensten Früchten pflückten. Der Fuß des Wintergartens wurde von den Wellen eines herrlichen Sees umspült, aus dem der kühle und angenehme Wind kam, der im Einklang mit der Harmonie aus dem Korridor murmelte. Die Anmut des vorsitzenden Genies, der reizenden Herrin des Hauses, schien mit der gesamten Szene zu verschmelzen."

Diese Unterhaltungen aus Tausendundeiner Nacht, so reizvoll sie auch gewesen sein mögen, trugen dazu bei, sie in ihrem Berufsstand sehr unbeliebt zu machen. Geschichten über ihr feines Damengebaren machten die Runde, und ihr eigener Mangel an Takt und das unbesonnene Verhalten ihres Mannes gaben ihnen eine gewisse Grundlage.

Eine dieser Behauptungen, die tatsächlich geglaubt und in die Londoner Zeitungen übernommen wurde, besagte, dass er, nachdem er überredet worden war, das Atelier eines gewissen Mr. Home, eines örtlichen Künstlers, zu besuchen, sie gebeten habe, sich neben ihn zu setzen. „Unmöglich", war die Antwort, „ich finde kaum Zeit, neben Sir Joshua Reynolds zu sitzen." Der beleidigte Künstler deutete an, dass ihre Weigerung ihn nicht ruinieren würde; Daraufhin soll sie ihm eine Ohrfeige gegeben haben und aus dem Haus gestürmt sein. Das ist so offensichtlich bösartig und beruht auf einer so unwahrscheinlichen Kenntnis von Mrs. Siddons' Charakter, dass wir es neben einer Menge anderer Beweise nur anführen, um zu zeigen, wie die Gefühle gegen sie allmählich entstanden sind, die bis zu einem gewissen Grad war dazu bestimmt, sie ein Leben lang zu verfolgen. Mr. Siddons' gesunder Menschenverstand half ihr nicht wesentlich. Bei einer Gelegenheit, als sie zusammen mit John Kemble im Haus eines Dubliner Kaufmanns speiste, äußerte ihr Gastgeber den großen Wunsch, die junge Schauspielerin kennenzulernen. „Das würde ich sehr gerne tun, aber ich weiß nicht, wie ich ihr die Sache beibringen soll", war die Antwort des Mannes, die, wie wir zugeben müssen, nicht dazu geeignet war, die Genialität zu steigern, die sie in der allgemeinen Gesellschaft empfand. Es gelang ihr auch, den Manager, Mr. Daly, zu beleidigen, der allem Anschein nach kein angenehmer Mensch war, denn wir lesen in Bernards *Erinnerungen* , dass er ein äußerst eitler, eifersüchtiger Mann war, der stolz auf sein Schauspiel und sein gutes Aussehen war. Mrs. Siddons deutet an, dass seine Abneigung auf ihre verächtliche Ablehnung der Aufmerksamkeiten zurückzuführen sei, die er ihr aufdrängen wollte. Wie auch immer das sein mag, das Folgende ist ihr eigener Bericht über die Art und Weise, wie er zum ersten Mal seine Feindschaft zeigte, und gibt einen merkwürdigen Einblick in die erbärmlichen Streitereien und das Herzbrennen des Berufsstandes:

„Der Intendant des Theaters begann auch sehr bald, alle erdenklichen Mittel zu nutzen, um mich zu ärgern, nur weil ich bei der Probe angedeutet hatte, dass seine eigentliche Situation, als Falconbridge in *King John* , auf der rechten Seite des Theaters lag König. Während der Szene zwischen Konstanz und Österreich hielt er es für notwendig, diese Vereinbarung zu übernehmen, auch wenn er dies höchst ungnädig tat; aber seine Böswilligkeit verfolgte mich von diesem Moment an unablässig. Er bildete sich absurderweise ein, dass er von geringerer Bedeutung sei, wenn er in so großer Entfernung von der Vorderseite der Bühne platziert würde, an deren Enden die Könige saßen; aber er hatte wenig oder gar nichts zu sagen, und seine Anwesenheit an der Spitze hätte die Wirkung von Constances bester Szene stark unterbrochen und gemindert. Er ließ mich jedoch für meine Persönlichkeit ausreichend leiden, indem er alle Zeitungen nutzte, um mich während meines gesamten Aufenthalts in Dublin zu beschimpfen und zu ärgern und mich mit bösartigen Skandalen nach England zu verfolgen; aber davon gleich. Das Theater wurde inzwischen nach Herzenslust besucht – tatsächlich war das gesamte Engagement so profitabel, wie meine optimistischsten Hoffnungen es hätten erwarten können."

Bald jedoch sollte sie wegen einer schwerwiegenderen Anklage vor Gericht gestellt werden. Der unglückliche Schauspieler Digges erlitt während einer Probe mit ihr eine Lähmung. Lee Lewes, der sie in dieser Angelegenheit zu verteidigen versucht, erzählt uns, dass ihr Engagement sich dem Ende zuneigte und sie einige Tage später für ein Spiel in Cork angekündigt wurde. Als sie gebeten wurde, bei einer Benefizveranstaltung für den armen Mann aufzutreten, antwortete sie, es täte ihr leid, dass sie nur noch einen Abend Zeit habe , und sie habe bereits versprochen, für die Rentner des Marshalsea zu spielen. Später besann sie sich jedoch eines Besseren und schickte „einen Boten" zu Digges, in dem sie sagte, sie habe die Sache noch einmal überdacht und würde gerne für ihn auftreten. Digges bedankte sich und der Abend und das Stück wurden festgelegt; doch ihrer eigenen Aussage nach wurde alles getan, um sie zu ärgern und die Ausführung ihrer wohltätigen Absichten zu verhindern. Dies ist ihr Bericht über die Angelegenheit:

„Als mein Besuch in Shane Castle vorbei war, ging ich ein weiteres Engagement in Dublin ein. Unter den Schauspielern war Mr. Digges, der früher in dem Drama eine hohe Stellung innehatte, jetzt aber durch sein Alter und seine Gebrechlichkeit in eine untergeordnete und demütigende Stellung gedrängt wurde. Mir kam der Gedanke, dass ich ihm von Nutzen sein könnte, wenn ich den Manager überreden könnte, ihm am Ende meiner Verlobung einen Abend zu geben und die Schauspieler für ihn aufzutreten; Aber als ich dem Manager meinen Antrag vorschlug (Daly erklärt, wie wir sehen werden, dass der Vorschlag von ihm und nicht von ihr kam), sagte er mir, dass dies nicht möglich sei, da die gesamte Firma gezwungen wäre, Dublin zu verlassen Theater, um das Theater in Limerick zu eröffnen, aber er würde das Haus für meine Zwecke zur Verfügung stellen, wenn ich eine ausreichende Anzahl von Schauspielern für die Aufführung eines Theaterstücks finden könnte. Durch unermüdliche Arbeit und trotz grausamer Belästigungen haben Mr. Siddons und ich aus allen kleinen Landtheatern so viele zusammengebracht, wie es uns möglich war, „*Venice Preserved*" *zu versuchen* . Oh! Natürlich war es eine Szene des Ekels und der Verwirrung. Ich spielte Belvidera, ohne jemals zuvor das Gesicht eines der Schauspieler gesehen zu haben – denn für eine einzige Probe war keine Zeit –, aber das Motiv verschaffte uns Nachsicht. Der arme Mr. Digges hatte von dieser äußerst lächerlichen Leistung großen Nutzen, und ich steckte meinen Ekel in die Tasche, weil das Geld in sein Konto geflossen war. Damit endete meine Verlobung mit Irland, nicht jedoch meine Verfolgung durch den Manager, auf dessen Veranlassung die Zeitungen mit den ungerechtesten und bösartigsten Ansichten über mich gefüllt waren. Ich befand mich die ganze Zeit über auf einem längeren Besuch bei der Herzoginwitwe von Leinster und war mir des aufkommenden Sturms nicht bewusst, während die öffentliche Meinung giftige Vorurteile gegen mich in sich aufnahm. Wehe denen, die von der Stabilität der öffentlichen Gunst leben!"

Das Obige wurde erst später von Mrs. Siddons geschrieben und ist in jeder Hinsicht äußerst unbefriedigend. Das Heranziehen der Herzoginwitwe von Leinster, obwohl wir eine klare Darstellung der Fakten erwarten, ist ärgerlich, und die Klage über die öffentliche Gunst am Ende ist gestelzt und gekünstelt. Zweifellos war die Managerin unfreundlich, aber ihr erster Impuls war nicht großzügig, und sie setzte sich selbst der Gefahr aus, dass man ihr Verhalten übel interpretierte. Die wahre Geschichte ist unserer Ansicht nach folgende: Digges (dem sie nicht besonders freundlich gesinnt war, da sie ihm die Urheberschaft der satirischen Kritiken über ihre Schauspielerei zuschrieb, als sie zum ersten Mal in Irland ankam) wurde von einer Krankheit niedergestreckt, und zwar auf eine Art und unter Umständen, die die tiefe Sympathie der Mitglieder seines Berufsstandes erregten, die immer wohltätig zueinander waren. Daly, der Manager, fragte Mr. Siddons, bevor er mit Digges sprach, ob seine Frau ihre Dienste für eine Wohltätigkeitsveranstaltung anbieten würde. Er lehnte die Bitte ab, natürlich von ihr angestachelt. Auf dieser Ablehnung, nicht zu Unrecht, beruhten alle gegen sie erhobenen Vorwürfe. Daly bot dann an, für ihre Dienste zu bezahlen; auch dies wurde abgelehnt, und es geschah nichts weiter, bis Mrs. Siddons, die feststellte, dass die ganze Angelegenheit ungünstig dargestellt wurde, Mr. Siddons schickte, um Digges zu informieren, dass sie geplant hatte, für seine Benefizveranstaltung zu spielen. Diese Freundlichkeit kam zu spät; das Gerücht ihrer Ablehnung hatte sich bereits herumgesprochen, und sowohl die Presse als auch die Öffentlichkeit machten sehr ungünstige Kommentare. Der Ärger, der ihr auch durch die ineffiziente Aufführung von *Venice Preserved* zugefügt wurde, hätte vermieden werden können, wenn sie Dalys Bitte sofort nachgekommen wäre. Tatsächlich war die ganze Truppe gezwungen gewesen, zur Eröffnung des Limerick Theatre abzureisen. Sie und Mr. Siddons waren daher gezwungen, eine zusammengewürfelte Truppe zusammenzustellen und die Benefizveranstaltung nach Ende der Saison zu veranstalten, was für den Zweck der Wohltätigkeitsorganisation bei weitem nicht so vorteilhaft gewesen wäre. Sie verdiente Geld, aber nicht so viel, als wenn sie mitten in der Saison gehandelt hätte. Wir können kaum glauben, dass sie bei all dem aus Geldgier handelte; es ist wahrscheinlicher, dass der stolze Groll, den sie empfand, wenn sie in irgendeiner Weise ungünstig kritisiert wurde, ihren freundlicheren Impuls behinderte.

Im Fall von Brereton scheint die gleiche unglückliche Sensibilität am Werk gewesen zu sein. Brereton war der Hauptdarsteller ihrer Truppe, spielte immer den Liebhaber ihrer Heldin und hatte, wie es hieß, einst seine Liebe auf so ernsthafte Weise gemacht, dass die schöne Schauspielerin, wie im Fall von Daly, nachlassen musste Seine Begeisterung oder, wie Boaden es ausdrückt, „indem die Gottheit seine Fantasie entfachte, brachte sie seinen Verstand aus dem Gleichgewicht, und als er die Göttin umarmte, wurde ihm der Charme der Frau bewusst." Wie dem auch sei, Brereton war keineswegs freundlich und ließ keine Gelegenheit aus, sie heimlich anzugreifen. Als sie daher gebeten wurde, zu seinen Gunsten zu spielen, zog sie tatsächlich zehn Pfund als eigene Vergütung vom Gewinn ab. Percy Fitzgerald scheint geneigt zu sein zu glauben, dass „dieses ganze elende Durcheinander das Werk von Mr. Siddons war, der angesichts der ihr auferlegten Spendensteuern und der vielen Sozialleistungen, die sie unterstützen musste, wie die meisten Ehemänner der Geldbeschaffung verpflichtet war." Schauspielerinnen, um ihre Geschenke zu verhandeln und zu verkaufen, als wären es Waren, und so viel Geld zu bekommen, wie sie einbringen konnten."

Aber wir glauben, dass Siddon zu keinem Zeitpunkt ihres Ehelebens genug Einfluss hatte, um sie zu etwas zu bewegen, was ihrem besseren Urteilsvermögen widersprach, und wir bezweifeln sehr, dass er jemals einen Handel irgendwelcher Art abschließen durfte, obwohl sein Name häufig verwendet wurde . Was die Sympathie der Öffentlichkeit für Breretons Sache noch stärker erregte, war der Wahnsinn, der ihn anschließend befiel.

Die beste Seite ihres Charakters wurde jemals durch Widrigkeiten zum Vorschein gebracht. Es war vielleicht unwürdig, sich so zu verteidigen, wie sie es tat – oder besser gesagt, wie Siddons es in ihrem Namen tat – durch einen entlastenden Brief an die Zeitungen, in dem er die beiden Schauspieler Digges und Brereton aufforderte, zu erklären, ob sie es getan hatte oder nicht spielte für sie, wenn sie darum gebeten wurden. Auf diese Weise wurden zwei Briefe von ihnen erpresst, in denen sie erklärten, dass sie alles Nötige getan habe, um den Rufen der Nächstenliebe gerecht zu werden usw. Es gibt nichts, was für ihre Sache verhängnisvoller sein könnte als das ganze Falschmachen von Beweisen. Die Götzenmänner, die zum Anbeten aufgestellt werden, bereiten sich im Allgemeinen darauf vor, sie herunterzuziehen und mit ihren Füßen zu zertrampeln, wenn sie es wagen. In diesem Fall würden sie zwar beleidigen und demütigen, aber sie könnten ihr Opfer nicht aus dem hohen Stand herausreißen, den sie erreicht hatte.

Ihre sehr hohen Qualitäten als Ehefrau und Mutter, ihr anständiges Verhalten, das sich so sehr von anderen in ihrem Beruf unterschied, schienen der Schärfe, mit der sie angegriffen wurde, noch mehr Würze zu verleihen.

Die erste Rolle, in der sie nach ihrer Rückkehr aus Dublin in den Londoner Foren auftrat, war Mrs. Beverley im *Gamester* to the Stukeley ihres Bruders. Kaum war der Vorhang aufgegangen, brach schon ein Sturm aus Gejohle und Zischen los, und sie, die sie erst kürzlich zur Königin ernannt hatten und die die Stadt zu ihren Füßen versklavt hatte, stand nun „zum Gegenstand öffentlicher Verachtung". Sie tat, was sie konnte, indem sie ihnen gegenüber vollkommen gelassen blieb, aber in diesen wenigen schrecklichen Momenten ignorierte sie all die Bewunderung und den Erfolg, die sie genossen hatte. Wie groß das Leid war, können wir aus dem Bericht ersehen, der Jahre später geschrieben wurde.

„Ich hatte London verlassen", erzählt sie uns, „als Gegenstand allgemeiner Zustimmung, aber als ich nur wenige Wochen später zurückkam, wurde ich gleich bei meinem ersten Auftritt mit allgemeinem Schmäh empfangen und der Härte meines Herzens beschuldigt. und völlige Gefühllosigkeit gegenüber allem und jedem außer meinen eigenen Interessen. Unglücklicherweise hatten widrige Winde einige Tage lang die Möglichkeit ausgeschlossen, aus Dublin solche Briefe zu erhalten, die diese grausamen Verleumdungen widerlegt und mich vor den Schrecken dieser schrecklichen Nacht bewahrt hätten, in der ich mit Zischen und Gejohle empfangen wurde. Inmitten dieses quälenden Lärms machte ich mehrere Versuche, gehört zu werden, als schließlich ein Herr mitten in der Vorderseite der Grube hervortrat, getrieben von wohlwollendem und Gentleman-Gefühl, der, als ich mich näherte, um meinen letzten Versuch zu machen, gehört zu werden, sprach mich mit diesen Worten an: „Um Himmels willen, meine Dame, erniedrigen Sie sich nicht durch eine Entschuldigung, denn es gibt nichts Notwendiges zu sagen!" Ich werde immer mit Dankbarkeit auf das einsame Eintreten dieses tapferen Mannes für meine Sache zurückblicken; wie Abdiel, „treu gefunden"; Unter den Ungläubigen ist nur er treu.' Seiner Ermahnung folgte wiederholtes Geschrei, als mein lieber Bruder erschien und mich von dieser beleidigenden Szene wegführte.

„In dem Moment, als ich damit aufhörte, fiel ich in seinen Armen in Ohnmacht; und als ich mich erholte, war ich dankbar, dass meine Verfolger nicht die Genugtuung hatten, diese Schwäche zu sehen. Nachdem ich einigermaßen wieder zu mir selbst zurückgekehrt war, wurde ich durch die Überredung meines Mannes, meines Bruders und Mr. Sheridans veranlasst, mich wieder dem Publikum vorzustellen, von dem ich so grausam behandelt worden war und vor dem ich, aber mit Rücksichtnahme, stand Von meinen Kindern wäre ich nie wieder aufgetaucht. Das Stück war *The Gamester*, das mit einer Szene zwischen Beverley und Charlotte beginnt.

„Groß und angenehm war meine Verwunderung, als ich beim zweiten Aufgehen des Vorhangs mit einer Stille empfangen wurde, die so tief war, dass ich völlig von Ehrfurcht erfüllt war, und ich konnte mir diesen überraschenden Kontrast noch nie erklären; denn ich glaube wirklich, dass man damals auf der Bühne das Fallen einer Stecknadel gehört hätte."

Bei ihrem zweiten Auftritt nahm Mrs. Siddons genug Mut zusammen, um sich an das Publikum zu wenden:

„Meine Damen und Herren, die freundliche und schmeichelhafte Parteilichkeit, die ich an diesem Ort durchweg erfahren habe, würde die gegenwärtige Unterbrechung für mich tatsächlich beunruhigend machen, wenn ich mir auch nur im geringsten bewusst wäre, dass ich Ihre Kritik verdient hätte. Ich spüre kein solches Bewusstsein.

„Die Geschichten, die gegen mich verbreitet wurden, sind Verleumdungen. Wenn sich herausstellt, dass sie wahr sind, werden meine Verleumder gerechtfertigt sein; Aber bis dahin bin ich aus Respekt vor der Öffentlichkeit zuversichtlich, dass ich vor unverdienten Beleidigungen geschützt sein werde."

Diese Worte, gesprochen von der Muse der Tragödie mit ihrer stattlichen Würde und ihren flammenden Augen, hatten eine augenblickliche Wirkung. Sie zog sich zurück; der Vorhang fiel.

King, der Schauspieler, trat vor und bat das Publikum für einige Augenblicke um Nachsicht; und als sie blass, aber ruhig wieder auftauchte, war kein Versuch einer Unterbrechung zu hören. Später wurde mehrmals versucht, die Unterbrechung zu erneuern; aber der ordentliche Teil des Publikums war stark genug, es zu unterdrücken. Als sie hereinkam, nahm sie den Applaus zur Kenntnis und bemühte sich, gegenüber dem Zischen völlig gleichgültig zu wirken; Doch die ganze triumphale Zuversicht der ersten Tage des Erfolgs schien sie vorerst verlassen zu haben, und sie war wieder die unsichere, schwankende *Debütantin* . Ihr großartiges Genie war jedoch nur gedämpft, und all ihr Leiden diente nur dazu, als Sprungbrett auf eine höhere Ebene zu dienen, als sie bisher erreicht hatte. Wir müssen hier einige Briefe anführen, die sie an ihre Freunde, die Whalleys, schrieb, um einen Einblick in das tapfere Herz dieser wunderbaren Frau zu geben, deren „siegreicher Glaube" sie in dieser und vielen folgenden Prüfungen stützte. Kein Wunder jedoch, dass sie in späteren Jahren hart und stolz wurde – die erste Blüte des Vertrauens und des Glaubens wurde bei diesen ersten Begegnungen mit dem groben Urteil der Menge abgenutzt. Von nun an verschwinden die zutraulichen, mädchenhaften Ophelia und Julia von der Bildfläche, und Lady Macbeth, die sich so stark auf ihre intellektuelle Kraft verlässt und jedes menschliche Urteilsvermögen empört verachtet, erscheint. Sie schrieb an die Whalleys:

" MEINE LIEBSTEN FREUNDE ,

„Ich wage kaum zu hoffen, dass du dich an mich erinnerst. Ich weiß, dass ich es nicht verdiene, dass du es solltest; Aber ich weiß auch, dass Sie zu standhaft und zu gut sind, um mich wegen einer scheinbaren Nachlässigkeit zu verstoßen, die mein Herz und meine Seele ablehnen und deren Anschein ich unablässig bereue. Was kann ich zu meiner Verteidigung sagen? Ich war sehr unglücklich; Jetzt ist es vorbei. Ich wage es, es Ihnen zu sagen, damit Sie nicht „den Grund der Freude verlieren". „Neid, Bosheit, Verunglimpfung, alle Teufel der Hölle haben mich umzingelt, um mich zu vernichten"; „aber gesegnet sei Gott, der mir den Sieg gegeben hat" usw. Mir wurde fast alles Schlimme vorgeworfen, mit Ausnahme der Inkontinenz, und es wird mir zugeschrieben, dass ich glaube, eine Frau könne sich jedes Verbrechens im Katalog der Verbrechen schuldig machen, vorausgesetzt, sie bewahre ihre Keuschheit.

„Gott stehe ihnen bei und vergib ihnen, sie wissen nur wenig von mir. Ich vermute, Sie werden sich wundern, dass ein Favorit sich so lange behaupten kann; und in Wahrheit tue ich das auch. Ich bin erniedrigt worden; Ich bin jetzt wieder der Lieblingsdiener des Publikums, und ich habe die geräuschlose Stimmung meines Temperaments in diesen Extremen bewahrt. Mein Geist ist betrübt, aber mein siegreicher Glaube trägt mich. Ich freue mich auf eine bessere und glücklichere Welt und bin in dieser Gnade dazu bereit, ein Kandidat dafür zu sein. Aber was die Wunde noch tiefer wühlen lässt, ist die Tatsache, dass Undankbarkeit, Heuchelei und Treulosigkeit die Pfeile versenkt haben. Aber es ist vorbei und ich bin glücklich. Guter Gott! Was würde ich dafür geben, euch beide zu sehen, außer für eine Stunde! Wie viele tausend, tausend Mal wünsche ich mir, dass ich mit dir zusammen bin, und sehne mich danach, dir mein Herz auszuschütten. Ich kann die Vorstellung nicht ertragen, dass du so lange abwesend bist. Ich weiß, dass Sie erwarten werden, zu hören, was ich getan habe; und ich wünschte, ich könnte dies zu Ihrer Zufriedenheit tun. Es genügt zu sagen, dass ich in dieser Saison Lady Macbeth, Desdemona und einige andere Rollen mit größtem Beifall gespielt habe; und Sie haben keine Ahnung, wie die Unschuld und die spielerische Einfachheit des Letzteren die Herzen der Menschen erobert haben. Das schmeichelt mir sehr, da noch nie zuvor jemand etwas mit dieser Figur gemacht hat. Mein Bruder ist charmant in *Othello* ; Tatsächlich muss ich der Öffentlichkeit die Ehre erweisen, zu sagen, dass sie gegenüber jeder Figur, die ich gespielt habe, äußerst nachsichtig, wenn nicht sogar parteiisch war.

„Ich habe Herrn Pratt nie wieder gesehen, seit ich von Ihnen gehört habe, aber er erkennt, dass er meiner eigenen Familie gegenüber unwürdig ist; Er beschimpft mich, wie es scheint, gegenüber einer meiner Schwestern auf die völligste Art und Weise. Wie betrüblich ist es, so getäuscht zu werden! Auch unsere alte Maria, an die Sie sich erinnern müssen, hat sich als eine echte

Schlange erwiesen. Sie ist in letzter Zeit zum Trinken übergegangen, hat uns um einen großen Teil des Geldes betrogen, das ihr zur Bezahlung der Händler gegeben wurde, und in ihren Tassen hat sie Mr. Siddons und mich über alle Maßen misshandelt; und ich glaube in meiner Seele, dass alle skandalösen Berichte über Mr. Siddons' Misshandlung von mir ausschließlich von ihr stammten. Man kann für seine Erfahrung bezahlen, und das Bewusstsein, richtig zu handeln, ist ein Trost, den uns die in der Hölle geborene Bosheit nicht nehmen kann. Lady Langham hat mir die Ehre erwiesen, mit ihrer Tochter vorbeizukommen. Ihre Zeichnungen sind für ein solches Mädchen etwas ganz Wunderbares. In den Kompositionen hat sie mich in den schlafenden und wachen *Macbeth* gezeichnet ; aber ich denke, dass ihr dieser Versuch nicht gelungen ist. Nächste Woche werde ich deine Tochter und die anderen sehen. Sarah ist ein elegantes Geschöpf und Maria ist so schön wie ein Seraph. Harry wird sehr unbeholfen, vernünftig und wohlgesonnen; und Gott sei Dank geht es uns allen gut. Ich kann nicht länger bleiben, als zu hoffen, dass Sie beide so sind und glücklich sind (sehen Sie, wie desinteressiert ich bin!); dass Reeves und der liebe Paphy es auch sind; und dass du mich lieben und mir glauben wirst, mit der wärmsten und aufrichtigsten Zuneigung, die unveränderlich und dankbar deine ist,

„ S. SIDDONS .“

„Meine ganze Familie wünscht sich die schönsten Erinnerungen. Wir haben ein Haus in der Gower Street, Bedford Square, gekauft; Die Rückseite ist am effektivsten im Land und herrlich angenehm.

„Gott segne Sie, meine liebe Frau Whalley! Wie perfekt sehe ich dich in diesem Moment; Und du auch, mein lieber Freund, denn es ist unmöglich, deine Bilder in meinem Kopf zu trennen. Bitte schreiben Sie mir bald und geben Sie mir ein weiteres Beispiel Ihrer unermüdlichen Freundlichkeit. Adieu!"

Wir können sehen, wie verletzt und wund ihr Herz ist. Im Moment glaubt sie, dass sich alle verschworen haben, um sie zu verraten.

Der Mr. Pratt, auf den sie anspielt, war ein Buchhändler und Dramatiker aus Bath, der von seinen Bürgern sehr bewundert wurde. Diese Bewunderung wurde von den Managern von Drury Lane nicht geteilt, die Mrs. Siddons im ersten Jahr ihres Auftritts nicht erlaubten, in seinem Drama mitzuspielen. Sie hatte sich bereits einem Misserfolg, *The Fatal Interview , geopfert* , der ihrem beruflichen Ruf schwer geschadet hatte. Pratt behauptete jedoch, sie hätte ihm diesen Dienst vielleicht erweisen können, wenn sie so gesinnt gewesen wäre. Sie selbst schreibt freundlich über den Anwärter auf Ruhm, aber wir können erkennen, warum er verärgert ist.

„Ihr Brief", schreibt sie 1783 an Dr. Whalley, „an den armen Pratty, liegt neben mir auf dem Tisch, und ich bin egoistisch genug, es ihm aus tiefstem Herzen zu gönnen, und doch werde ich es nicht tun; denn gerade jetzt, arme Seele, braucht er viel Trost; darum soll er es nehmen, und Gott segne ihn damit!"

Und wieder:-

„ *Das fatale Interview* wurde dreimal aufgeführt und ist nun ganz vorbei; es war die langweiligste aller Aufführungen. Prattys Epilog wurde in der Tat mit großem Beifall aufgenommen. Ich werde darauf achten, wie ich in ein weiteres solches Stück komme; aber ich glaube, die Manager werden sich auch darum kümmern. *Sie werden mich nicht in Prattys Komödie spielen lassen.* "

All dies zeigt uns, wie oft sie das Opfer unverdienter Ressentiments von Seiten beleidigter Autoren war und wie sehr oft sie durch die Tatsache, dass sie eine freundliche Geste getan hatte, in Schwierigkeiten geriet. Sie hatte *The Fatal Interview angenommen* , und nun war Pratt gekränkt, weil sie nicht dasselbe für ihn tun wollte. Wahrscheinlich hätte sie zu jeder anderen Zeit über Pratts Machenschaften die Achseln gezuckt, aber jetzt verletzte alles ihre verletzten Gefühle.

„Ich muss Sie bitten, nichts zu erwähnen (ich glaube, ich mache eine unnötige Warnung), was ich Ihnen über Mr. Pratt gesagt habe. Ich möchte auf keinen Fall, dass er erfährt, dass ich über seine letzte Unfreundlichkeit informiert wurde, denn das könnte ihn daran hindern, mich um einen Gefallen zu bitten, den ich jederzeit bereit sein werde, zu gewähren, wenn es in meiner Macht steht . Ich muss Ihnen sagen, dass ich nach dem sehr unfreundlichen Brief, den er mir als Antwort auf meine Bitte um die zehn Pfund schickte, bis vor etwa drei Monaten weder an ihn geschrieben noch etwas von ihm gehört habe, als er mir schrieb, als hätte er so etwas nie angeboten Empörung und empfahl mir ein Werk, das er gerade fertiggestellt hatte. Er sagte mir nicht, um was für ein Werk es sich handelte, aber ich hatte gehört, dass es eine Tragödie sei. Nur eine bequeme Bekanntschaft gemacht zu haben, bereitete mir keine große Freude; Ich schrieb jedoch, dass er den Entschluss kenne, den ich fassen musste (nachdem ich mir durch die Lektüre einiger Tragödien viele Feinde gemacht hatte und nicht in der Lage war, mir die Zeit zu nehmen, alle Tragödien zu lesen), niemandes Tragödie zu lesen, und dann konnte es niemand ertragen Delikt; aber wenn es von den Managern akzeptiert würde und es irgendetwas gäbe, bei dem ich ihm behilflich sein könnte (um mir selbst gerecht zu werden), würde ich ihm sehr gerne dienen. Seitdem habe ich nichts mehr von ihm gehört, bis er in wenigen Tagen an meine Schwester Fanny schrieb, mich der Undankbarkeit beschuldigte und sich selbst als die Leiter bezeichnete, auf der ich zum Ruhm gestiegen bin und die ich nun abstoße.

„Was er mit Undankbarkeit meint, kann ich nicht erraten, und ich glaube, er würde es kaum erklären können; unsere Verpflichtungen waren, glaube ich, immer ziemlich gegenseitig. In diesem Brief an Fanny sagt er jedoch, er werde ein Gedicht mit dem Titel *Dankbarkeit veröffentlichen* , in dem er der Welt meine Habgier und Gemeinheit und all meine anderen liebenswerten Eigenschaften zeigen will, weil ich ihn, wie er es nennt, so verletzend fallengelassen und aus meinem Haus verbannt habe. Nun, so hoffe ich auf Gnade, gestattete ich ihm Besuche in meinem Haus, nachdem ich entdeckt hatte, dass er jede erdenkliche Methode anwandte, um meine Schwester an sich zu binden, was er, wie Sie sicher sein können, vor uns mit aller Kraft zu verbergen suchte, und ich lud ihn noch lange nach dieser Entdeckung zu meinen Partys ein.

„Kurz gesagt, bis er sich entschied, diesen Brief zu schreiben, auf den ich nicht antworten wollte, rief er wie üblich an. Er hatte die Bescheidenheit, uns von da an nicht mehr anzurufen, und hat jetzt die Güte, mir diese unverdiente Schmähung anzulasten. Ich bin so fest davon überzeugt, dass eine sehr einfache Geschichte ihn deprimieren wird, dass seine Absichten mich kaum beunruhigen. Es macht mich nur traurig, solche alltäglichen Fälle von Torheit und Bosheit in der menschlichen Natur zu sehen.

„Es ist auch erwähnenswert, dass ich genau zu dem Zeitpunkt, als er sich entschied, diesen angenehmen Brief zu schreiben, meinen besten Einfluss bei Mr. Siddons nutzte, um ihm das Geld zu leihen, von dem ich Ihnen zuvor erzählt habe. Ich finde, er hält es für nicht sehr klug, mit mir zu streiten, hat aber die Unverschämtheit zu glauben, dass ich Fortschritte auf dem Weg zu unserer Versöhnung machen sollte; aber ich werde zuerst sterben. „Meine überragende Tugend, aus der Gewissheit meiner Verdienste, verachtet es, so tief zu sinken." Sollte er sich besinnen (denn ich habe gelernt, nach bestem Wissen und Gewissen zu vergeben), werde ich aus Respekt vor dem, was er meiner Meinung nach einst war, ihm so gut wie möglich zur Seite stehen, denn ich glaube, dass er es damals gut gemeint hat Zeit, als ich ihn zum ersten Mal kannte, und die edelste Rache ist die vollkommenste. Noch einmal, deine Finger auf deinen Lippen, ich bete."

Wir würden uns wünschen, dass die gewährten Vorteile weniger erwähnt werden und die zehn Pfund nicht erwähnt werden; Aber dieser Brief ist ein gutes Beispiel für die Art und Weise, wie sie sich um die Bewerber kümmerte, und zeigt, wie unmöglich es für sie war, sie alle zufrieden zu stellen.

Das nächste ist ein normales Vierblatt aus dem 18. Jahrhundert, aber es ist so charakteristisch und so aufrichtig und voller Zuneigung, dass wir nicht umhin können, es am Ende dieses Kapitels zu zitieren, als beste Bestätigung dafür, dass sie das Herz ihrer Feinde besitzt erklärte, sie besitze nichts.

"Frau. Wapshawe war so freundlich, mir eine halbe Stunde zu schenken. Sie spricht von Ihnen, wie ich von Ihnen sprechen sollte – als ob ihr die Worte fehlen würden und als ob ihre Gefühle Sie beide nicht genug ehren könnten. Wenn Sie in die Herzen der Menschen blicken könnten, vertrauen Sie mir, meine geliebten und immer beklagten Freunde, Sie wären überzeugt, dass meine Sehnsucht nach Ihnen mit zunehmender und unaussprechlicher Zuneigung wächst. Sehen Sie da – wie habe ich mich ausgedrückt? Das ist bei mir immer so: Wenn ich mit Dir spreche oder schreibe, ist es immer so unzulänglich, dass ich mir selbst nicht gerecht werde; denn ich danke Gott, dass ich eine Seele habe, die fähig ist, dich zu lieben, und vertraue darauf, dass ich in deiner Brust einen Fürsprecher finden werde, der meiner Unfähigkeit und Einfältigkeit beisteht. Du kennst mich von früher als eine sachliche Frau.

"Frau. Wapshawe hat meine Hoffnungen wiederbelebt. Sie sagt mir, dass du früher zurückkommen wirst, als ich gehofft hatte. Jetzt fange ich wieder mit meiner Hütte an. Es lag eine lange Zeit in Haufen herum, und ich habe viele Tränen über die Ruinen vergossen; aber wir werden es in Freude wieder aufbauen. Du kennst den Ort, auf den ich mich festgelegt habe, und ich vertraue darauf, dass ich den Plan nicht vergessen habe!

"Oh! Was für eine Belohnung für alles, was ich erlitten habe, mich in den Segen Ihrer Gesellschaft zurückzuziehen; denn in der Tat, meine lieben Freunde, ich habe für meine Eminenz hart bezahlt und litt unter dem unverdienten Schmerz, der nur die Schuldigen treffen sollte; aber es ist das Schicksal des Amtes und die harte Bremse, durch die die Tugend gehen muss; und süß: „Süß ist der Nutzen von Widrigkeiten." Ich küsse die Rute.

"Frau. Wapshawe war sehr erfreut über Mr. Beachs Bild von Ihnen; aber sie sagt mir, dass du farbige Kleidung und Spitzenrüschen trägst; und ich schätzte mein Bild, wenn möglich, mehr, weil es den Test einer solchen Veränderung bestanden hat, wie diese (für mich ungewöhnlichen) Ornamente zwangsläufig bei Ihnen bewirken müssen. Ich denke, ich würde mich danach sehnen, Sie dieser Insignien zu entledigen.

„Ich hänge so sehr an den Kleidungsstücken, die ich gewohnt bin, Sie zu tragen, und denke, dass sie so gut mit Ihrem Gesicht und Ihrer Person harmonieren, dass ich ihnen wünschen würde, wie ihr lieber Träger, der unverändert ist. Ich bin stolz auf deinen Tadel, obwohl Gott weiß, wie ungern ich dir auch nur einen Moment lang Schmerzen bereiten würde; ja, mehr noch: Er weiß, dass ich weder zu Bett gehe noch Gebete um Segen aus Seinen Händen spreche, in denen Ihr Wohlergehen keine leidenschaftliche Bitte darstellt. Aber warum sollte ich deine freundlichen Herzen mit der Erzählung meiner Verärgerungen verletzen? Ich kannte dich zu gut, um anzunehmen, dass du von meinen Sorgen hören könntest, ohne sie zu ergreifend zu empfinden.

„Ich beschloss zu schreiben, als ich meine Feinde besiegt hatte. Du sollst immer meine Freuden teilen, aber erlaube mir, dass ich meine Kummer vor dir verheimliche. Jetzt triumphiere ich, wieder der Publikumsliebling; und jetzt hörst du von mir.

„Ein seltsamer, launischer Herr ist das Publikum. Ein Trost, der größer war als jeder andere, außer der eigenen Zustimmung, war jedoch, dass diejenigen, deren Wahlrecht ich am meisten schätzte, mich trotz all meiner Nöte fester an ihr Herz geschlossen haben; Sie waren der Prüfstein, um zu beweisen, wer wirklich meine Freunde waren. Sie werden mir glauben, wenn ich bestätige, dass Ihre Freundschaft und die meiner lieben Frau Whalley eine Ehre und ein Glück ist, auf das ich um keinen Preis verzichten möchte. Sagen Sie meiner liebsten Mrs. Whalley, dass weder Hobbys noch Trägheit Sie schon vor langer Zeit daran gehindert hätten, von mir zu hören, wenn es nicht die bereits erwähnten Gründe gegeben hätte. Ich habe Ihnen letzten Sonntag geschrieben, als ich Ihre lieben Briefe nicht erhalten hatte; So wirst du mir gerecht werden und dich daran erinnern, dass ich nicht an dich erinnert wurde, sondern durch mein eigenes Herz, das dich beide, solange es schlägt, immer mit der wärmsten und aufrichtigsten Zuneigung lieben wird; Da sie sich jedoch so selten irrt, werden wir die Ehre und den Ruhm haben, über sie zu lachen. Ich wünschte Gott, ich könnte mit dir lachen oder weinen oder irgendetwas anderes mit dir, aber nur für eine halbe Stunde! Um die Wahrheit zu sagen, Ihre zärtlichen Vorwürfe lösten in mir eine Melancholie aus, die ich nicht abschütteln konnte (und ich weiß nicht, ob ich das wollte). Bitte lass mich sehr bald und sehr oft von Dir hören. Ich werde eine bessere Frau und umso würdiger für deine unschätzbare Freundschaft sein, je mehr ich mich mit dir unterhalte. Sicherlich ist das Gegenteil von guten und sanften Geistern die nächste Annäherung an den Himmel, die wir kennen können; Deshalb bitte ich noch einmal, dass ich oft von Ihnen höre, und wenn Sie mich wirklich lieben, denken Sie nicht so unwürdig von mir, dass Sie annehmen, dass meine Zuneigung in der Natur der Dinge jemals die geringste Abschwächung erfahren kann. Ich beschwöre euch beide, mir das zu versprechen, denn ich kann es nicht ertragen – tatsächlich kann ich es nicht!“

KAPITEL VIII.
LADY MACBETH.

Zeitgenössische Kritiker erklären einhellig, dass Lady Macbeth Mrs. Siddons beste Verkörperung ist, und mit dieser *Rolle* verbinden wir immer die Große Schauspielerin. Sie machte sich die Rolle zu eigen und identifizierte sich in der Erinnerung aller, die sie sahen, mit ihr. In Lady Macbeth erweist sich Shakespeare im Wesentlichen als durch und durch angelsächsisch; das gesamte Bild der Person ist teutonisch. Die Idee der von Reue geplagten Mörderin mit ihrem verzweifelten Fatalismus und unerschütterlichen Ehrgeiz ist „Vala" in der skandinavischen Mythologie ähnlicher als irgendetwas in den Tragödien von Sophokles oder Euripides, und das ist es, was Mrs. Siddons zu einer so perfekten Verkörperung der Figur machte. Sie war im Wesentlichen teutonisch in ihrer Erhabenheit, ihrer Pracht und gleichzeitig ihrer anhaltenden Energie und Vitalität. Rachel hatte Momente von übermenschlicher Erhabenheit und Wildheit, aber sie blitzten nur kurz auf; Ihre Liebe war der Wendepunkt der Leidenschaften der lateinischen Rasse, doch besaß sie nicht die überwältigende Erhabenheit, die wie ein mächtiger Fluss im Lauf seines Flusses an Kraft gewinnt, wie sie die heroischen Gefühle der Germanen auszeichnet.

Beim Studium der Annalen des Genies ist es interessant zu beobachten, wie Umstände, die von innen wirken, es vorantreiben und zur Vollendung bringen, wie Umstände, die von außen wirken, es in Form formen, das feine Metall härten, bis es geschmeidig und anpassungsfähig ist, es aber brechen minderwertiges Metall durch das schiere Gewicht ihres unaufhaltsamen Drucks.

Wäre Mrs. Siddons das strahlende, schöne Mädchen geblieben, mit einem Leben, das nicht von Wolken getrübt wurde, ohne Erfahrung mit der Bitterkeit und dem Kummer des Lebens, hätte sie niemals Lady Macbeth spielen können. In ihrer zunächst ungestümen Empörung sagte sie selbst, dass sie „nie wieder vor dem Publikum auftreten werde, das sie so brutal behandelt habe"; Aber der größere Geist in ihr behauptete sich wieder, und ihr Genie ging aus der Prüfung gestärkt und erweitert durch ein größeres Spektrum an Emotionen und Erfahrungen hervor.

Durch ihr erweitertes Wissen über das Leben war es der Schauspielerin möglich, sich eine lebendigere Vorstellung von der Figur zu machen. Sie war von Natur aus äußerst meisterhaft, zielstrebig und ehrgeizig und ließ sich nicht von Gefahren einschüchtern. Sie hatte sich abgemüht und den höchsten Punkt ihres Ehrgeizes erreicht. Sie hatte die Anreize von Auszeichnung, weltlicher Macht und Applaus gekannt, blieb aber bis zuletzt eine Frau, leidenschaftlich und eigensinnig in ihren Zuneigungen; und das ist die Sichtweise, die sie, gesehen durch das Medium ihres eigenen Charakters, über Lady Macbeth vertrat, und durch ihre erhabene Verkörperung von Ehrgeiz in seiner höchsten und sublimiertesten Form versetzte sie ihr Publikum in Angst und Schrecken, und zwar durch diese weibliche Art Mit ihrer Zärtlichkeit weckte sie in ihnen Mitgefühl und Mitleid mit der Mörderin von Banquo.

Mrs. Siddons hatte die Rolle der Lady Macbeth schon als kleines Mädchen studiert. Sie gibt uns einen anschaulichen Bericht darüber, wie sie es zum ersten Mal für die Zwecke der Bühnendarstellung lernte:

„Ich hatte die Gewohnheit, meine Charaktere nachts zu studieren, wenn alle häuslichen Sorgen und Geschäfte erledigt waren. In der Nacht vor der Nacht, in der ich zum ersten Mal in dieser Rolle auftreten sollte, schloss ich mich wie üblich ein, als die ganze Familie zurückgezogen war, und begann mit meinem Studium von Lady Macbeth. Da die Figur sehr kurz ist, dachte ich, ich würde sie bald fertigstellen. Da ich damals erst zwanzig Jahre alt war, glaubte ich, wie viele andere auch, dass es nicht viel mehr brauchte, als mir die Worte in den Kopf zu setzen; denn die Notwendigkeit der Unterscheidung und die Entwicklung des Charakters waren zu dieser Zeit meines Lebens kaum in meine Vorstellungskraft eingedrungen. Aber weiter. Ich ging mit einigermaßen gelassener Gelassenheit in der Stille der Nacht weiter (eine Nacht, die ich nie vergessen werde), bis ich zum Tatort kam, als die Schrecken der Szene ein Ausmaß erreichten, das es mir unmöglich machte, weiterzukommen. Ich schnappte meine Kerze und eilte in einem Anfall von Angst aus dem Zimmer. Mein Kleid war aus Seide, und das Rascheln darin, als ich die Treppe hinaufstieg, um ins Bett zu gehen, kam meiner panischen Fantasie wie die Bewegung eines Gespenstes vor, das mich verfolgte. Endlich erreichte ich mein Zimmer, wo ich meinen Mann tief schlafend vorfand. Ich klatschte meinen Kerzenständer auf den Tisch, ohne die Kraft zu haben, die Kerze auszulöschen, und warf mich auf mein Bett, ohne es zu wagen, stehen zu bleiben, auch nur um meine Kleider auszuziehen. Bei Tagesanbruch stand ich auf, um meine Aufgabe wieder aufzunehmen; aber ich wusste so wenig über meine Rolle, als ich sie nachts innehatte, dass meine Scham und Verwirrung mich davon heilten, mein Geschäft für den Rest meines Lebens hinauszuzögern.“

Später neigten die Leute dazu, sie formell und sentimental zu finden und sprachen ihr sogar ihre Sensibilität abseits der Bühne ab; aber es ist unmöglich, den Bericht darüber zu lesen, wie sie in ihre Rollen schlüpfte und wie sie sie in ihren ersten Tagen der Arbeit packten, ohne zu spüren, dass sie eine Tiefe von Pathos und Sympathie in ihrem Wesen hatte, die sich diejenigen, die sie später kennenlernten, nicht einmal im Traum hätten vorstellen können, als sie unter einer würdevollen tragischen Art ihre jugendliche Spontaneität der Gefühle verbarg. Wir brauchen nur die

Aussagen der Schauspieler, mit denen sie spielte, um zu sehen, wie tief sie in ihre Rolle eintauchte.

Miss Kelly sagte, als Mrs. Siddons als Constance über ihr weinte, sei ihr Kragen nass von ihren Tränen gewesen. Tom Davies soll erklärt haben, dass sie im dritten Akt des *Fair Penitent* „unter ihrem Rouge blass geworden sei". Sie erzählt uns selbst: „Als ich aufgefordert wurde, die Figur der Konstanze zu verkörpern, habe ich vom Anfang des Stücks bis zum Ende meiner Rolle darin kein einziges Mal zugelassen, dass die Tür meiner Garderobe geschlossen wurde, um meine Aufmerksamkeit zu erregen." Ich konnte mich ständig auf die beunruhigenden Ereignisse konzentrieren, die ich auf diese Weise deutlich auf der Bühne hören konnte und deren schreckliche Auswirkungen ich mir vorstellen konnte. Darüber hinaus versäumte ich nie, mich mit Arthur in meiner Hand auf den Marsch zu setzen, als sie nach der Versöhnung Englands und Frankreichs durch die Tore von Angiers eintraten, um den Ehevertrag zwischen dem Dauphin und der Lady Blanche zu ratifizieren. denn die widerlichen Geräusche dieses Marsches ließen mir normalerweise die bitteren Tränen der Wut, der Enttäuschung, des betrogenen Selbstvertrauens, des verblüfften Ehrgeizes und vor allem der quälenden Gefühle mütterlicher Zuneigung in die Augen strömen."

Als Ausgleich zu der obigen Aussage haben wir Cumberlands Beschreibung von Mrs. Siddons, wie sie in vollem Triumphgefühl von der Bühne kam – nachdem sie ihr Publikum mit Emotionen erschüttert hatte – und zum Spiegel im grünen Raum ging, um sich selbst zu betrachten perfekte Gelassenheit.

Wir gehen davon aus, dass es kein Gesetz darüber gibt, wie viel Gefühl ein Schauspieler tatsächlich in die Rolle einbringt, die er spielt. Es muss variieren. Konventionalität muss bei den Größten von Zeit zu Zeit an die Stelle der Emotion treten; oder, wie Talma es ausdrückt, „das *Métier* muss hin und wieder den Platz von *Le vrai einnehmen* ".

Wir kennen die Geschichte, wie Johnson und Murphy einst, als Garrick König Lear spielte, während einer seiner wichtigsten Szenen am Seitenflügel ein angeregtes Gespräch führten. Als Garrick über die Bühne kam, sagte er: „Ihr zwei redet so laut, dass ihr alle meine Gefühle zerstört." „Bitte", antwortete Johnson, „reden Sie nicht über Gefühle; „Punch hat kein Gefühl" – eine Bemerkung, die durch einen anderen Bericht über Garrick als Lear untermauert wird, der aus der Leiche seiner Tochter Cordelia aufersteht, wo er das Publikum mit Schluchzen erschüttert hatte und schmatzend wie ein Truthahn in den grünen Saal rannte amüsieren Sie Kitty Clive und Mrs. Abington.

Frau Siddons soll die Aussage gemacht haben, dass sie, nachdem sie dreißig Jahre lang die Rolle der Lady Macbeth gespielt hatte, es nie noch einmal durchgelesen habe, ohne darin etwas Neues zu entdecken. In ihren *Bemerkungen* zu der Figur, die sie in ihren Memoranden hinterlassen hat, finden wir jedoch keine besondere Tiefe oder Originalität in ihrer Konzeption und wir bezweifeln, dass sie ihr erstes Ideal jemals wesentlich verbessert hat. Ihre Vorstellung, dass Lady Macbeth eine kleine, blonde, blauäugige, zarte und zerbrechliche Frau sei, könnte nur eine „Laune" späterer Tage gewesen sein, die ihren Ursprung in ihrem Bestreben hatte, neue Lesarten und Eindrücke zu finden.

Eine kurze Analyse einiger ihrer Meinungen zu der Figur könnte interessant sein.

„In diesem erstaunlichen Geschöpf", sagt sie, „sieht man eine Frau, in deren Busen die Leidenschaft des Ehrgeizes fast alle Merkmale der menschlichen Natur ausgelöscht hat; In dessen Komposition sind alle unterwerfenden Kräfte des Intellekts und alle Reize und Anmut persönlicher Schönheit vereint. Sie werden mir wahrscheinlich nicht zustimmen, was den Charakter dieser Schönheit betrifft; Doch vielleicht ist diese Meinungsverschiedenheit vollständig darauf zurückzuführen, dass es Ihrer Vorstellungskraft schwer fällt, sich von der Vorstellung von der Person ihres Vertreters zu lösen, die Sie so lange zu betrachten gewohnt waren. Meiner Auffassung nach handelt es sich um jenen Charakter, der meiner Meinung nach im Allgemeinen für das andere Geschlecht am faszinierendsten ist – schön, weiblich, ja vielleicht sogar zerbrechlich –

Schön wie die Formen, die, in Fancys Webstuhl gewebt,

Schweben Sie in Lichtvisionen um den Kopf des Dichters.

„Nur eine solche Kombination – respektabel in ihrer Energie und Geistesstärke und bezaubernd in ihrer weiblichen Schönheit – konnte einen Zauber von solcher Kraft hervorbringen, dass er den Geist eines so unerschrockenen Helden, einer so liebenswürdigen, so ehrenhaften Figur wie Macbeth fesselt und ihn dazu verführt, allen Gefahren der Gegenwart und allen Schrecken einer zukünftigen Welt zu trotzen. Und obwohl wir seine Verbrechen verabscheuen, sind wir gezwungen, das betörte Opfer einer solchen Knechtschaft zu bemitleiden.

„Seine Briefe, die sie über die Vorhersagen dieser übernatürlichen Wesen informierten, die ihn auf der Heide ansprachen, haben all jene verderblichen, schlummernden Feuer, die der Feind des Menschen stets darauf bedacht ist, in seinem Busen zu erwecken, zu kühnen und verzweifelten Entschlossenheiten entfacht unvorsichtige Opfer. Sie ist weit davon entfernt, seinen schrecklichen Vorschlägen auch nur den geringsten Widerstand zu leisten, um ihnen nicht nur ihre Seele zu überlassen, sondern darüber hinaus auch noch die blinden Diener reumütiger Grausamkeit anzurufen, um in ihrer Brust alle jene peinlichen Besuche der Natur auszulöschen, die ihr sonst schaden würden hätte gnädig eingesetzt werden können, um ihren unheiligen Anstiftungen entgegenzuwirken und sie vielleicht schließlich zu überwinden. Doch nachdem sie sich gottlos den Aufregungen der Hölle hingegeben hat, wird ihr das Mitleid des Himmels selbst entzogen und sie wird der Führung der Dämonen überlassen, die sie angerufen hat. Lady Macbeth, so geschmückt mit jeder geistigen und persönlichen Faszination, tritt zum ersten Mal ein und liest einen Teil dieser bedeutungsvollen Briefe ihres Mannes.

„,Sie trafen mich am Tag des Erfolgs; und ich habe durch den vollkommensten Bericht erfahren, dass sie mehr in sich haben als sterbliches Wissen. Als ich vor Verlangen brannte, sie weiter zu befragen, lösten sie sich in Luft auf, in der sie verschwanden. Während ich in das Wunder versunken dastand, kamen Briefe vom König, der mich alle „Thane of Cawdor" begrüßte, mit diesem Titel, bevor diese Schwestern mich gegrüßt hatten, und mich mit „Sei gegrüßt, gegrüßt! Das soll König sein!" Ich habe es für gut gehalten, dir dies zu überbringen, mein liebster Partner der Größe, damit du nicht die Pflicht zur Freude verlierst, weil du nicht weißt, welche Größe versprochen wird. Leg es dir zu Herzen und lebe wohl.'

„Jetzt voller Ehrgeiz und unerschrockenem Wagemut entfachen Sie in einem Moment die ganze Pracht ihrer dunkelblauen Augen." Sie beschließt tödlich, dass Glamis und Cawdor auch das sein sollen, was die mysteriösen Agenten des Bösen versprochen haben."

Lady Macbeth gibt dann die wunderbare Analyse des Charakters ihres Mannes: „Dennoch fürchte ich, dass deine Natur zu sehr von der Milch menschlicher Güte erfüllt ist, um den nächsten Weg zu erwischen." Dies beweist, dass er von einem so unentschlossenen Temperament ist, dass er „alle Anstrengungen, alle Aufregung erfordert, die ihr unkontrollierbarer Geist und ihr grenzenloser Einfluss auf ihn leisten können".

„Als Macbeth auftaucht, scheint sie für alles außer dem schrecklichen Plan, der ihr wahrscheinlich durch seine Briefe nahegelegt wurde, so unempfindlich zu sein, dass sie sowohl das eine als auch das andere völlig vergessen hat. Es ist sehr bemerkenswert, dass Macbeth seiner Frau gegenüber häufig Zärtlichkeit zum Ausdruck bringt, während sie ihm gegenüber kein einziges Zeichen der Zuneigung verrät, bis ihr eisernes Herz im feurigen Ofen des Kummers zur Weichheit geschmolzen ist." Dies war die Seite, durch die Mrs. Siddons den Charakter von Lady Macbeth so gut erfasst hatte. Indem sie diese weichere Seite ihres Charakters in den Vordergrund rückte, versetzte sie ihr Publikum nicht nur in Schrecken, sondern trieb ihm gleichzeitig auch Tränen in die Augen und drückte ihr ehrfurchtsvolles Mitleid aus. Sie hielt ihr Interesse immer durch die menschlichen Berührungen aufrecht, die sie so weit wie möglich hervorhob.

Anspielung auf die Zeilen:—

Ich habe gelutscht und weiß es

Wie zärtlich ist es, das Baby zu lieben, das mich melkt,

Sie sagt: „Selbst hier zeigt sich, so entsetzt sie auch ist, dass sie von Ehrgeiz, aber nicht von Natur aus geschaffen ist, ein vollkommen wildes Geschöpf." Allein die Verwendung einer so zärtlichen Anspielung inmitten ihrer schrecklichen Sprache überzeugt einen unmissverständlich davon, dass sie wirklich die mütterlichen Sehnsüchte einer Mutter gegenüber ihrem Kind verspürt hat und dass sie diese Handlung für die gewaltigste hielt, die jemals die Kraft eines Menschen erforderte Nerven für seine Tat. Ihre Sprache gegenüber Macbeth ist die beredteste Sprache, die Schuldgefühle gebrauchen können. Nur im Selbstgespräch beruft sie sich auf die Mächte der Hölle, um sie zu entsexuellen. Sie gesteht ihrem Mann, und die Natürlichkeit ihrer Sprache lässt uns glauben, dass sie sowohl den Instinkt kindlicher als auch mütterlicher Liebe verspürt hatte. Aber sie macht gerade ihre Tugenden zum Mittel, um ihren Herrn zu verspotten: „Du hast die Milch menschlicher Güte in deinem Herzen", sagt sie (im Wesentlichen) zu ihm, „aber der Ehrgeiz, der meine vorherrschende Leidenschaft ist, wäre es auch." deins, wenn du Mut hättest. Mit dem sehnsüchtigen Verlangen, alle deine Schwächen des Mitgefühls zu unterdrücken, wenn du könntest, bist du zu feige, die Tat zu wollen, und kannst nur wagen, sie zu wünschen. Sie sprechen von Sympathien und Gefühlen. Auch ich habe es mit einer Zärtlichkeit empfunden, die Ihr Geschlecht nicht kennen kann; aber ich bin fest entschlossen, alles mit Füßen zu treten, was mir den Weg zur Krone versperrt. Schauen Sie auf mich und schämen Sie sich Ihrer Schwäche."

„In der enormen Spannung dieser Momente" (wenn Duncan schläft), erzählt uns Mrs. Siddons noch einmal, „während sie sich an ihre gewohnte Menschlichkeit erinnert, kommt ein Zug zärtlicher Gefühle zum Ausdruck: ‚Hätte er nicht meinem Vater geglichen, als er schlief, ich hatte es getan.'"

Auf vielen Seiten gibt uns Mrs. Siddons ihre Ansichten über den Charakter von Lady Macbeth preis; Manchmal grenzt es an eine Pomposität, die fast an Johnson erinnert. Ihre spätere Kritik an den Rollen, in denen sie mitwirkte, bestätigt die Aussage, dass es sich bei ihr nicht um eine intellektuelle Kraft handelte, die nach der „Mitte des Lebenswegs" stärker oder erweitert wurde. Dieses Jahr, 1785, erlebte sie ihren großen Triumph. Aber wir bezweifeln, dass sie die Idee, ihr Publikum zu erschrecken und in Angst und Schrecken zu versetzen, nicht bereits gemeistert hatte, als sie sich, wie sie beschreibt, in einen Anfall von Schrecken versetzte, als sie sich als junges Mädchen die Rolle zum ersten Mal einstudierte. Die körperliche Kraft und das Selbstvertrauen, diesen Schrecken zu kommunizieren, gehörten jetzt ihr, aber das intellektuelle Verständnis war schon vorher vorhanden und hat sicherlich nicht zugenommen; im Gegenteil, es verschlechterte sich mit den Jahren. Die Kraft des neuen Verständnisses verschwand und mit ihr die Elastizität und Vielfalt ihrer früheren Wirkungen; und von ihrer außergewöhnlichen Einfachheit und Direktheit wurde sie inszeniert und künstlich. Ein Künstler bringt bestimmte Worte zum Ausdruck; Er erhält sozusagen die Skelettskizze der Figur, die er darzustellen hat, aber die Betonung und Leidenschaft, die er in sie legt und die direkt von seinem Herzen zum Herzen seines Publikums geht, muss ihm gehören, und zwar nur ihm Es darf so wenig wie möglich auf Studium oder Überlegungen zurückzuführen sein. So waren die Bestandteile von Schrecken, Ehrgeiz und ehelicher und mütterlicher Liebe die einfachen Gefühle, die Mrs. Siddons zunächst durch das Studium dieser Rolle in ihr Gehirn eingeprägt hatten; und das waren die vorherrschenden Einflüsse, durch die sie ihr Publikum bis zum letzten Tag, als sie es spielte, beeinflusste.

Wir haben viele Aufzeichnungen über diese großartige Aufführung – die ganze Welt hat von Lady Macbeth von Mrs. Siddons gehört – aber leider! Wie unzureichend sind sie, um uns eine Vorstellung von der wundersamen Realität zu vermitteln? Die unheimlichen Töne, die das Haus unwillkürlich erschaudern ließen; die verwirrte Melancholie; und schließlich der klägliche Schrei des gebrochenen starken Herzens sind uns als Traditionen überliefert; aber die Erhabenheit ihrer Majestät, die ernsten Akzente, als der Dämon der Figur von ihr Besitz ergriff, müssen für uns immer eine unbekannte Sensation bleiben. Einer, der sie einmal aus den Nebenszenen heraus spielen sah, mit der Desillusionierung des roten Ockers, den ihre Zofe unter seinen Augen aufgetragen hatte; ihr Flüstern, das Christopher North eloquent als „das entweichende Seufzen und Stöhnen der entblößten Seele" bezeichnete; Ihr Gesicht, die schreckliche Mischung aus Hoffnung, Besorgnis und Entschlossenheit, gab ihm ein kränkliches Gefühl der Realität. Seine Zunge klebte an seinem Gaumen, obwohl seine Augen erkennen ließen, dass das Attentat ein mechanischer Trick war, bei dem der Farbtopf eine auffällige Rolle spielte. Wäre in diesem Moment ein Kriminalbeamter aufgetaucht, so erklärt er, er hätte sich sofort als *particeps criminis*, Mittäter vor und nach dem Vorfall, gestellt . Die ganze Fiktion, so unnachahmlich gespielt und so eindringlich beschrieben, hatte Tatsachen und Vernunft vom Thron geworfen.

Aber wir müssen zur ersten Nacht zurückkehren. Es war der 2. Februar. Alle Intellektuellen und Modeschaffenden der Stadt waren anwesend: Burke, Fox, Wyndham, Gibbon in der ersten Reihe und vor allem Sir Joshua Reynolds, der ein besonderes Interesse an ihrer Darstellung der Figur zeigte. Er hatte einen Platz im Orchester, wo er aufgrund seiner Taubheit das Privileg hatte, dort zu sitzen. Er hatte sie zuvor immer wieder dazu gedrängt, Lady Macbeth zu spielen, und hatte ihr Kleid für die Schlafwandelszene entworfen. Unnötig zu erwähnen, dass ihre übliche Nervosität um das Zehnfache größer wurde. Alle hatten sie für unfähig erklärt, die größeren Stücke Shakespeares wiederzugeben. Sie behaupteten, sie habe den höchsten Punkt erreicht, den sie erreichen konnte, und ihr Streben nach Höherem sei lediglich eine Vermutung gewesen. Sie wusste daher, dass die Beobachtungen jetzt viel schwerwiegender ausfallen würden, wenn sie zuvor kritisiert worden wäre. Auch die Darstellung der anderen Teile befriedigte sie nicht. Smith, im Volksmund „Gentleman Smith" genannt, weil er in Comedy-Rollen im Allgemeinen die leichte und luftige Rolle des Liebhabers spielte, war der Macbeth, Brereton der Macduff und Bensley der Banquo; und die Erinnerung an die Popularität von Mrs. Pritchard in dieser Rolle schien zwischen ihr und ihrem Publikum zu stehen. Sie hatte Dr. Johnson bereits gebeten, ihr seine Meinung über Mrs. Pritchard mitzuteilen, die sie nie gesehen hatte, und sie erzählt uns in ihren *Autogrammerinnerungen* , dass er geantwortet habe:

„„Madam, sie war eine vulgäre Idiotin; Sie sprach immer von ihrem „Kleid" und las in einem Theaterstück, in dem sie mitspielte, nie eine andere Rolle als ihre eigene. Sie dachte nicht mehr an das Stück, aus dem ihre Rolle stammt, als ein Schuhmacher an die Haut denkt, aus der das Stück Leder geschnitten wird, aus dem er ein Paar Schuhe macht. Ist es möglich, dachte ich, dass Mrs. Pritchard, die größte aller Lady Macbeths, das Stück nie gelesen haben sollte? und ich kam zu dem Schluss, dass der Doktor falsch informiert gewesen sein musste; aber später versicherte mir ein Herr, ein Freund von Mrs. Pritchard, dass er eines Abends, nachdem sie Lady Macbeth gespielt hatte, mit ihr zu Abend gegessen hatte und dass sie erklärte, sie habe die ganze Tragödie nie gelesen. Ich kann es nicht glauben."

Für eine Arbeiterin wie Mrs. Siddons wäre es schwierig, sich die Möglichkeit vorzustellen, dass eine Frau nicht das ganze Stück beherrschen könnte, wenn sie die Rolle der Lady Macbeth spielen müsste, aber wir glauben, dass Dr. Johnson zu streng gewesen sein muss, als er sie anrief Die Schauspielerin, die jahrelang mit Garrick auf der Bühne gestanden hatte, war „ein vulgärer Idiot". Und es besteht kaum ein Zweifel daran, dass die Tradition ihrer Rolle als Lady Macbeth noch immer im Gedächtnis des Publikums verankert ist. Als Beweis dafür zitieren wir hier einen Vorfall, der sich in der ersten Nacht ereignete:

„Gerade als ich meine Toilette beendet hatte und ängstlich über meinen ersten Auftritt im großen teuflischen Teil nachdachte, klopfte Mr. Sheridan an meine Tür und bestand darauf, trotz all meiner Bitten, in diesem schrecklichen Moment nicht unterbrochen zu werden, um zugelassen zu werden. Ihm wurde der Zutritt nicht verweigert, denn er beteuerte, er müsse mit mir über einen Umstand sprechen, der mein eigenes Interesse so sehr betreffe, dass er äußerst ernster Natur sei. Nun, nach langem Streit war ich gezwungen, ihn aufzunehmen, um ihn früher entlassen zu können und mich zu beruhigen, bevor das Stück begann.

„Aber wie groß war mein Kummer und mein Erstaunen, als ich feststellte, dass er wollte, dass ich selbst in diesem Moment der Angst und des Schreckens eine andere Art der Darstellung der Schlafszene anwendete! Er erzählte mir, dass er mit größter Überraschung und Sorge gehört habe, dass ich vorhabe, es zu spielen, ohne die Kerze in der Hand zu halten; und als ich argumentierte, dass es undurchführbar sei, diesen „verdammten Fleck" auszuwaschen, was sicherlich sowohl durch ihre eigenen Worte als auch durch die ihrer Gentleman angedeutet wurde, beharrte er darauf, dass es eine anmaßende Innovation sein würde, wenn ich mir die Kerze aus der Hand nehmen würde. wie Mrs. Pritchard es immer bei sich behalten hatte. Mein Entschluss stand jedoch fest, und dann war es zu spät, mich zu einer Änderung zu bewegen, denn ich war zu aufgeregt, um eine andere Methode anzuwenden. Meine Hochachtung vor Mr. Sheridans Geschmack und Urteilsvermögen war jedoch so groß, dass ich seinem Vorschlag nachgegeben hätte, wenn er die Änderung vorgeschlagen hätte, während es mir möglich gewesen wäre, meinen eigenen Plan zu ändern. obwohl es selbst dann meiner eigenen Meinung und meiner Beobachtung der Genauigkeit widersprochen hätte, mit der Schlafwandler alle Handlungen wacher Personen ausführen.

„Die Szene wurde natürlich so gespielt, wie ich sie mir vorgestellt hatte, und die Neuerung, wie Mr. Sheridan es nannte, wurde mit Zustimmung aufgenommen. Mr. Sheridan selbst kam nach dem Stück zu mir und gratulierte mir aufrichtig zu meiner Hartnäckigkeit."

Versuchen wir uns an die Vision von Mrs. Siddons zu erinnern, als sie in dieser Nacht Lady Macbeth spielte. Es war im Jahr 1785. Sie war dreißig Jahre alt. Das „schüchterne, schwankende Mädchen", das zum ersten Mal als Portia auf dieser Bühne aufgetreten war, war jetzt eine königliche Frau im vollen Umfang ihrer stattlichen Schönheit. Der Erfolg hatte sie intellektuell und körperlich weiterentwickelt, und sie betrat die Bühne in der Fülle ihrer Kraft, fast wie ein übermenschliches Wesen.

Ihr Kleid im ersten und zweiten Akt war ein schweres schwarzes Gewand mit einer breiten Bordüre, die von den Schultern bis zu den Füßen reichte, in leuchtendem Purpurrot, über die ein langer weißer Schleier fiel. Im dritten tauschte sie dieses Kostüm gegen ein anderes schwarzes Kleid aus, mit großen goldenen Bändern darüber geschnürt und goldenen Ornamenten um den Hals und im Haar. Beide Kleider wirken auf uns „bühnenhaft", aber sie hatte nie die Kunst, sich selbst zu kleiden; Ihre Macht war jedoch so groß, dass alle kleineren Accessoires der Kleidung und Dekoration vergessen wurden. Für die schlafwandelnde Szene hatte Sir Joshua Wolken aus weißen Vorhängen entworfen, die das blasse, gezeichnete Gesicht umhüllten; Sie verliehen ihrem Aussehen eine entsetzliche Seltsamkeit, während der glasige Blick, den sie in ihre Augen warf, das Grauen noch vervollständigte.

Das Publikum war fasziniert; Sie sahen nur dieses traurige Gesicht und hörten diese Stimme, gebrochen vor Schmerz und Reue. Es war eine Nacht der Nächte für sie und sie, und doch hielten sie kein Applaus und kein Erfolg davon ab, sich auf den Zweck und das Thema ihrer Kunst zu konzentrieren.

„Als ich vor meinem Glas stand", erzählt sie uns, „und meinen Mantel auszog, ereignete sich ein ablenkender Umstand, der die Gefühle der sorgenvollen Nacht vertrieb, denn *während ich wiederholte und mich an den passenden Ton zu erinnern versuchte und Aktion zu den folgenden Worten* : „Hier ist immer noch der Geruch von Blut", rief meine Kommode unschuldig, „Lieber Herr, Ma'am, wie sehr hysterisch Sie heute Abend sind!" Ich protestiere und schwöre, gnädige Frau, es war kein Blut, sondern Rosa und Wasser; denn ich habe mit eigenen Augen gesehen, wie der Grundstücksverwalter es verwechselt hat."'

Dies waren in der Tat die Glanzzeiten der englischen Bühne. Mit gesammelter, mutiger Energie erkannten und erkannten die Künstler damals das Größte und spannten alle Kräfte an, um es zu erreichen. Bühneneffekte waren von untergeordneter Bedeutung; die Entwicklung geistiger Handlungen, die Darstellung von Leidenschaft waren das Ziel und der Zweck der Schauspielkunst, dem alles andere untergeordnet war. Sie verbrachten Jahre mit der Entwicklung einer heroischen Vorstellung, nicht im Hinblick auf die Einzelheiten der Polsterung und der Bühnenmalerei, sondern im Hinblick auf die Darstellung der Vorstellungskraft des Dichters, die sie darzustellen versuchten.

KAPITEL IX.
FREUNDE.

Es erübrigt sich zu erwähnen, dass in jenen Tagen, als Genies verehrt wurden und Talenten jeder Art Zutritt zu den exklusivsten Kreisen der Gesellschaft gewährt wurde, die gesellschaftliche Ehrung, die Mrs. Siddons erwiesen wurde, äußerst enthusiastisch war und manchmal die Grenzen des Guten überschritt schmecken. Die Tür der Wohnung, die sie im ersten Jahr ihrer Schauspielerei im Strand bewohnte, wurde bald von verschiedenen ihr völlig unbekannten Personen bedrängt, von denen einige trotz Protest oder Widerstand tatsächlich in ihr Wohnzimmer eindrangen.

Das war ebenso unbequem wie beleidigend; denn da sie gewöhnlich dreimal in der Woche spielte und außerdem den Proben beiwohnen musste, blieb ihr nur wenig Zeit, die sie unnötig verschwenden konnte. Allerdings war niemand besser als sie in der Lage, vulgäre Neugier auf respektvolle Distanz zu halten. Sie gibt uns einen komischen Bericht über ein Interview, das zwischen ihr und einigen dieser aufdringlichen Personen stattfand:

„Obwohl ich vorher befohlen hatte, nicht gestört zu werden, betrat meine Dienerin eines Morgens in großer Eile den Raum und sagte: ‚Ma'am, es tut mir sehr leid, Ihnen mitteilen zu müssen, dass unten einige Damen sind, die sagen, sie müssten Sie sehen.' , und es ist mir unmöglich, es zu verhindern. Ich habe ihnen immer wieder gesagt, dass Sie besonders engagiert sind, aber vergebens, und jetzt, gnädige Frau, können Sie sie tatsächlich auf der Treppe hören. Ich war äußerst empört über diese beispiellose Unverschämtheit, und bevor die Dienerin mit mir gesprochen hatte, erschien eine große, elegante, krank aussehende Person (die ich, fürchte ich, nicht sehr gnädig empfing), und nach ihr vier mehr, langsam hintereinander. Es herrschte eine sehr unangenehme Stille. Jetzt sprach die First Lady. „Sie müssen es seltsam finden“, sagte sie, „zu sehen, wie eine Ihnen völlig unbekannte Person auf diese Weise in Ihre Privatsphäre eindringt; Aber Sie müssen wissen, mein Gesundheitszustand ist sehr anfällig, und mein Arzt lässt mich nicht ins Theater, um Sie zu sehen, deshalb bin ich gekommen, um Sie hier zu sehen. Sie setzte sich dementsprechend für ein paar schmerzhafte Momente hin, um zuzusehen, und um mich anzusehen, als sie aufstand und sich entschuldigte.“ Es gibt etwas Schreckliches, das einen kalten Schauer durch uns jagt, wie uns die tragische Muse sagt: „Ich hatte keine Lust, diese Unverschämtheit zu übersehen, und so ließ ich sie schweigend gehen.“ Wir können uns ihre verächtliche Verachtung unter den gegebenen Umständen vorstellen. Aber nicht nur in ihrem eigenen Zuhause musste sie die Strafe des Ruhms bezahlen; Jeden Abend drängte sich draußen vor dem Theater eine Menschenmenge, die unbedingt sehen wollte, wie sie über den Bürgersteig zu ihrer Kutsche ging; Ihre Kleider wurden kopiert, und die Schneiderinnen, zu denen sie ging, wurden aufgefordert, sie für alle eleganten Damen anzufertigen. Nicht nur in diesen frühen Tagen, sondern ihr ganzes Leben lang hatte Mrs. Siddons eine für ihren Beruf beispiellose Position inne. Das Haus, das sie während ihrer zweiten Staffel in der Gore Street bewohnte, war, als sie dort gastierte, mit allem gefüllt, was in Literatur und Mode brillant war; und später im Westbourne Cottage, und als sie in der Pall Mall war, erzählt uns Campbell von Reihen von „Wagen und Stühlen", die vor ihrer Tür standen. Einladungen in die meisten großen Häuser Londons strömten auf sie ein, und sie selbst gibt einen komischen Bericht über die Art und Weise, wie sie von ihren modischen Anhängern bei einer Versammlung bei der unberechenbaren Miss Monkton (später Lady Cork), einer der …, bedrängt wurde „Blues", die die Merkwürdigkeit von Kleidung, Aussehen und Verhalten zu einer Studie machten und die Jagd auf „berüchtigte Leute" zu einer Wissenschaft machten.

Die junge Schauspielerin hatte immer wieder Einladungen abgelehnt, da sie der Meinung war, dass sie die Zeit, die sie ihrem Beruf entzog, der Betreuung ihrer Kinder widmen sollte. Miss Monkton bestand jedoch darauf, dass sie eines Sonntagabends kam, und versicherte ihr, dass nur ein halbes Dutzend Freunde da sein würden, um sie zu treffen.

„Der verabredete Sonntagabend kam. Ich ging fast unbekleidet zu ihr, früh um acht Uhr, wegen meines kleinen Jungen, den ich, wie ich vermute, mehr aus Effektgründen als wegen seiner *Beaux-Yeux mitbringen sollte* . Ich fand bei ihr, wie ich es erwartet hatte, drei oder vier Damen aus meinem Bekanntenkreis; und die Zeit verging in angenehmer Unterhaltung, bis ich viel länger geblieben war, als ich befürchtet hatte.

„Ich bereitete mich natürlich gerade darauf vor, nach Hause zurückzukehren, als unaufhörlich wiederholtes Donnern an der Tür und der plötzliche Zustrom einer solchen Menschenmenge, wie ich sie noch nie zuvor in einem Privathaus gesehen hatte, jeden Versuch, den ich unternehmen konnte, zunichte machte zur Flucht. Ich war daher gezwungen, in einem Zustand unbeschreiblicher Demütigung still zu sitzen, bis ich weiß nicht, zu welcher Stunde am Morgen; Aber stundenlang vor meiner Abreise war der Raum, in dem ich saß, so überfüllt, dass die Leute auf den Stühlen rund um die Wände standen, um über die Köpfe ihrer Nachbarn hinwegzuschauen und mich anzustarren; und wenn es nicht die wohlwollende Höflichkeit von Mr. Erskine gegeben hätte, der mit meiner Vereinbarung vertraut war, weiß ich nicht, in welche Schwäche ich überrascht worden wäre, vor allem weil ich von den lächerlichen Verhören einiger Gelehrter gequält wurde Damen, die „Blues" genannt wurden, deren Bedeutung mir damals nicht klar war; noch viel weniger verstand ich die Bedeutung des größten Teils ihrer gelehrten Rede. Diese tiefgründigen Damen bereiteten der Stadt jedoch noch viele Wochen lang – ja, ich glaube, ich könnte sagen den ganzen Winter über –

viel Vergnügen. Ich war froh, dass ich endlich Frieden in meinem eigenen Schlafzimmer fand."

Dr. Doran lässt diese Szene bei Frau Montagu stattfinden; Aber neben dem Bericht des Opfers über diesen bemerkenswerten Abend, der ein solches Bild der Zeit vermittelt, haben wir auch den Bericht von Cumberland und Miss Burney. Cumberland erzählt uns im *Observer* , indem er die Leute unter falschen Namen verkleidet:

Ich gesellte mich nun zu einer Gruppe von Menschen, die sich um eine Schauspielerin gedrängt hatten, die nachdenklich auf einem Sofa saß, auf ihren Ellenbogen gestützt, und die Stäbchen ihres Fächers zu zählen schien, während sie in den extravagantesten Lobeshymnen miteinander wetteiferten
.

„Du warst gestern Abend in Belvidera bezaubernd", sagt ein kecker junger Pfarrer mit hohem Toupet. „Ich saß in Lady Blubbers Loge und ich kann Ihnen versichern, dass sie und auch ihre Töchter bitterlich geweint haben. Aber dann diese bezaubernde, verrückte Szene – aber, bei meiner Seele, es war ein *Meisterwerk* ! Bitte, gnädige Frau, geben Sie mir die Erlaubnis, Sie zu fragen: Waren Sie wirklich bei Sinnen?"

„Ich habe versucht, es so gut wie möglich zu machen", antwortete die Schauspielerin.

„Haben Sie vor, in der nächsten Staffel Comedy zu spielen?" sagt eine Dame und tritt voller Eifer auf sie zu.

„Ich werde tun, was der Manager mir sagt", antwortete sie.

„Ich wäre neugierig", sagt eine ältere Dame, „welche Rolle, meine Dame, schätzen Sie selbst am besten, wenn Sie sie spielen?"

„Ich werde immer danach streben, das, was ich bin, zum Besten zu machen."

Nun kam eine elegante und bezaubernde junge Modedame an die Reihe und bat unter vielen Entschuldigungen darum, von ihr informiert zu werden, wenn sie diese bezaubernden Blicke und Haltungen vor einem Glas musterte?

„Ich studiere nie etwas anderes als meinen Autor."

„Dann übst du sie dann bei den Proben?" schloss sich dem Fragesteller wieder an.

„Ich probe überhaupt selten."

„Sie hat schöne Augen", sagt ein tragischer Dichter zu einem bedeutenden Maler.

Vanessa kam nun herbei, und um die Erlaubnis zu erhalten, Melpomene eine junge Muse vorzustellen, präsentierte sie ein Mädchen in einem weißen Kleid mit einem Blumenband um das Haar, das ihr in wallenden Locken über den Rücken fiel. Die junge Muse machte eine tiefe Ehrerbietung und brach mit der unverschämtsten Stimme und Miene, während die arme Schauspielerin errötet war und von den Augen aller im Raum gequält wurde, wie folgt aus:

„O du, die die Natur ihr eigen nennt,

Stolz der Bühne und Favorit der Stadt!"

Miss Burney, die anwesend war, trägt auch ihren Bericht über das Geschehen bei:

Mein Vater und ich waren beide mit Miss Monckton verlobt; ebenso Sir Joshua, der uns begleitete. Wir haben dort Mrs. Siddons, die Schauspielerin, gefunden. Sie ist eine Frau mit ausgezeichnetem Charakter, und deshalb bin ich sehr froh, dass sie so bevormundet wird, da Mrs. Abington und so viele gebrechliche Schöne von den Großen auf diese Weise wahrgenommen wurden. Sie verhielt sich sehr anständig, sehr ruhig, bescheiden, still und ungekünstelt. Sie hat ein sehr feines Gesicht und ihre Augen sehen sowohl intelligent als auch sanft aus. Sie hat jedoch eine Beständigkeit in ihrem Auftreten und Verhalten, die jedoch keineswegs einnehmend ist. Frau Thrale, die dort war, sagte:

„Nun, das ist eine bleierne Göttin, die wir alle verehren; aber wir werden es bald vergolden."

Eine Dame, die neben mir saß, begann dann ein Gespräch mit Herrn Erskine, der sich genau gegenüber von Frau Siddons gestellt hatte, und sie diskutierten gemeinsam über ihre Art, ihre Rollen zu studieren, wobei sie mit großer Wärme, aber nicht nur nachsichtig über diesen Punkt debattierten Mrs. Siddons selbst zu fragen, was richtig war, aber sie überwältigte sie mit ihrer Geschwätzigkeit, als sie unaufgefordert versuchte, die Sache zu erklären. Es folgte das größte Lob für alles, was sie tat, und die Dame drehte sich zu mir um und sagte:

„Welche Einladung, Miss Burney, ist hier für das Genie, sich zu zeigen? Ich höre, dass jeder für Mrs. Siddons arbeitet; Aber wenn Sie für sie arbeiten würden, was für einen Anreiz hätten Sie beide, hervorragende Leistungen zu erbringen. Burney — ”

„Oh, bitte, meine Dame“, rief ich, „sagen Sie ihm nicht — “

„Oh, aber das werde ich. Wenn mein Einfluss Ihnen Schaden zufügen kann, können Sie sich darauf verlassen.“

Dann wiederholte sie, was sie zu meinem Vater gesagt hatte, und er sagte sofort:

„Ihre gnädige Frau kann sich meines Interesses sicher sein.“

Ich flüsterte hinterher, um zu wissen, wer sie sei, und hörte, dass es sich um Lady Lucan handelte. [1]

Es ist amüsant zu sehen, wie eingebildet Fanny Burney immer jeden Vorfall auf sich selbst konzentrieren muss. Als sie für Mrs. Siddons arbeitete, wurde das Stück mit lautem Gelächter aufgenommen und nur an einem Abend aufgeführt.

In der obigen Beschreibung finden wir einen Hinweis auf die Unbeliebtheit von Frau Siddons. Der kleine Burney mit dem krausen Kopf und Mrs. Thrale, die „wie ein kleines Kind herumhüpfte, voller Lebhaftigkeit und Lebhaftigkeit“, konnten die „Stetigkeit in ihrem Verhalten“ und ihre würdevolle Art, aufdringliche Bewunderer zurückzuhalten, nicht verstehen. Niemand schätzte die Bewunderung und Liebe ihrer intimen Freunde mehr als Mrs. Siddons, aber die Verehrung der allgemeinen Gesellschaft empfand sie als eiskalt.

Sir Joshua Reynolds besuchte sie häufig und sie war ein gern gesehener Gast im Haus in Leicester Fields.

„Er war sehr zufrieden“, schreibt sie, „mit meinen Kostümen und meinem ungepuderten Haar, das damals in großer Menge getragen wurde, mit einem rötlich-braunen Farbton und einer großen Menge Pomade, die, gut durchgeknetet, die Locken der schönen Damen in große Locken wie Halbkanonen formte. Meine Locken waren normalerweise zu einem kleinen Kreis geflochten, um die Größe und Form meines Kopfes zu bestimmen, was für das Auge eines Malers natürlich eine angenehme Abweichung von der Mode war. Auch meine kurze Taille war für ihn ein angenehmer Kontrast zu den langen, steifen Korsetts und Reifröcken, die damals sogar auf der Bühne in Mode waren, und sie fand seine uneingeschränkte Zustimmung. Er saß immer im Orchester; und an diesem Platz waren – oh herrliche Konstellation! – Burke, Gibbon, Sheridan und Windham zu sehen.“

Bei Reynolds traf sie zum ersten Mal Edmund Burke. Die Geschichte besagt, dass sie für die Gesellschaft Milton las, als sie beim Zuklappen des Buches die tiefen, melodischen Töne des großen Redners hörte, die Zeilen, die mit „Der Engel hörte auf" begannen, wiederholten. Dieses wundervolle Gesicht voller feuriger Kraft war unter denen zu sehen, die sie umgaben. Später war er häufig anwesend, wenn sie Reynolds für ihr Porträt Modell saß. Sie betrachtete den launischen Sheridan immer als Freund, trotz der Art, wie er sie behandelte. Sie liebte seine schöne, sanfte Frau und einige ihrer glücklichsten Stunden verbrachte sie in ihrer Gesellschaft. Dort legte sie all ihre Pracht ab und wurde das fröhliche junge Mädchen der alten Bath-Tage.

Sir Thomas Lawrence hegte sein ganzes Leben lang ein Gefühl, das fast einer Verehrung für das Genie und die Schönheit von Mrs. Siddons gleichkam. Er malte sie und John Kemble in jedem Kleid und jeder Pose. Anschließend verlobte er sich mit zwei ihrer Töchter, zuerst mit der einen und dann mit der anderen. Er machte der ältesten Tochter, Sarah, einen Heiratsantrag; wurde akzeptiert; aber schon bald wurde er elend und niedergeschlagen und gestand Mrs. Siddons schließlich, dass er sich in seinen Gefühlen getäuscht hatte – dass ihre jüngere Tochter und nicht die ältere der Gegenstand seiner Zuneigung sei. Fanny Kemble sagt:—

Sarah gab ihren Liebhaber auf, und er verlobte sich mit der zweiten, Maria. Beide starben jedoch an Schwindsucht. Maria, die Jüngste, ein überaus schönes Mädchen, starb zuerst und ließ ihre Schwester auf ihrem Sterbebett versprechen, dass sie Lawrence niemals heiraten würde. Der Tod ihrer Töchter brach jede Verbindung zwischen Sir Thomas Lawrence und meiner Tante ab, und von da an sahen sie sich nie wieder und hatten auch keinen Verkehr mehr miteinander. Doch nicht lange danach fragte Mrs. Siddons, die eines Tages mit uns zu Abend aß, meine Mutter, wie es mit der Skizze, die Lawrence von mir anfertigte, lief. Nach der Antwort meiner Mutter schwieg meine Tante eine Weile, legte dann ihre Hand auf den Arm meines Vaters und sagte: „Charles, wenn ich sterbe, möchte ich von dir und Lawrence zu Grabe getragen werden."

Lawrence erreichte sein Grab, als sie noch am Rande ihres eigenen taumelte.

An meinem zwanzigsten Geburtstag, der kurz nach meinem ersten Auftritt stattfand, schickte mir Lawrence eine prächtige Probetafel meiner Tante als „Tragische Muse", wunderschön gerahmt und mit der Inschrift: „Dieses Porträt, vom größten Maler Englands, vom edelsten." Das Motiv seines Bleistifts wird ihrer Nichte und *würdigen Nachfolgerin* von ihrem treuesten, bescheidenen Freund und Diener Lawrence geschenkt." Als meine Mutter das sah, schrie sie darüber auf und sagte: „Ich bin überrascht, dass er sich jemals dazu durchgerungen hat, die Worte ‚würdiger Nachfolger‘ zu schreiben.‟

Ein paar Tage später bat mich Lawrence, ihm den Druck noch einmal zu überlassen, da er mit der Verarbeitung des Rahmens nicht zufrieden war. Es wurde ihm zugesandt, und als es zurückkam, hatte er die Worte gelöscht, in denen er irgendeinen würdigen Nachfolger seiner „tragischen Muse‟ zugelassen hatte; und Herr H. — , der damals sein Sekretär war, erzählte mir, dass Lawrence den Druck mit dieser Inschrift mehrere Tage lang in seinem Wohnzimmer liegen hatte, bevor er ihn mir schickte, und sagte zu ihm: „Das kann ich nicht ertragen.‟ Schau es dir an.‟

Unter diesen Künstlern, Dichtern und Staatsmännern, die ständig bei ihren Vorstellungen anwesend waren und anschließend an der Tür ihrer Garderobe ihre Aufwartung machten, war Byron in späteren Jahren häufig zu sehen. Er bezeichnete sie als das „ *Beau-Ideal* der Schauspielerei‟ und sagte: „Miss O'Neill würde ich nicht sehen, aus Angst, den Eindruck der Königin der Tragödien zu schwächen.‟ Wenn ich Lady Macbeths Rolle lese, habe ich Mrs. Siddons vor mir, und die Fantasie liefert sogar ihre Stimme, deren Töne übermenschlich waren und deren Macht über das Herz übernatürlich war.‟ Bei einer anderen Gelegenheit soll er gesagt haben, dass von den Schauspielern Cook der natürlichste, Kemble der übernatürlichste und Kean der Mittler zwischen den beiden sei, aber dass Mrs. Siddons sie alle zusammengenommen wert sei.

Im ersten Jahr, in dem sie als Schauspielerin auftrat, „schmückten die Herren der Bar ihre Brauen mit Lorbeer‟, wie sie selbst sagt. Der „Lorbeer‟ bestand aus hundert Guineen und einem Kranz, der von zwei Rechtsanwälten überreicht wurde. Sie bezeichnete es als den glänzendsten Umstand ihres Lebens und spielte bescheiden auf ihre „schlechten Fähigkeiten‟ und unzureichenden Ansprüche an. Die Herren von Brookes's Club haben sich auch ein hübsches Geschenk ausgedacht.

"Frau. „Siddons bleibt weiterhin die Mode‟, schreibt Horace Walpole, „und bescheiden und vernünftig zu sein.‟ Sie lehnt großartige Abendessen ab und sagt, dass die Geschäfte und die Sorgen ihrer Familie sie die ganze Zeit in Anspruch nehmen. Als Lord Carlisle ihr das Tributgeld von Brookes überbrachte, sagte er, sie sei nicht *maniérée* genug. „Ich nehme an, sie war dankbar?‟ sagte meine Nichte, Lady Maria.‟

Man kann sich leicht vorstellen, wie schwer es ihr fiel, ihren Ruhm inmitten der Brutstätte des Lasters, Covent Garden, und trotz all der Bewunderung, die ihr entgegengebracht wurde, ungetrübt zu bewahren. Es ist in der Tat unmöglich zu sagen, wie viele Feinde sie sich machte, indem sie unpassende Annäherungsversuche ablehnte und Eifersüchteleien und Neid erregte; Aber das Schlimmste, was sie jemals behaupten konnten, war, dass sie hart und hochmütig war. Sie war ständig auf der Hut. „Man würde lieber daran denken, mit dem Erzbischof von Canterbury Liebe zu machen", wurde später über sie gesagt; Doch in den frühen Tagen ihres ersten Auftritts in Drury Lane war sie oft gezwungen, Bewerbern um ihre Gunst eine klare Absage zu erteilen.

Als merkwürdiges Beispiel für die heimtückische Art und Weise, in der manchmal Angriffe unternommen wurden, um ihre Aufmerksamkeit zu gewinnen, erzählt John Taylor, dass er sie eines Morgens, als er sie besuchte, dabei erwischte, wie sie einige Briefe verbrannte, die ihr von den Testamentsvollstreckern zurückgegeben worden waren der Person, an die sie gerichtet waren. Er setzte sich, um ihr zu helfen, und dabei fiel eine gedruckte Ausgabe einiger skandalöser Verse über sie heraus, die in der *St. James's Gazette erschienen waren* . Einige Zeilen in der Handschrift des verstorbenen Dichters, die oben auf der Seite geschrieben waren, bewiesen den Autor und bewiesen, dass Angreifer und Verteidiger ein und dieselbe Person gewesen waren. Als Mrs. Siddons die Angelegenheit anschließend besprach, erinnerte sie sich daran, dass dieselbe Person einmal versucht hatte, ihre Zuneigung zu ihrem Ehemann zu untergraben, indem sie ihr Geschichten über seine Untreue erzählte.

Wir können nicht widerstehen, hier einen Brief zu zitieren, den Mrs. Siddons viele Jahre nach ihrem ersten Auftritt auf der Bühne erhielt, als man ihr Alter und ihren Ruf noch als ausreichenden Schutz vor solchen Ansprachen hätte meinen können:

Schönste aller Frauen! In Belvidera, Isabella, Julia und Calista habe ich Sie bewundert, bis meine Fantasie zu platzen drohte und die Fäden meiner Fantasie kurz davor standen, in Stücke zu reißen; Aber als Mrs. Siddons liebe ich Sie bis zum Wahnsinn, und zwar so lange, bis mein Herz und meine Seele von Zärtlichkeit und Verlangen überwältigt sind. Sagen Sie nicht, dass die Zeit einen Unterschied in den Jahren zwischen Ihnen und mir gemacht hat. Die Jugend ihrer Zeit sah keine Falten auf der Stirn von Ninon de l'Enclos. Es ist allein Sache vulgärer Seelen, alt zu werden; aber du wirst in ewiger Jugend aufblühen, inmitten des Krieges der Elemente und des Zusammenbruchs der Welten.

2. Mai, Gerstenmähen, Salisbury Square.

Die Verfolgungen dieses jungen Iren – denn er war Ire – wurden so hartnäckig, dass sie gezwungen war, den Schutz des Gesetzes zu suchen. Seine überschäumende Fantasie wurde für kurze Zeit durch die ernüchternde Wirkung einer Gefängnisstrafe in Schach gehalten.

Manchmal prahlten ihre potenziellen Verehrer auch mit Gefälligkeiten, die sie nie erhalten hätten.

„Wenn Sie einen Mr. Seton treffen sollten", schrieb sie an Dr. Whalley, „der am Leicester Square wohnt, dürfen Sie nicht überrascht sein, wenn Sie hören, dass er sehr gut mit meiner Schwester und mir auskommt; denn seit ich hier bin, habe ich gehört, dass der alte Schrecken in der Stadt um sich greift. Sie werden feststellen, dass er bei den Frauen wohl kaum so beliebt ist."

Unter den modischen Damen zählte sie viele und ständige Freunde. Die Türen von Frau Montagus Haus (Zentrum des Intellekts und der Mode) standen ihr immer offen; und wir hören dort einmal von ihr, als alle „Blues" um ihre „Bienenkönigin" schwärmten, und sie trug ihr berühmtes Kleid, bestickt mit den „Ruinen von Palmyra".

Mrs. Damer (Anne Conway), Tochter von General Conway, der berühmten Bildhauerin und Modefrau, war auch eine ihrer engsten Freundinnen, und später im Leben verbrachte die Schauspielerin viele Stunden in ihrem Studio, als sie von der Liebe zum Modeln heimgesucht wurde . Campbell sagt, dass Mrs. Siddons' Liebe zum Modellieren in Ton in Birmingham begann; und er erzählt die Geschichte, wie sie dort in ein Geschäft ging und eine Büste von sich selbst sah, von der der Verkäufer, der nicht wusste, wer sie war, sagte, sie sei das Abbild der größten Schauspielerin der Welt. Mrs. Siddons kaufte es und machte sich an die Arbeit, da sie glaubte, sie könne ihre eigenen Gesichtszüge besser nachbilden und machte das Modeln zu ihrer Lieblingsbeschäftigung. Ob der Anstoß auf diese Weise gegeben wurde, wissen wir kaum, aber es war die Mode der Zeit. Frau Damer, die von ihren Bewunderern als „ebenso große Bildhauerin wie Herr Nollekens" bezeichnet wurde, und viele andere zierliche, feine Damen setzten Pöbelmützen und Leinenschürzen auf, schwangen Holzhammer und Meißel und kneteten damit Wachs und Ton kleine weiße Zeiger. Mrs. Siddons war oft Gast von Mrs. Damer in Strawberry Hill.

In ihrem Freundeskreis dürfen wir auch die schöne, faszinierende, stotternde Mrs. Inchbald nicht vergessen, die liebe Muse von ihr und ihrem Bruder John. Es heißt, dass sie eines Abends, als sie von der Bühne kam und sich gerade neben Mrs. Siddons in den grünen Saal setzen wollte, als sie plötzlich ihre großartige Nachbarin ansah und sagte: „Nein, ich werde nicht sitzen." von dir; Du bist zu hübsch!" In dieser Hinsicht hätte sie sicherlich keine Konkurrenz fürchten müssen, und mit Mrs. Siddons weniger als mit irgendjemandem, da ihr Schönheitsstil so völlig unähnlich war.

Miss Seward war eine der Verehrerinnen ihres Kreises, doch trotz der seitenlangen Rhapsodien über „die Glorreichste ihres Geschlechts", die sie an „ihre lieben Lichfieldianer" schrieb, und der Oden an „Isabella" und „Euphrasia" ist es eine bedeutsame Tatsache, dass wir keinen einzigen Brief an Mrs. Siddons persönlich finden, noch einen von Mrs. Siddons an sie. Die große Schauspielerin war selbst praktisch und aufrichtig, aber sie verabscheute „Überschwang" aller Art. Miss Seward schrieb: „Meine lieben Freunde, ich bin um fünf hier angekommen. Denken Sie an meine Demütigung! Mrs. Siddons ist heute Abend, wie angenommen wird, in Belvidera, zum letzten Mal, bevor sie im Bett liegt. Ich fragte Mrs. Barrow, ob es unmöglich sei, in die Grube zu gelangen. „O Himmel!", sagte sie, „unmöglich in irgendeinem Teil des Hauses!" Mrs. B — ist, wie ich sehe, zum *Petit-Souper* -Kreis; also, der Liebste spielt Oratorien, und das wird meinen Wünschen sicher etwas zu viel sein. Adieu! Adieu!"

Der Lichfieldian-Weihrauch war etwas zu scharf für die Nasenlöcher, denen er angeboten wurde. Die große Schauspielerin schrieb ziemlich müde an ihre Freundin Dr. Whalley:

„Glauben Sie mir, mein lieber Herr, es ist nicht Mangel an Neigung, sondern Gelegenheit, der meine häufigeren Anerkennungen verhindert: Aber muss ich Ihnen das sagen? NEIN; Du beurteilst großzügig mein Herz nach deinem eigenen. Ich fürchte, ich muss sehr unempfindlich und daher der Ehre, die Miss Seward mir erwiesen hat, unwürdig erschienen sein. Aber die ständige Geschäftsbeziehung, in die ich verwickelt bin, ist unglaublich. Soll ich Ihre Güte missachten und sagen, dass ich mich bei dieser Gelegenheit so fühle, wie ich sollte?"

Sie spielt dann auf die Freundlichkeit des Königs und der Königin an, die ihr ihr ganzes Leben lang, manchmal in einem unbequemen Ausmaß, entgegengebracht wurde.

„Ich glaube, ich habe Ihnen gesagt, dass die Königin meinen Sohn freundlicherweise auf ihre Liste für die Kartause gesetzt hat; und sie hat mir die Ehre erwiesen, meinen Ruf durch ihre ehrenvolle Anerkennung zu prägen. Sie haben mich in allen meinen Rollen gesehen, außer Isabella, die sie für nächsten Montag bestellt haben; Nachdem er mich jedoch letzte Nacht in Jane Shore gesehen hatte und sehr menschlich urteilte, dass zu schnelle Wiederholungen solcher Anstrengungen meiner Gesundheit schaden könnten, sandte der König höchst gnädigst zu den Verwaltern und sagte, er müsse sich das Vergnügen versagen, Isabella bis zur Kasse zu sehen Dienstag. Dies ist das zweite Mal, dass er mich auf diese Weise ausgezeichnet hat. In den Papieren sieht man viel von mir, von meiner Ernennung zum Hof und dergleichen. Alles unbegründet; aber es ist mir eine Freude, Ihnen mitteilen zu können, dass mein Erfolg sogar meine Erwartungen übertroffen hat. Meine Schwester ist verlobt und erfolgreich. Gott sei gepriesen für all seine Barmherzigkeit! Ich fürchte, Sie werden mich für einen Egoisten halten. Ich werde sicherlich in der Passionswoche in Bath sein, wenn ich noch lebe. Ich zähle die Stunden bis dahin."

Unsere Leser möchten vielleicht wissen, dass, als Ihre Majestäten am 8. Oktober 1783 zusammen mit dem Prinzen von Wales, der Princess Royal und der Prinzessin Augusta in den Staat gingen, um Mrs. Siddons Isabella spielen zu sehen, der Souverän und seine Frau darunter saßen eine mit purpurrotem Samt und Gold bedeckte Kuppel; der Thronfolger saß unter einem anderen aus blauem Samt und Silber; und die jungen Prinzessinnen unter einem Drittel aus blauem Satin und silbernen Fransen. Georg III. trug „einen einfachen Anzug aus quäkerfarbener Kleidung mit goldenen Knöpfen; die Königin, ein weißes Satingewand, mit einem Kopfschmuck, der mit vielen Diamanten geschmückt war; Die königliche Prinzessin war in weiß-blau gemusterte Seide gekleidet, und Prinzessin Augusta trug rosa-weiße Seide mit dem gleichen Muster wie die ihrer Schwester, wobei beide Kopfbedeckungen reich mit Diamanten verziert waren. Seine Königliche Hoheit, der Prinz von Wales, trug einen Anzug aus dunkelblauem Genfer Samt, reich verziert mit goldener Spitze."

Uns wird weiter gesagt, dass Mrs. Siddons bei dieser Gelegenheit sehr unwohl war, bevor sie die Bühne betrat; und nachdem der Vorhang am Ende des fünften Akts gefallen war, war sie so krank, dass sie nicht in der Lage war, ohne Unterstützung zu ihrem Ankleidezimmer zu gehen. Trotz ihres Leidens meisterte sie die Rolle wie inspiriert. Die Königin war von ihrem Auftritt so berührt, dass Seine Majestät beunruhigt schien und ihre Aufmerksamkeit oft von Situationen und Passagen ablenkte, die sie wahrscheinlich beunruhigen könnten.

In Horace Walpoles Papieren wurde folgendes Knurren gefunden:

Für den *Morning Chronicle* . Über den Befehl des Königs über die Tragödie *der griechischen Tochter* am Donnerstag, dem 2. Inst. 10. Januar 1783.

EPIGRAMMATISCH

Siddons zu sehen – König, Lords und Commons laufen,

Ich vergesse gern, dass Großbritannien am Ende ist.

Der Jesuit Shelburne, der Abtrünnige Fox,

Und Bullen und Bären, zusammen in einer Box.

Thurlow hält seine Versprechen gegenüber Freunden nicht ein;

Und der kritzelnde Townsend schickt keine weiteren Briefe mehr.

Die Städter verlassen ihre Feste und die Trunkenbolde lassen ihren Wein links liegen.

Jeder Jugendliche ruft: „Bezaubernd!" und jedes Mädchen: „Göttlich!"

Sieh, aus falschen Tränen fließt ein reichlicher Strom,

Aber keine echte Hilfe angesichts der Probleme ihres Landes.

Der Club der Verschwender, die gierige Bar

Unterstützen Sie den unblutigen Krieg mit Worten, nicht mit Waffen.

Lass Spanien Gibraltar bekommen, unsere Inseln Frankreich,

Also handelt Siddons, oder Vestris führt den Tanz an.

Lauft weiter, verrückte Nation! Der rasende Kreislauf der Lust;

Für Schauspielerei, Geige und Tanz sei man berühmt!

Bald werden ausländische Flotten den westlichen Main beherrschen;

George besetzt keinen Thron außer dem von Drury Lane.

Merlin.

Georg III. Er bewunderte sie, „für ihre Ruhe", und fügte hinzu: „Garrick konnte niemals stillstehen; er war ein großer Zappeli." Die Königin sagte ihr in gebrochenem Englisch, dass die einzige Möglichkeit darin bestehe, sich von der Bühne abzuwenden; die schauspielerische Leistung war in der Tat zu „unangenehm". Sie wurde häufig gerufen, um im Palast zu lesen und den jungen Prinzessinnen Redeunterricht zu geben.

In den Memoranden von Mrs. Siddons wird uns über eine dieser Lesungen berichtet. Sie habe sich äußerst unbehaglich gefühlt, erzählt sie uns, in dem „Sack" mit „Reif- und Drillingsrüschen, deren Anziehen gemäß der Hofetikette für notwendig erachtet wurde". Bei ihrer Ankunft wurde sie in ein Vorzimmer geführt, wo sich vornehme Damen befanden, die sie kannte, während plötzlich der König erschien und eine seiner kleinen Töchter in einem „Gokart" zog. Diese kleine Prinzessin war ungefähr drei Jahre alt; und als Mrs. Siddons der Dame, die neben ihr stand, sagte, sie sehnte sich danach, das Kind zu küssen, streckte es seine kleine Hand aus ... so früh hatte sie diese königliche Lektion gelernt. Mrs. Siddons war gezwungen, den ganzen Abend lang zu stehen, und zog dies den Erfrischungsangeboten in einem Nebenzimmer vor, da sie sich bei dem Gedanken fürchtete, rückwärts durch „die ganze Länge einer langen Wohnung mit hochgradig... polierter, rutschiger Boden." Ihre Majestät äußerte privat ihr großes Erstaunen darüber, sie so gesammelt zu sehen, und freute sich, sagen zu können, dass die Schauspielerin sich so verhalten habe, als wäre sie an einen Hof gewöhnt. „Ich habe sicherlich schon oft Königinnen verkörpert", bemerkte die Schauspielerin.

Als bemerkenswerte Tatsache kann erwähnt werden, dass die erste Person außerhalb der königlichen Familie, die offenbar den Verdacht hegte, dass der König vom Wahnsinn befallen sei, Mrs. Siddons war. Während eines Besuchs, den sie damals in Windsor Castle abstattete, drückte ihr der König ohne ersichtlichen Grund ein Blatt Papier in die Hände, auf dem nur seine Unterschrift stand – ein Vorfall, der ihr so unerklärlich vorkam, dass sie ihn sofort mit nach Hause nahm Königin, die ihr dankbar für ihre Diskretion dankte.

Aber mehr als alle Aufmerksamkeiten des Königshauses, mehr als alle Schmeicheleien, die ihr von großen Persönlichkeiten entgegengebracht wurden, mehr als all der Applaus und die Verehrung, die sie von den Menschenmengen erhielt, die das Theater belagerten, schätzte sie das spärlich verliehene Lob und die aufrichtige Erschütterung des Theaters Die schäbige, edle, mit Schnupftabak bedeckte Hand des „Großen Bären", vor dessen Knurren alle zitterten.

In Boswells *Life of Johnson* erzählt er uns, dass der Doktor ein merkwürdiges Vorurteil gegen Schauspieler hatte, „nichtsnutzige Kerle", die er nicht höher schätzte als Seiltänzer oder Balladensänger. Dieses Vorurteil hinderte ihn jedoch nicht daran, davonzuhumpeln, um die arme, verkrüppelte Mrs. Porter zu besuchen, als der Rest der Welt ihn im Stich ließ. Der Beginn seiner Zuneigung zu Mrs. Siddons ist durchaus charakteristisch. Er sprach immer mit seinem Kreis von Verehrerinnen dieser Jade, Mrs. Siddons, bis eine der „schönen Frauen" vorschlug, er müsse die Schauspielerin sehen.

„Aber wirklich, Dr. Johnson", sagte Miss Monckton, „Sie *müssen* Mrs. Siddons sehen. Wollen Sie sie nicht in einer schönen Rolle sehen?"

„Aber wenn ich *muss* , Madam, habe ich keine andere Wahl."

„Sie sagt, Sir, sie wird große Angst vor Ihnen haben."

„Das kann nicht wahr sein, meine Dame."

„Nicht wahr?", sagte Miss Monckton und starrte sie an. „Doch, das stimmt."

„Das *kann nicht* sein, Madam."

„Aber sie hat es mir gesagt; ich habe es sie selbst sagen hören."

„Das ist nicht *möglich* , *meine Dame* . Denken Sie deshalb in Zukunft daran, dass auch Fiktion durch Wahrscheinlichkeiten gestützt werden sollte.“

Miss Monckton wirkte völlig erstaunt, beharrte jedoch auf der Wahrheit ihrer Aussage.

„Ich glaube nicht, Madam“, sagte er herzlich, „dass sie meinen Namen kennt.“

„Oh, das ist eine zu niedrige Bewertung“, sagte ein fremder Herr.

„Wenn ich meinen Namen nicht kenne“, fuhr er fort, „meine ich das nicht wörtlich, aber wenn sie sieht, dass er in einer Zeitung missbraucht wird, erinnert sie sich möglicherweise daran, dass sie ihn schon einmal in einer Zeitung missbraucht gesehen hat.“

„Nun, Sir“, sagte Miss Monckton, „aber Sie müssen sie wegen all dem sehen.“

„Nun, meine Dame, wenn Sie es wünschen, werde ich gehen; Ich werde sie nicht sehen und sie auch nicht hören. aber ich werde gehen, und das wird reichen. Als ich das letzte Mal bei einem Theaterstück war, wurde ich von Mrs. Abington dorthin befohlen, oder von einer Mrs. Somebody, ich weiß nicht mehr genau wer, aber ich stellte mich in die Mitte der ersten Reihe der vorderen Logen, um das wann zu zeigen Ich wurde gerufen, ich kam.“

Er hielt sein Versprechen, und die riesige, schlampige Gestalt, gekleidet in einen fettigen braunen Mantel und grobe schwarze Kammgarnstrümpfe, wurde mehrmals gesehen, wie sie eine Handvoll Schnupftabak nahm und die Schauspielerin auf seine unverblümte, knurrende Art kritisierte. Anschließend stattete sie ihm einen Besuch in seiner Höhle in Bolt Court ab, worauf er in einem seiner Briefe an Mrs. Thrale anspielt:

"Frau. Siddons verhielt sich bei ihrem Besuch bei mir mit großer Bescheidenheit und Anstand und hinterließ nichts, was man tadeln oder verachten könnte. Weder Lob noch Geld, die beiden mächtigen Verderber der Menschheit, schienen sie verdorben zu haben. Ich werde mich freuen, sie wiederzusehen. Ihr Bruder Kemble besucht mich und gefällt mir sehr gut. Mrs. Siddons und ich unterhielten uns über Theaterstücke, und sie teilte mir ihre Absicht mit, diesen Winter die Charaktere von Constance, Catherine und Isabella in Shakespeare auszustellen.“

Boswell gibt uns auch den Bericht darüber, was passiert ist:

„Als Mrs. Siddons das Zimmer betrat, war zufällig kein Stuhl für sie bereit, und als er das bemerkte, sagte er mit einem Lächeln: ‚Madam, Sie, die so oft den Mangel an Sitzplätzen bei anderen Leuten hervorrufen, werden das umso leichter entschuldigen.‘ Ich möchte selbst eines.'

„Nachdem er sich neben sie gestellt hatte, begann er mit großer Laune, über das englische Drama nachzudenken; und fragte sie unter anderem insbesondere, mit welcher von Shakespeares Figuren sie am meisten zufrieden sei. Als sie antwortete, dass sie die Figur der Königin Katharina in *Heinrich VIII.* das Natürlichste: „Das denke ich auch, meine Dame“, sagte er; „Und wann immer du es aufführst, werde ich noch einmal selbst ins Theater humpeln.“ Mrs. Siddons versprach, dass sie sich die Ehre erweisen würde, seine Lieblingsrolle für ihn zu spielen, konnte dies aber nicht tun, bevor der große alte Samuel seine letzte Ruhe fand.“

KAPITEL X.
1782 BIS 1798.

Das Leben von Mrs. Siddons zwischen 1785 und 1798 verlief in der beruflichen Tretmühle, und ihre Geschichte in dieser Zeit lässt sich am besten durch einen Bericht über die Charaktere erzählen, die sie verkörperte.

Nach ihrem Auftritt als Lady Macbeth am 2. Februar entschied sie sich, Desdemona zum Othello ihres Bruders zu spielen, und spielte dies zur Überraschung aller mit einer Zärtlichkeit, Verspieltheit und Einfachheit, die man von der majestätischen Schauspielerin, die ihr Publikum in Angst und Schrecken versetzt hatte, kaum erwarten konnte durch ihre Darstellung der Frau des Thans von Cawdor. Campbell erzählt uns, dass er selbst Jahre später, als er sie diese Rolle in Edinburgh spielen sah, zunächst nicht erkannte, wer die Hauptrolle spielte, von ihrer „exquisiten Anmut" fasziniert war und es für unmöglich hielt, „dieses weiche, süße Geschöpf könnten die Siddons sein." „, bis er durch die Emotionen und den Applaus des Publikums wusste, dass es nichts anderes sein konnte.

Unglücklicherweise wurde ihr in ihrer ersten Darstellung dieser Rolle in der Todesszene achtlos ein feuchtes Bett zum Liegen gegeben und sie bekam eine so schwere Erkältung, dass sie fast an rheumatischem Fieber zu leiden hatte. Von dieser Zeit an scheint ihre Zartheit noch zu existieren, denn wir finden sie jetzt fortwährend klagend und aufgrund ihres schlechten Gesundheitszustandes nicht in der Lage, zu erscheinen.

Nach Desdemona trat sie in Rosalind auf, was wir mit der Kritik an Young, dem Schauspieler, abtun können: „Ihre Rosalind wollte weder Verspieltheit noch weibliche Weichheit, aber sie war völlig ohne Schlichtheit – nicht, weil sie es nicht richtig konzipiert hätte; aber wie könnte ein solches Gesicht gewölbt sein?" Auch ihr Kleid erregte große Belustigung – „geheimnisvolle, unscheinbare Kleidungsstücke". Wir haben einen Brief von ihr an den Künstler Hamilton, in dem sie fragte: „Wenn er so gut wäre, ihr eine kleine Skizze für ein Jungenkleid anzufertigen, um die Person so gut wie möglich zu verbergen." Die Frau, die in der Lage war, diese Sicht auf die Darstellung Rosalinds zu vertreten, war nicht in der Lage, die Rolle zu spielen.

Imogen, Ophelia, Catherine in „Der *Widerspenstigen Zähmung*" und Cordelia, alle spielten zusammen mit ihrem Bruder, folgten kurz hintereinander. Diese harte Arbeit berechtigte sie zu einem Gehalt von vierundzwanzig Pfund und zehn Schilling pro Woche, während ihr Bruder zehn Pfund bezog. Doch damit nicht zufrieden, unternahm sie eine Tournee in die Provinzen Liverpool, Manchester, Birmingham usw. Diese Landtourneen waren nicht nur aufgrund der Menge an Reisen ermüdend, sondern auch aufgrund des unsympathischen Publikums und der Unbequemlichkeit der Landtheater.

Auch das System, alle Gewinne der provinziellen Schauspieler zu absorbieren, machte sie in ihrem Beruf sehr unbeliebt. Über diese Touren ranken sich einige lächerliche Geschichten.

Als die „Schlafszene" in „*Macbeth* " in Leeds gespielt wurde, erschien versehentlich ein Junge auf der Bühne, der nach einem Gepäckträger geschickt worden war, und als er auf sie zukam, präsentierte er ihr das Stück. Vergebens winkte sie ihn weg, vergebens wurde er hinter die Kulissen geschickt; Das Haus brüllte vor Lachen und alle Illusionen waren für den Rest des Abends verstreut. Bei einer anderen Gelegenheit in Leeds, als man gerade dabei war, auf der Bühne Gift zu trinken, schrie einer der Zuschauer auf der Galerie: „Soop it up, Mädel!" Sie versuchte, den Unterbrecher stirnrunzelnd zu ignorieren, aber ihre eigene Feierlichkeit ließ nach. Auch in Landtheatern war sie häufig der Hauptlast eines lokalen Streits oder einer Scherzerei ausgesetzt, die sich gegen einen oder mehrere Zuschauer richtete. In Liverpool wurde das Stück „*Jane Shore*" angekündigt, das das Londoner Publikum in Tränen ausbrechen und hysterisch ausbrechen ließ. Das Haus war voll, und Miss Mellon, von der wir die Geschichte haben, sagt, die Schauspieler hinter den Kulissen hätten eine Wiederholung derselben Emotion erwartet; aber die Leute auf der Galerie, die die wichtigsten Kaufleute mit ihren Familien anwesend sahen, hielten dies für eine wunderbare Gelegenheit, ihrem Witz über das „Soldatentum" freien Lauf zu lassen. Dementsprechend bildeten sie zwei Bands, eine auf jeder Seite der Galerie, und führten vom Beginn des Stücks bis zum Ende einen Kreuzdialog der Unverschämtheit über „das Laden von Waffen mit braunem Zucker und Kokosnüssen" und „klein". Arme mit Zimtpulver und Muskatnüssen. "

Miss Mellon litt unter Qualen wegen des Gegenstandes ihrer theatralischen Hingabe. Sie weinte, sie lief hinter den Flügeln umher, als würde sie den Verstand verlieren. Mrs. Siddons jedoch, ruhig, wenn auch totenblass, sagte nur mit leicht zitternder Stimme zu ihr: „Ich werde die für die Szenen erforderliche *Zeit durchgehen* , sie aber nicht aussprechen."

Sie ging auf die Bühne; sagte laut: „Es ist sinnlos zu handeln", verschränkte die Arme und murmelte nur die Reden; und es ist eine Tatsache, dass sie am ersten Abend, an dem eines von Mrs. Siddons' Meisterwerken in Liverpool aufgeführt wurde, die gesamte Aufführung in dummem Gehabe erlebte.

Im Dezember 1785 wurde ihr zweiter Sohn George geboren. Sobald sie schreiben konnte, teilte sie dies ihren Freunden, den Whalleys, in einem ihrer lebhaften, unbeschwerten Briefe mit:

„Ich habe einen weiteren Sohn, gesund und lieblich wie ein Engel, geboren am 26. Dezember; Sie sehen also, ich nutze die erste Gelegenheit, um die

Angst zu lindern, die Sie und meine liebe Frau Whalley, wie ich weiß, verspüren werden, bis Sie von mir hören. Mein süßer Junge ähnelt so sehr einer Person der königlichen Familie, dass ich eher Angst habe, er könnte mich in Ungnade bringen. Meine Schwester erzählt mir scherzhaft, sie sei sich sicher, dass „meine Frau, seine Mutter hat dem Prinzen gegenüber falsch gehandelt", und ich muss zugeben, dass er ihm ähnlicher ist als jeder andere. Ich möchte Ihnen nur andeuten, dass mein Vater einst dem König sehr ähnlich war, was meine Ehre ein wenig schont. Ich freue mich, dass es Ihnen gut geht und Sie eine so angenehme Gesellschaft haben, aber ich wünschte bei Gott, dass Sie zurückkommen würden! Ich habe keine Neuigkeiten für Sie, außer dass der Prinz sich ganz einer Frau Fitzherbert widmen wird und die ganze Welt darüber in Aufruhr ist. Ich weiß nur sehr wenig über ihre Geschichte, außer dass sich alle darüber einig sind, dass sie eine sehr ehrgeizige und kluge Frau ist und dass „alle guten Anscheine ihrer Revolte für Schurken gehalten werden", denn sie galt als Vorbild von Anstand. Ich höre auch, dass die Herzogin von Devonshire sie bei der Hand nehmen und ihr das erste Abendessen geben soll, wenn die Vorbereitungen erledigt sind; denn es scheint, dass alles mit äußerster Formalität abläuft – für die Kinder gesorgt und so weiter. Manche Menschen freuen sich, manche trauern über dieses Ereignis. Ich habe nicht gehört, was seine Mutter dazu sagt. Die königliche Familie war fast alle krank, erholt sich aber jetzt, und sie hat die gnädige Absicht, mir zu befehlen, am ersten Abend meines Auftritts in „*The Way to Keep Him*" mitzuspielen. Sie sind mir gegenüber bei allen Gelegenheiten über alle Maßen gnädig und nutzen jede Gelegenheit, der Welt zu zeigen, dass sie es sind. Wie gut und rücksichtsvoll ist das! Sie wissen, was für eine Sanktion ihr Gesichtsausdruck ist, und sie sind unbeschreiblich liebenswürdig. Seit meiner Entbindung habe ich die freundlichsten Nachrichten von ihnen erhalten; Sie machen mich so wichtig, dass ich mir wünsche, ich würde nicht daran denken, zu spielen, bis ich mich ganz stark fühle, und tausend weitere nette Dinge. Ich spüre ein leichtes Brennen in meinen Schläfen, das mir sagt, dass ich genug geschrieben habe.

„Ich verabschiede mich jedoch nicht von Ihnen, ohne Ihnen zu sagen, dass ich von Sheriffes Bild von mir sehr enttäuscht bin und Angst habe, ihn wegen Ihrer Schnupftabakdose zu befragen. Ich weiß nicht, was ich dagegen tun soll, denn das versprach so gut zu werden, dass ich ihn fast aus ganzem Herzen damit beauftragt hätte. Ich war in den letzten vier Monaten nicht im Gesicht; aber jetzt, da ich so liebenswürdig wie eh und je werde, werde ich mich so schnell wie möglich dafür einsetzen. Gott, der Allmächtige, segne euch beide!

"Dein,

„ S. SIDDONS ."

Später schreibt sie erneut an Whalley:

„Endlich, mein Freund, habe ich die *zehntausend Pfund erreicht* , auf die ich mein Herz gesetzt habe, und fühle mich jetzt vollkommen wohl, was das Schicksal betrifft. Ich danke Gott, der es mir ermöglicht hat, mir ein so angenehmes Einkommen zu verschaffen. Ich bin sicher, meine liebe Frau Whalley und Sie werden erfreut sein, dies von mir zu hören. Was für ein Ding wäre ein Ballon! aber wenn die Teufel sie nehmen, glaube ich nicht, dass sie irgendetwas Gutes bringen werden. Guter Himmel! Was für eine Freude wäre es, Sie nur für ein paar Tage zu sehen! Ich habe ein schönes Haus und könnte es schaffen, ein Bett zu machen. Ich weiß, dass Sie und meine liebe Frau Whalley meine aufrichtigen Bemühungen, Ihnen entgegenzukommen, akzeptieren würden; aber lassen Sie mich nicht überraschen , mein lieber Freund, denn wenn ich Sie zuerst im Theater sehen würde, kann ich nicht dafür verantwortlich sein, was die Folge sein könnte.

„Ich halte einige Stöße mit erträglicher Festigkeit aus, vermutlich aus Gewohnheit; Aber da die Freude so unendlich seltener ist, muss ich mir vorstellen, dass sie schwieriger aufrechtzuerhalten ist.

„Du wirst feststellen, dass ich mein Lob missachtet habe, wenn du deine Fanny siehst. Oh! Mein geliebter Freund, du könntest mit niemandem sprechen, der die von dir erwähnten Ängste besser versteht als ich. Sicherlich ist es unnötig zu erwähnen, dass niemand mehr inbrünstig betet, dass Gott, der Allmächtige, in seiner Barmherzigkeit das Unglück abwenden wird; und gewiss, gewiss kann man von einer solchen Veranlagung, die durch eine solche Erziehung verbessert wird, alles erhoffen. Meiner Familie geht es gut, Gott sei Dank! Meine beiden Schwestern sind verheiratet und glücklich. Frau Twiss wird uns gegen Februar eine neue Relation präsentieren. Zu Weihnachten bringe ich meine lieben Mädchen von Miss Eames mit, oder besser gesagt, sie bringt sie zu mir. Eliza ist das unterhaltsamste Geschöpf der Welt; Sally ist äußerst schlau; Maria und George sind wunderschön; und Harry, ein Junge mit sehr guten Rollen, aber nicht zum Lernen geneigt.“

Trotz ihrer Aussage, dass sie zufrieden sein würde, sobald sie zehntausend Pfund verdient hätte, sehen wir, dass sie die nächsten zwei Jahre ununterbrochen arbeitet und von York nach Edinburgh, von Edinburgh nach Liverpool reist. Im Jahr 1788 trat Kemble die Nachfolge von King als Managerin von Drury Lane an, und seine Schwester kehrte zurück, um zunächst bei seiner spektakulären Wiederaufführung von *Macbeth mitzuhelfen* , bei der er neben anderen Neuerungen die schwarzen, grauen und weißen Geister als Gruppen einbrachte kleine Jungs. Einer dieser Kobolde war unbotmäßig und wurde in Ungnade weggeschickt; sein Name war „Edmund Kean".

Sie handelten dann *von Heinrich VIII.* Kemble begnügt sich damit, die Rollen von Cromwell und Griffith zu „verdoppeln", während Bensley die Rolle des Wolsey bereits besitzt. Die Darstellung war in jeder Hinsicht ein Erfolg, und Königin Katherine von Mrs. Siddons wurde fortan ihrer Lady Macbeth gleichgestellt.

Am darauffolgenden 7. Februar spielte sie zum ersten Mal Volumnia vor dem Coriolanus ihres Bruders. Ein Augenzeuge erzählt uns:

„Ich erinnere mich, wie sie beim triumphalen Einzug ihres Sohnes Coriolanus die Bühne herunterkam, als ihre dumme Darbietung Beifall hervorrief, der das Gebäude erschütterte. Sie kam allein, marschierte und schlug den Takt zur Musik; Sie rollte (wenn das nicht ein zu starker Ausdruck ist, um ihre Bewegung zu beschreiben) von einer Seite zur anderen und schwoll vor dem Triumph ihres Sohnes an. Der Rausch der Freude, der aus ihren Augen strahlte und ihr ganzes Gesicht erleuchtete, war so groß, dass die Wirkung unwiderstehlich war. Mir schien, sie erntete den ganzen Ruhm dieser Prozession für sich. Ich konnte meinen Blick nicht von ihr lassen. Coriolanus, Banner und Festumzug, alles war für mich umsonst, nachdem sie zu ihrem Platz gegangen war."

Viele Zeugnisse von Schauspielern und Schauspielerinnen zeigen ihre außergewöhnliche persönliche Kraft. Young erzählt, dass er einmal mit ihr in Edinburgh Beverley spielte. Sie hatten den fünften Akt erreicht, als Beverley das Gift geschluckt hatte, und Bates kam herein und sagte zu dem Sterbenden: „Jarvis hat Sie letzte Nacht auf der Straße im Streit mit Jewson gefunden." Mrs. Beverley sagt: „Nein, ich bin mir sicher, dass er das nicht getan hat!" worauf Jarvis antwortet: „Oder wenn ich es getan hätte?" Man könnte annehmen, dass es bedeutet, hinzuzufügen: „Die Schuld lag nicht bei meinem Herrn." Aber in dem Moment, in dem er die Worte „Oder wenn ich es täte?" ausspricht? Mrs. Beverley ruft: „Das ist falsch, alter Mann! Sie hatten keinen Streit – es gab keinen Grund zum Streit!" Als Mrs. Siddons dies aussprach, packte sie Jarvis und stieß den Ausruf mit solch durchdringendem Kummer aus, dass Young sagte, seine Kehle sei geschwollen und seine Äußerung sei erstickt. Er war nicht in der Lage, die Worte zu wiederholen, die er als Beverley sofort hätte aussprechen sollen. Der Souffleur wiederholte die Rede mehrere Male, bis Mrs. Siddons auf ihren Schauspielkollegen zuging, ihre Fingerspitzen auf seine Schultern legte und mit leiser Stimme sagte: „Mr. Junge, besinne dich."

Macready berichtet von einem ebenso bemerkenswerten Beispiel ihrer Macht. Im letzten Akt von Rowes „ *Tamerlane* ", als Aspasias Liebhaber auf Befehl des Tyrannen Moneses vor ihrem Angesicht erdrosselt wird, steigerte sie sich so sehr in den Schmerz, dass sie, als sie als lebloser Haufen vor dem Mörder zusammensank, das Publikum erschütterte blieb einige Augenblicke voller Ehrfurcht, dann verlangte sie lautstark, dass der Vorhang fallen würde, weil sie glaubte, sie sei wirklich tot; und nur die ernsthaften gegenteiligen Zusicherungen des Managers konnten sie zufriedenstellen. Holman und der ältere Macready waren unter den Zuschauern und sahen einander entsetzt an. „Macready, sehe ich so blass aus wie du?“ fragte ersterer.

Bei einer anderen Gelegenheit, als sie *Heinrich VIII. aufführte* und ein unerfahrener „Statist“, der den Landvermesser spielte, ihn davor warnte, falsche Aussagen gegen seinen Herrn zu machen, war ihr Blick so furchterregend, dass der unglückliche junge Mann schweißgebadet vor Angst davonkam und schwor, dass ihn nichts dazu bringen würde, dieser Frau je wieder in die Augen zu sehen.

Hätte Mrs. Siddons in unserer Zeit gelebt, wäre jedes Schaufenster voller Fotos ihres klassisch schönen Gesichts, in jeder Pose und jedem Kostüm gewesen. Zum Glück lebte sie zur Zeit von Gainsborough und Reynolds und ist daher das Original von zwei der schönsten Frauenporträts, die jemals gemalt wurden. Sir Joshua soll seine Vorstellung von einer von Michael Angelo entworfenen Figur auf dem Dach der Sixtinischen Kapelle übernommen haben. Sie sitzt auf einem Prunkstuhl, dahinter zwei Figuren, die den Dolch und die Schale halten. Der Kopf ist in einer Haltung dramatischer Inspiration zurückgeworfen, die rechte Hand ist über eine Armlehne des Sitzes geworfen, die linke ist erhoben und zeigt nach oben. Eine Tiara, eine Halskette und prächtige Falten des Vorhangs unterstreichen die Pracht der Komposition. Es ist zweifellos das Meisterwerk des großen Malers. „Das Bild“, sagt Northcote, „hat ihn in Atem gehalten.“ Die ungünstige Resonanz, die seine Bilder vom Vorjahr erfahren hatten, veranlasste ihn zu dem Entschluss, den Kritikern zu zeigen, dass er seine Blütezeit noch nicht überschritten hatte, während die Größe und Pracht des Dargestellten ihn dazu anspornte, sein ganzes Genie zu entfalten.

Mrs. Siddons beschrieb in späteren Jahren gern ihre Sitzungen. „Erklimmen Sie Ihren unbestrittenen Thron“, sagte der Maler und führte sie zur Plattform. „Gib mir eine Vorstellung von der tragischen Muse.“ Und als es zu Ende war, bestand der große Maler darauf, seinen Namen auf ihr Gewand zu schreiben und sagte, dass er die Ehre, der Nachwelt in Erinnerung zu bleiben, nicht auf den Saum ihres Gewandes verlieren dürfe. Wir, die wir ihre Größe nur vom Hörensagen kennen, können uns aus dieser großartigen Vorstellung eine Vorstellung davon machen, was sie gewesen sein muss.

Fast ebenso edel und schön ist das Porträt von Gainsborough. Die Zartheit eines raffinierten englischen Teints wurde noch nie so schön dargestellt, während Ton und Farbe so exquisit sind wie alles, was Gainsborough jemals getan hat. Das helle transparente Blau, das kühle Gelb, das Purpur, das Braun und das Schwarz bilden einen bezaubernden Rahmen für den schönen Kopf, der klar und zart hervorsticht. Es heißt, dass Gainsborough, während er sie malte, nachdem er einige Zeit in versunkenem Schweigen gearbeitet hatte, plötzlich ausrief: „Verdammt, Madam, Ihre Nase hat kein Ende!" Und tatsächlich sticht es ein wenig deutlich hervor. Aber das große Merkmal der Kembles war der Kieferknochen. Die Schauspielerin selbst rief lachend aus: „Der Kemble-Kieferknochen! Es ist genauso berüchtigt wie das von Simson!" Frau Jameson erklärt, dass sie Frau Siddons zwei Jahre vor ihrem Tod in der Nähe von Gainsboroughs Porträt sitzen sah, und als sie von einem zum anderen blickte, sagte sie: „Es war immer noch wie bei ihr, im Alter von siebzig Jahren."

Jahre später sah ihre Enkelin Fanny Kemble, als sie durch die Straßen von Baltimore ging, einen Stich von Reynolds' „Tragische Muse" und Lawrences Bild von John Kembles „Hamlet". „Wir blieben stehen", sagt sie, „vor ihnen, und mein Vater betrachtete mit großer Emotion diese wunderschönen Darstellungen seiner schönen Verwandtschaft." Es war eine Art traurige Überraschung, sie in dieser anderen Welt zu treffen, in der wir umherstreifende Außerirdische und Fremde sind."

Anhand der zahlreichen erhaltenen Porträts von Mrs. Siddons können wir uns eine Vorstellung von ihrem Aussehen machen, von dem so legendäre Berichte überliefert sind. Sie war viel überdurchschnittlich groß; Als Mädchen war sie außerordentlich dünn und mager, und dies blieb ihr charakteristisches Merkmal, bis sie etwa zweiundzwanzig oder drei Jahre alt war. „Sarah Kemble würde eines Tages eine gut aussehende Frau sein", bemerkte eine Freundin ihres Vaters, „vorausgesetzt, sie könnte nur Fleisch auf ihre Knochen legen und ihre Augen wären wieder so klein."

Das ist tatsächlich passiert. Ihre zunehmende Fülle rundete alle Winkel ab und ließ die Augen weniger hervorstechen; und im Alter von vierundzwanzig oder fünfundzwanzig Jahren befand sie sich auf dem Höhepunkt ihrer wunderbaren Schönheit. Sie hatte eine einzigartige Energie und Elastizität der Bewegung. Ihr Kopf lag wunderschön auf ihren Schultern. Ihre Gesichtszüge waren fein und ausdrucksstark, die Nase etwas lang, aber ausgeglichen durch die Höhe der Braue und das fest modellierte Kinn. Die Augenbrauen waren markiert und verliefen gerade über die Stirn; Ihre Augen flammten manchmal förmlich auf. In späteren Jahren zeichnete sich eine ständige Blässe über ihre Gesichtszüge ab, die nur selten gefärbt war. Beim Anblick der von Gainsborough gemalten stattlichen, feinen Dame fällt es schwer, sich die Ausbrüche der Leidenschaft vorzustellen, die sie auf der Bühne erschütterten. Ihre Stimme war mit den Jahren immer kraftvoller und zu jeder gefühlvollen Wendung fähig; während ihre Artikulation einzigartig klar und präzise war. Es gab kein übermäßiges Erheben der Stimme, kein übertriebenes Handeln; Alles war gemäßigt und ruhig, bis die Leidenschaft gefordert wurde, und dann brach sie schnell und plötzlich hervor.

In Kembles Manier opferte man manchmal seine Energie der Gnade. Braden erzählt uns, dass diese Beobachtung von Mrs. Siddons selbst gemacht wurde, die ihren Bruder im Allgemeinen genauso bewunderte, wie sie ihn liebte. Sie verdeutlichte ihre Bedeutung, indem sie sich erhob und sich in die Haltung einer der alten ägyptischen Statuen stellte; die Knie schlossen sich zusammen und die Füße drehten sich ein wenig nach innen. Sie legte ihre Ellbogen eng an ihre Seiten, faltete ihre Hände und hielt sie aufrecht, wobei sie die Handflächen aneinander presste. Nachdem sie den Anwesenden klar gemacht hatte, dass sie eine der eingeschränktesten und daher unanmutigsten Stellungen eingenommen hatte, die überhaupt möglich waren, begann sie damit, den Fluch von König Lear auf seine ungehorsame Nachkommenschaft zu rezitieren, und zwar auf eine Art und Weise, die Haare *zu Berge stehen ließ und Gänsehaut verursachte* Dann forderte er uns auf, die zusätzliche Wirkung zu bemerken, die durch die konzentrierte Energie erzielt wurde, die die ungewöhnliche und unanmutige Haltung an sich mit sich brachte.

Es ist ein charakteristisches Merkmal, dass John von der Familie Kemble als ein besserer Spieler als Sarah angesehen werden sollte. Wir wissen, dass er ihr ständig Anweisungen und Anweisungen gab, die sie mit aller Demut annahm und befolgte, bis sie sich ihrer Sache *sicher war*. Niemand, noch so begabt, konnte ihr gewissenhaftes Festhalten an ihren eigenen Ansichten erschüttern.

Der subtile Unterschied zwischen Genie und Talent trennte die beiden. Kemble wiederholte die schönen Worte passend; Mrs. Siddons war großartig, bevor sie sprach, und begeisterte ihr Publikum mit einer Stille, die für die Entwicklung menschlicher Emotionen bedeutsamer ist als alles andere. Wie großartig sie unabhängig von ihrem Autor war, können wir an den miserablen Stücken sehen, die sie berühmt machte; Als ihr Genie nicht mehr da war, um ihnen Leben und Leidenschaft einzuhauchen, gerieten sie in Vergessenheit.

Die Zahl der gleichgültigen Stücke, in denen sie mitwirken sollte, war Legion. Alle ihre Freunde schienen zu glauben, sie könnten Theaterstücke schreiben, und sie sei die einzige Person, die darin auftreten könne. Wir sehen, wie sie mitleiderregend an eine Freundin schreibt, die ihr eine Tragödie geschickt hat:

„Sie können sich nicht vorstellen, wie schwer es ist zu sagen, dass *Astarte* nicht das tun wird, was Sie und ich von uns erwarten würden. Gott sei Dank, es ist vorbei! Es war für mich ein so bitteres Urteil, dass es Tropfen der

Trauer aus meinem tiefsten Herzen trieb. Wenn Sie den Eindruck haben, dass ich Ihrer Ehre gegenüber zu hartnäckig bin, möchte ich Sie bitten, mir zu gestatten, die Meinung anderer einzuholen, was auch ohne Nennung des Autors erfolgen kann. Ich muss jedoch davon ausgehen, dass das, was im Schrank reizvoll ist, oft nicht mehr so charmant ist, wenn es für die Bühne in Betracht gezogen wird."

Die eingebildete Fanny Burney muss unbedingt eine Tragödie schreiben, *Edwin und Elgitha* . Ihr Stolperstein war „Bischöfe". Damals gab es ein beliebtes Getränk namens „Bishop", das aus bestimmten berauschenden Zutaten bestand. Als der König daher in einer der früheren Szenen den Befehl gab: „Bringt den Bischof herbei", brach das Publikum in lautes Gelächter aus. Die Sterbeszene schien ihre Heiterkeit nicht zu dämpfen. Ein vorbeikommender Fremder schlug in tragischem Ton vor, die sterbende Heldin auf die andere Seite einer Hecke zu tragen. Obwohl diese Hecke weit von jeder Behausung entfernt war, erwies sie sich als bequemer Rückzugsort, denn wenige Minuten später wurde die verwundete Dame auf einem eleganten Sofa hinter ihr hervorgeholt und, nachdem sie im Beisein ihres Mannes gestorben war, entfernt noch einmal zur Rückseite der Hecke. Der Effekt erwies sich für das Publikum als zu lächerlich, und Mrs. Siddons wurde unter erneutem Gelächter davongetragen.

Dr. Whalley musste ihr dann notgedrungen eine eigene Tragödie aufzwingen: *Das Schloss von Mowal* , das drei Nächte lang angegähnt wurde. Es heißt, als der Autor zu Mr. Peake, dem Schatzmeister, ging, um zu erfahren, welchen Nutzen er daraus gezogen haben könnte, war alles bedeutungslos. „Ich war", sagte der Arzt, ein alter Pikquetspieler, „erzürnt und erwidert"; und so zog er sich vom Schauplatz seines Unbehagens nach Bath zurück, wo er sich mit der Tatsache zufriedengab, „drei Nächte gelaufen zu sein".

Ihr nächster Aufsatz zum Thema Freundschaft erschien in Bertie Greatheeds Tragödie „ *Der Regent* ". Sie schreibt dazu:

„Die Handlung des Stücks des armen jungen Mannes ist, wie mir scheint, sehr lahm und die Charaktere im Allgemeinen sehr – sehr schlecht durchdacht; aber insbesondere die Dame, für die der Autor mich ins Auge gefasst hat. Diese Frau ist eines jener Monster (denke ich) der Vollkommenheit, das ein Engel vor seiner Zeit ist und sich so vollständig dem Willen des Himmels ergeben hat, dass sie (für einen Sterblichen wie mich) das provozierendste Stillleben zu sein scheint, dem man je das Unglück hatte zu begegnen. Ihre Kämpfe und Konflikte sind so schwach ausgedrückt, dass wir annehmen, dass sie ihr nicht viel Schmerz bereiten, und sie ist so fromm, dass wir überzeugt sind, dass sie ihre Leiden als ebenso viele Geleitzüge in den Himmel betrachtet und wir sie dort oder irgendwo anders als in der Tragödie wünschen. All dies und zehnmal mehr habe ich ihnen beiden mit so viel Feingefühl gesagt, wie ich es kann; aber Mr. G. sagt, es würde ihm keine großen Schwierigkeiten bereiten, es zu ändern, vorausgesetzt, ich übernehme die milchige Dame. Ich befinde mich in einer sehr beunruhigenden Lage, denn wenn er ihr nicht einen völlig anderen Charakter verleiht, kann ich unmöglich etwas mit ihr zu tun haben."

Das Stück wurde schließlich zwölf Nächte lang aufgeführt und geriet dann in Vergessenheit; aber der Autor war so zufrieden, dass er ein Abendessen gab, dem ein Trinkgelage im „Brown Bear" in der Bow Street folgte, bei dem ein untergeordneter Schauspieler namens Phillimore so betrunken war, dass er den Mut hatte, gegen seinen Herrn und Meister zu kämpfen , John Kemble, der hochmütig genug war, sich zu verteidigen, und großzügig genug, um die Angelegenheit am nächsten Morgen zu vergessen.

Andere Rollen lehnte sie aus anderen Gründen ab. Colman hatte einen Epilog zu Mr. Jephsons „*Julia*"geschrieben , den sie nicht sprechen wollte, weil sie ihn als „derb" bezeichnete; und die Rolle der Kleopatra, sagte sie, sie würde niemals spielen, weil „sie sich selbst hassen würde, wenn sie es so spielen würde, wie sie es für richtig hielt." Und da hatte sie recht; Die „Schlange des Alten Nils" befand sich nicht in ihrer Reichweite.

Einer ihrer Bewunderer erzählt uns, dass ihre majestätische und imposante Persönlichkeit und der beeindruckende Charakter ihrer Schönheit der Wirkung entgegenwirkten, die sie in der Rolle der Frau Haller hervorrief. „Kein lebender oder toter Mensch", sagte er, „hätte es gewagt, sich mit ihr eine Freiheit zu nehmen; Sie mochte böse sein, aber schwach konnte sie nicht sein, und als sie in dem Stück die Geschichte ihres Fehlverhaltens erzählte, glaubte ihr niemand." Eine andere Augenzeugin, die von „der schönen Büßerin" sprach, meinte, es habe sich gelohnt, das Stück wegen ihrer Szene mit Romont allein auszusetzen, um „so ein prächtiges Tier in so prächtiger Wut" zu sehen.

Und doch war sie so gütig gegenüber einer Schwester, die auf Abwege geraten war! „Die bezaubernde und schöne Mrs. Robinson", schreibt sie über Perdita Robinson, „ich bemitleide sie aus tiefstem Herzen." Und wie großzügig sie ihren jüngeren Kollegen ihre helfende Hand reichte. Als Miss Mellon, zwanzig Jahre jünger als sie, mit ihr in Liverpool spielte, wandte sich Mrs. Siddons eines Morgens bei der Probe an einen Schauspieler, einen Freund von ihr, der sie seit Jahren kannte, und sagte:

„Hier ist eine junge Frau, die ich bestimmt in der Drury Lane gesehen habe."

Er sagte ihr, es sei Miss Mellon, die gerade herausgekommen sei.

„Sie scheint eine nette, hübsche junge Frau zu sein", erwiderte die große Schauspielerin, „und ich bedauere ihre Lage in dieser Brutstätte der Sünde, Drury Lane; es ist für eine junge, hübsche und schutzlose Frau fast unmöglich, zu entkommen. Wie hat sie sich verhalten?"

Die Person, die sie ansprach und die die Geschichte erzählte, antwortete:

„Mit größtem Anstand."

„Dann stellen Sie sie mir bitte vor."

Die junge Dame trat vor, mit strahlendem Teint und sehr hübschem Aussehen. Die Königin der Tragödie nahm sie bei der Hand, führte sie nach ein paar freundlichen, aufmunternden Worten durch die Gesellschaft und sagte:

„Meine Damen und Herren, jemand, den ich sehr gut kenne, hat mir gesagt, dass sich diese junge Dame stets äußerst anständig verhalten hat. Deshalb stelle ich sie als meine junge Freundin vor."

Dies elektrisierte die Parteien im Green Room, die nicht auf eine so schmeichelhafte Auszeichnung für die junge Schauspielerin gehofft hatten; Aber natürlich folgten sie Mrs. Siddons nur allzu gerne in allem, und Miss Mellon war überwältigt von Aufmerksamkeit. Später, als Mrs. Siddons und Miss Mellon für die folgende Saison zu ihren Pflichten in London zurückkehrten, wiederholte die erstere das Kompliment, das sie ihr in Liverpool gemacht hatte, und machte die gleiche Aussage über ihr ausgezeichnetes Benehmen; und indem sie sie auf diese Weise unter solch vorteilhaften Umständen nach vorne brachte, verschaffte sie ihr Zutritt zum ersten Green-Room, wo ihr geringeres Gehalt sie nicht dazu berechtigte, es sei denn auf eine Empfehlung wie die von Mrs. Siddons.

Im Sommer 1790 reiste sie mit ihrem Mann in Begleitung von Miss Wynn nach Frankreich, da sie sich in einem schwachen Gesundheitszustand befand und von Sheridans Behandlung angewidert war. Sie hielten zunächst in Calais an, wo ihre Töchter Sarah und Maria in einem Internat waren, und fuhren dann weiter nach Lisle. Der Brief, den sie nach ihrer Rückkehr an Lady Harcourt schrieb, ist in seiner energischen, unverblümten Aufrichtigkeit so charakteristisch, dass es ungerecht erscheint, nicht jedes Wort daraus zu zitieren:

„Sandgate, in der Nähe von Folkestone, Kent. 2. August.

„ MEINE LIEBE LADY HARCOURT ,

„Nach so langem Schweigen wird sich Ihre Gutmütigkeit darüber freuen, einen langen Brief voller Egoismus zu hören, und ich werde mit Streatham beginnen, wo Sie sich vielleicht erinnern, mich davon sprechen hören zu haben, dass ich ohne große erfreuliche Erwartungen hingehen würde, wenn man es annimmt Es ist unmöglich, dass ich jemals mehr für Frau P. [2] empfinden sollte als Bewunderung für ihre Talente; Aber nachdem ich ganz unerwartet mehr als drei Wochen dort verbracht hatte, erlebte ich in dieser Zeit in jedem Moment neue Beispiele unablässiger Freundlichkeit und Aufmerksamkeit mir gegenüber und tatsächlich ein ganz außerordentliches Maß an Wohlwollen und Nachsicht gegenüber denen, die nicht viel Nachsicht verdient hatten Durch ihre Hände (und es ist wunderbar, wie viele es dieser Art gibt) habe ich sie mit großem Bedauern verlassen; und mit ihrer überaus großen Freundlichkeit, ihrem Witz und ihrer Musik haben sie mich dazu gebracht, sie sehr zu lieben, zu schätzen und zu bewundern. Nach ein paar Tagen machte ich mich mit Mr. S., Miss Wynn und ihrem Bruder auf den Weg nach Calais, und nach einer sehr beschwerlichen Überfahrt kam ich in Calais an und fand meine lieben Mädchen ganz wohlauf und in ihrer Persönlichkeit verbessert, und (Mir wurde gesagt) auf Französisch. Ich war sehr beeindruckt von der Verschiedenheit der Gegenstände und Bräuche, als ich darüber nachdachte, wie klein ein Raum ist, der eine Nation von der anderen trennt, wie echtes Englisch. Wir sahen alles, was wir konnten, und ich dachte *an* meinen lieben Lord Harcourt, wenn auch nicht *mit* ihm, in ihren Kirchen. Ich gestehe (obwohl ich mir gleichzeitig selbst die Schuld dafür gebe), dass ich von all dem Prunk und der Pracht angeekelt war, als ich sah, wie die Priester „vor dem hohen Himmel solch fantastische Streiche spielten, die (glaube ich) die Engel zum Weinen bringen mussten". ; und die Leute plapperten über ihre Gebete, sogar mit *offenem Mund*, um es so schnell wie möglich zu Ende zu bringen. Ach! Ich sagte mir im Mitleid und vielleicht auch in der Eitelkeit meines Herzens, wie leid es mir für diese armen, verblendeten Menschen tut und wie viel würdiger die Gottheit ist („die vor allen Tempeln das aufrichtige und reine Herz vorzieht") die erhabenen und einfachen Formen *unserer* Religion. In der Tat, meine liebe Frau, bin ich mit den Ideen und Gefühlen, die in *Ihrem* Garten in *Nuneham* in meinem Herzen erregt wurden , besser zufrieden als je zuvor, als ich jemals an diesen schönen, schmucken Orten gewesen bin, und glauben Sie Herrn Haggitt mit seiner Schlichtheit und Vernunft Predigten hat mehr Gutes bewirkt, als eine Legion dieser Priester tun würde, wenn sie das Zeitalter Methusalems erreichen würden. Ich bin bereit zuzugeben, dass dies alles Vorurteile sein könnten und dass *wir* es nicht besser *meinen* als unsere *Nachbarn* ; aber *das Feuer* soll meine Meinung nicht aus mir herausbrennen, und so *bessert Gott alles* . Nun wenden wir uns unserem *großartigen Selbst* zu . Wir brachten unsere Kleinen nach Lisle; Es ist eine sehr schöne Stadt, und obwohl ich nichts von der Sprache verstehe, war die schauspielerische Leistung so gut, dass es mir große Freude bereitete. Die Sprache des wahren Genies ist wie die der Natur für alle verständlich. Wir blieben dort ein paar Tage, und Sie hätten gelacht, wenn Sie mein Erstaunen über den Kammerdiener des Gasthauses gesehen hätten, der der *Femme de Chambre* beim Bettenmachen behilflich war. Die *Betten* sind die besten, auf denen ich je geschlafen habe; Aber auf die freundlichen Dienste des Kammerdieners könnte ich, glaube ich, immer verzichten, mein Gott! Nun, wir kehrten nach Calais zurück, wo ich ein paar Monate geblieben wäre und mich damit beschäftigt hätte, mit den lieben Kindern ein paar französische Phrasen zu lernen, wenn Mrs. Temple mich aufgenommen hätte; aber sie sagte, sie hätte keinen Platz, um mich unterzubringen, und ich gab diesen Punkt widerwillig auf. In ein oder zwei Tagen setzten wir die Segel, nachdem wir am 14. den Bürgereid abgelegt hatten. Auch in Calais war das eine schöne Sache. Ich war äußerst entzückt und berührt, allerdings nicht wegen der *sinnlichen Dinge* , obwohl eine große Menschenmenge oft eine großartige Sache ist, sondern wegen der Vorstellung, dass so viele Millionen in dieser großen Nation mit einer Zustimmung, in einem Moment (sozusagen durch …) verteilt sind Die göttliche Inspiration löste ihre Fesseln und erfüllte einen mit mitfühlendem Jubel, Wohlwollen und Zärtlichkeit. Ich habe mich von ganzem Herzen mit ihnen gefreut und hoffe aufrichtig, dass sie die herrliche Freiheit, die sie erlangt haben, nicht missbrauchen werden. Bei unserer Rückkehr waren wir fast zwanzig Stunden auf dem Meer und kamen erschöpft und todkrank in Dover an. Dr. Wynn musste wegen einer Predigt, die er halten sollte, den besten Weg nach London machen und nahm seine bezaubernde Schwester mit. *Wir* eilten hierher, und es ist der angenehmste Seeort, den ich je gesehen habe, abgesehen von denen an der Küste von Devonshire. Vielleicht ist *angenehm* ein schlechtes Wort, denn das Land ist viel erhabener als schön. Wir haben gewaltige Klippen, die über das schäumende Meer hinausragen, das oft so frech und stürmisch ist, dass es einen Stirnrunzeln *verdient* ; Von dort aus können wir bei klarem Wetter das Land Frankreich sehen und die Schiffe fahren von den Downs nach Calais. Wenn man dort *steht* , ist es manchmal erstaunlich, mit welcher Geschwindigkeit sie dahingleiten. Hier gibt es kleine, gepflegte Unterkünfte und eine gute, gesunde Versorgung. Vielleicht würden sie nicht zu einer großen *Gräfin passen* , wie es unser Freund Mr. Mason meint, aber eine kleine, große Schauspielerin passt leichter hinein. Ich befürchte jedoch, dass es größer wird und ich mich dann von den Annehmlichkeiten des Ruhestands verabschiede. Ich glaube, dass der Ort derzeit nicht mehr als zwanzig oder dreißig Fremde aufnehmen kann. Ich habe viermal gebadet und glaube, dass ich durchhalten werde, denn Sir Lucas Pepys sagt, meine Krankheit sei völlig nervös. Ich glaube, es geht mir besser, aber ich komme so langsam voran, dass ich noch nicht mit großer Sicherheit sprechen kann. Ich leide immer noch sehr darunter. Mr. Siddons lässt mich für zwei Wochen hier, während er geschäftlich in die Stadt fährt, und meine Stimmung ist so schlecht, dass ich Angst habe, so lange allein gelassen zu werden. Wir sind seit fast drei Wochen hier und ich schlage vor, wenn möglich bis September hier zu bleiben, dann werde ich für ein paar Tage in die Stadt zu meinem Bruder fahren und dann zu Mr. Whalley nach Bath aufbrechen. Ich hoffe jedoch, Sie in Nuneham zu sehen, bevor Sie es verlassen.

„Nun, meine liebe Lady Harcourt, möchte ich Ihnen dazu gratulieren, dass Sie fast am Ende dieses interessanten Briefes angelangt sind, und *ich* gratuliere Ihnen zu Ehren Ihrer Freundschaft, die mir den Trost gegeben hat, zu glauben, dass Sie Ihrer Freundschaft nicht müde werden prosaischer, aber immer sehr liebevoller und treuer Diener,

„ S. SIDDONS .

„Bitte, schenkt allen meine Liebe und unsere gemeinsamen Komplimente."

Michael Kelly berichtet über die Meinung der Wirtin über *La Grande Actrice Anglaise* im Hotel in St. Omer, wo er kurz nach Mrs. Siddons Aufenthalt dort anhielt. Sie hielt sie für gutaussehend und erklärte, sie versuche, französische Frauen nachzuahmen, blieb ihnen aber bei weitem treu.

Sie wurde veranlasst, gegen Ende des Jahres 1790 nach Drury Lane zurückzukehren, und im April finden wir Horace Walpole, der Miss Berry schreibt, dass er neulich Abend bei Miss Farren am Erkerfenster mit Kemble und Mrs. Siddons zu Abend gegessen habe Haus in der Green Street, Grosvenor Square." Er bezeichnet die Schauspielerin als „schlanker". Wir können die Partei sehen: zynischer, höhnischer Walpole; die schöne Miss Farren, später Gräfin von Derby, die Gastgeberin; Mrs. Siddons, „august" und matronenartig; und der feierliche John, der gerade als Othello einen Hit gemacht hatte.

Es war das letzte Lebensjahr der alten Drury, und um ihres Bruders willen ertrug sie ihre Rolle tapfer und handelte, wenn es darum ging; aber sie ließ bald nach und konnte nur ein paar Nächte lang schauspielern. Ihr Wiederauftauchen wurde mit großer Begeisterung aufgenommen; Sie schien so beliebt wie eh und je. Eines Nachts zahlte die Öffentlichkeit über vierhundert Pfund, um sie in Mrs. Beverley zu sehen.

Um 1792 oder 1793 scheint sie ein Haus in Nuneham in der Nähe der Harcourts bezogen zu haben – vermutlich das Pfarrhaus, denn wir finden sie in einem Brief an Lord Harcourt, in dem sie sich kleine Annehmlichkeiten für ihre Sommerresidenz in Nuneham ausdachte und ihm für seine „nachbarschaftliche" Unterstützung dankte. Aufmerksamkeit; und ein oder zwei Briefe, die sie an John Taylor schreibt, sind auf das Nuneham Rectory datiert. Der eine befasst sich mit dem Leben, das er selbst führen wollte; das andere bezieht sich auf ihre Modelkarriere und einen Unfall, der ihrem Mann und ihren Kindern widerfuhr.

„Ich bin nicht in Gefahr, mich zu sehr mit meinem ‚Lieblings-Ton‘ zu beschäftigen, denn er ist noch nicht angekommen – wie ärgerlich und ärgerlich! Besonders, da ich es kaum erwarten kann, eine Büste meines süßen kleinen George zu malen, und seine Ferien werden, fürchte ich, vorbei sein, bevor ich sie fertigstellen kann. Apropos George, die liebe kleine Seele ist fast durch ein Wunder einer gefährlichen Verletzung, wenn nicht gar dem Tod (bei dem Gedanken läuft mir das Blut in den Adern gefriert), entgangen. Mr. Siddons und Maria hatten nicht so viel Glück, sie sind beide derzeit Krüppel mit einem verletzten Bein, aber ich hoffe, sie sind auf dem Weg der Besserung. Der Unfall (so werden diese Dinge genannt, aber nicht von *mir*; ich weiß, Sie werden meinen *Aberglauben verspotten* , aber diese Art von Aberglaube hat mir nicht selten große Hilfe und Trost geboten, und ich hasse es, eine alte Freundin zu verlassen, nur weil sie gerade ein wenig aus der Mode ist, also lachen Sie weiter, es ist mir egal) ereignete sich, als sie gezwungen waren, aus einem kleinen Marktkarren zu springen, den Mr. Siddons bestellt hatte, um den Kindern eine Spazierfahrt zu ermöglichen. Gott sei Dank habe ich es nicht gesehen und sie sind so gut davongekommen!!! Das ist, glaube ich, die schönste Situation in England. Ich wünschte, Sie würden kommen und sie sich ansehen. Wenn ich Ihnen ein Bett anbieten könnte, wäre ich dringlicher, aber ich könnte Ihnen eines im Inn in the Village besorgen, falls Sie Lust hätten, zu diesen schönen Veranstaltungen in Oxford zu gehen, wo sich alle Welt aufhalten wird, außer solch dummen Seelen wie mir. Mr. Combe ist bei Lord Harcourt; Ich habe gehört, er schreibt eine Geschichte der Themse, und das Haus seiner Lordschaft ist der gegenwärtige Sitz seiner Beobachtungen. Ich habe nicht das Vergnügen, ihn zu kennen, werde aber morgen bei Lord H — **mit ihm zu Abend essen** . [Dies ist die Erinnerung an Combe of Wolverhampton, den Mrs. Kemble als Lehrer für ihre Tochter abgelehnt hatte. Das würdevolle „Ich habe nicht das Vergnügen, ihn zu kennen“ ist so typisch für Mrs. Siddons.] Richten Sie Betsey meine herzlichen Grüße aus, wenn Sie sie sehen, und ich bitte Sie inständig (wenn es nicht zu eitel ist, anzunehmen, Sie würden …) *möchte* sie einen Moment über das Lesen hinaus aufbewahren), dass Sie alle meine Briefe verbrennen werden; sagen Sie mir im Ernst, dass Sie das tun werden! denn es gibt nichts, was ich mehr fürchte, als wenn der ganze Unsinn einer Person durch einen unglücklichen Zufall im Druck erscheint – nicht einmal durch Zufall, sondern durch böse oder *eigennützige Absicht* . Bitte tun Sie mir den Gefallen, **bei** uns zu Hause nachzufragen, warum mein kostbarer Clay nicht abgeschickt wurde, und erzählen Sie mir etwas darüber, wenn Sie wieder schreiben. Adieu. “

KAPITEL XI.
SHERIDAN.

Die meteorartige Erscheinung Sheridans im mühsamen, aktiven und wohlgeordneten Leben von Mrs. Siddons und ihrem Bruder und die Geschichte seines beruflichen Umgangs mit ihnen ist einer der größten Beweise für den außergewöhnlichen Glamour, den dieser ausübte fadenscheiniger Ire gegenüber allen, die unter seinen persönlichen Einfluss gerieten. Nach Garricks Ausscheiden aus der Geschäftsführung von Drury Lane verhinderten der überwältigende Erfolg der *School for Scandal* und das Engagement von Mrs. Siddons die finanziellen Schwierigkeiten eine Zeit lang. Aber keine der Einnahmen reichte aus, um Sheridans rücksichtslosen Privatausgaben und ungeschäftlichen Gewohnheiten standzuhalten. Der brillante Brinsley erkannte nicht, dass für die Leitung eines Unternehmens wie Garricks Drury Lane neben der Fähigkeit, ein gutes Theaterstück zu schreiben oder eine großartige Rede zu halten, noch andere Qualitäten erforderlich waren. Die Wahrheit wurde ihm jedoch durch das völlige Chaos klar, das letztendlich darauf folgte: Die Schauspieler wurden nicht bezahlt und die Staatskasse wurde vom Eigentümer selbst wiederholt geleert, bevor das Geld in seine legitimen Kanäle umgeleitet werden konnte. Dennoch beliefen sich die Einnahmen an den Türen auf fast sechzigtausend Pfund pro Jahr. Die Dinge wären besser gelaufen, wenn man ihn dazu überredet hätte, ganz auf die Geschäftsführung zu verzichten, aber er mischte sich ständig in seine Untergebenen ein. Wenn ein Dramatiker damit beschäftigt war, den Darstellern seine Tragödie vorzulesen, schlenderte Brinsley im fünften Akt gähnend herein und hatte keine andere Entschuldigung, als dass er zwei Nächte hintereinander nicht rechtzeitig erscheinen konnte; oder er kam betrunken an, ging in den Green Room, fragte nach dem Namen eines bekannten Schauspielers, der auf der Bühne stand, und bat sie, ihn nie wieder spielen zu lassen. Einer aus der Gruppe erzählte ihm einmal mit einigem Elan, dass er selten dorthin käme und auch dann nur, um etwas zu bemängeln.

Die Dinge wurden immer schlimmer. Es war erbärmlich, die Beschwerden der Schauspieler und Mitarbeiter des Theaters zu hören, denen es unmöglich war, die Auszahlung ihrer wöchentlichen Gehälter zu erhalten. Die Bewegungen und Tricks, die er anwandte, um ihrer Aufdringlichkeit zu entkommen, waren ein ständiger Gegenstand von Scherzen.

Schließlich musste er die Zügel der Geschäftsführung aus seinen unfähigen Händen fallen lassen. Sie wurden von King aufgenommen; Doch er empfand die Position bald als unerträglich, und der strenge und sachliche Kemble wurde hinzugezogen, um die Disziplin unter den widerspenstigen Spielern wiederherzustellen, deren Gehälter überfällig waren, und unter den

Tapezierern und Dekorateuren, die nie für die von ihnen montierten Stücke bezahlt worden waren.

Es erforderte den Mut und die Entschlossenheit eines Kemble, einen solchen Augiasstall zu räumen. „Die öffentliche Anerkennung meiner bescheidenen Bemühungen bei der Erfüllung meiner Pflichten wird das ständige Ziel meines Ehrgeizes sein", sagte er in seiner bescheidenen Erklärung zur Annahme der Ernennung; „Und soweit Fleiß und Fleiß Anspruch auf Verdienst sind, vertraue ich darauf, dass ich nicht als mangelhaft befunden werde." Er wurde auch nicht als mangelhaft befunden. Mit außergewöhnlicher Entschlossenheit brachte er das Theater bald in Ordnung und verfügte über eine effizient funktionierende Truppe, deren leitende Köpfe er und seine Schwester, Mrs. Siddons, waren.

Sheridan hatte in diesem kritischen Moment seiner Angelegenheiten nicht einmal den gesunden Menschenverstand, die große Schauspielerin zu besänftigen, auf der die Geschicke des Hauses beruhten. In seinen Beziehungen zur Tragödienkönigin liegt tatsächlich etwas Komisches. Sie erinnern uns eher an einen unverbesserlichen Schuljungen, der fortwährend die Autoritäten beleidigt und dennoch auf ihre Zuneigung und seine eigene Überzeugungskraft vertraut, um Nachsicht und Vergebung zu erlangen.

Nachdem Mrs. Siddons erklärt hatte, dass sie nicht handeln würde, bis ihr Gehalt bezahlt sei, widerstand sie unbeugsam den ernsthaften Appellen ihrer Kollegen und den Befehlen des Managers und nähte in aller Stille zu Hause, nachdem sich der Vorhang für das Stück, in dem sie sich befand, geöffnet hatte erwartet wurde. Sheridan erschien wie der Zauberer in einer Pantomime, höflich, unwiderstehlich; sie gab hilflos nach, „und ließ sich wie ein Lamm ins Theater treiben."

Eines Abends, erzählt uns Mr. Rogers, sprang Mr. Sheridan in die Kutsche, nachdem sie die Geschichte aus eigener Erfahrung gehört hatte, als sie gerade das Theater verlassen wollte. "Herr. „Heridan", sagte die würdige Muse der Tragödie, „ *ich vertraue darauf, dass Sie sich anständig verhalten werden* ; andernfalls muss ich den Lakaien rufen, der Sie aus der Kutsche führt." Sie räumte ein, dass er sich gut *benahm* . Aber sobald die Kutsche anhielt, sprang er heraus und eilte davon, als wolle er nicht mit ihr gesehen werden. „Provozierender Kerl!" sagte sie mit einem nachsichtigen Lächeln, das selbst sie, eingehüllt in all ihre prüde Anstandspracht, nicht unterdrücken konnte.

Schließlich war sogar ihre Geduld erschöpft, und am Ende des ersten Jahres, das ihr Bruder als Direktorin verbrachte, zog sie sich aus dem Theater zurück. Sheridan wagte zu prahlen, dass sie auch ohne sie auskommen könnten. Im stets fruchtbaren irischen Gehirn des Eigentümers reifte damals ein Plan, der die dramatische Welt Londons revolutionieren sollte. Er entdeckte, dass der Geschmack der Zeit und die Bedürfnisse seines eigenen

Geldbeutels ein größeres und luxuriöseres Gebäude verlangten als Old Drury; die Mauern, die von den großartigen Tönen Bettertons, den musikalischen Liebesspielen Barrys und den leidenschaftlichen Deklamationen Garricks widerhallten, sollten abgerissen werden, um die Gier und den Ehrgeiz Sheridans zu befriedigen. Sofort wurden Schuldverschreibungen im Wert von 160.000 Pfund angeboten, und – man kann es kaum glauben – wurden in kürzester Zeit angenommen. Aber ach! Um die Zinsen dieser enormen Summe zu decken, wurde beschlossen, ein fast doppelt so großes Haus zu bauen. Weder Mrs. Siddons noch ihr Bruder scheinen sich der verheerenden Folgen bewusst gewesen zu sein, die dies für ihre Kunst haben würde. Die perfekte Akustik und die kompakte Bühne des alten Hauses mussten einem riesigen kuppelförmigen Raum weichen, einer Fläche, die unwürdige Bewegungsenergie erforderte, um sie zu durchqueren. Die unmittelbare Folge war offensichtlich: Man musste auf Bühnenkunst zurückgreifen, um den Auftritt und den Abgang zu gestalten, während die Gesten heftiger, der Ausdruck übertriebener und die Stimme übermäßig erhoben werden mussten, um eine Wirkung zu erzielen.

Auch in Garrick's Drury war die erste Reihe der Logen wie eine Galerie geöffnet, und jeder, der sie bewohnte, war verpflichtet, in voller Kleidung zu erscheinen. Die darüber liegende Reihe von Logen war wiederum der *Bourgeoisie* überlassen , während die Gitter an der Spitze denjenigen vorbehalten waren, deren Ruf zweifelhaft war und die durch ihr unziemliches Verhalten den Anstand des Publikums stören könnten. Garrick war ein Meister seines Fachs und wusste die Kritik und das Mitgefühl des Publikums zu schätzen. Unter seiner Leitung wurde die Zwei-Schilling-Galerie auf die Höhe der zweiten Logenreihe abgesenkt. Durch diese Anordnung hatte ein Spieler die Masse des Publikums unmittelbar unter seiner Kontrolle; und diese Masse, unbeeinflusst von Mode oder Vorurteilen, unfehlbar in ihrem Urteil, ist die Furcht eines minderwertigen Schauspielers, die Freude eines Großen.

Während das Theater noch im Bau war, trat die Truppe im Opernhaus am Haymarket auf, oder wie es genannt wurde, im King's Theatre. Das neue Haus wurde am 21. April 1794 mit *Macbeth eröffnet* .

„Mir wurde gesagt", schreibt Mrs. Siddons an Lady Harcourt, „dass das Bankett eine Sache ist, die man sich selbst ansehen muss." Die Szenen und Kostüme sind alle neu und so großartig und charakteristisch, wie es nur möglich ist. Sie können sich nicht vorstellen, was ich bei der Aussicht empfinde, dort zu spielen. Ich schätze, ich werde so nervös sein, dass ich mir in der ersten Szene kaum Gehör verschaffen kann."

Diese Bankettszene in *Macbeth* wurde in der Tagespresse zum Gegenstand sarkastischer Anspielungen auf die alte Partitur ihrer Habgier:

„Die Seele von Mrs. Siddons (Mrs. Siddons, deren Mittag- und Abendessen sprichwörtlich zahlreich sind) ging bei dieser Gelegenheit auf. Sie spricht mit einer Ernsthaftigkeit, die an Verzückung grenzt, über ihre Freude, so viele Gäste zu sehen. Ihre Ansprache wirkte so realistisch, dass alle ihre Zuhörer um sie herum nach den Holzhühnern griffen." …

Die große Schauspielerin merkte bald, dass sie einen großen Fehler gemacht hatte. „Ich freue mich, Sie in Drury Lane zu sehen", sagte sie zu einer Kollegin, „aber Sie sind gekommen, um an einem abgelegenen Ort zu spielen, und Gott weiß, wenn ich mir meinen Ruf nicht in einem kleinen Theater erworben hätte, hätte ich es nie getan."

Es war tatsächlich „eine Wildnis von einem Ort". Die bloße Öffnung für den Vorhang war 43 Fuß breit und 38 Fuß hoch, also fast siebenmal so groß wie die Darsteller. Miss Mellon sagte lachend, sie habe sich bei der Schauspielerei „wie eine Garnele gefühlt". Das Ergebnis ist absehbar. Hätte sich die große Schauspielerin nicht tatsächlich auf einem kleinen Theater einen Namen gemacht, hätte sie es hier nie geschafft. Wir, die wir Mrs. Siddons nur aus unmittelbarer Überlieferung kennen, neigen zu der Annahme, dass sie schimpfte und ihre Wirkung durch übertriebene Gestik und Ausdruck zunichte machte. Es besteht kaum ein Zweifel daran, dass wir mit dieser Annahme berechtigt sind und dass die größere Größe des Theaters und des Publikums daran schuld war.

Was für eine Bedeutung liegt auch in ihren Worten: „Das Bankett ist eine Sache, die man hingehen und sich selbst ansehen muss." Eine neue Ära hatte begonnen; Die Bühne und alles, was dazu gehört, sollte aus dem Bereich des Alltagslebens herausgenommen werden und durch Appellierung an das intellektuelle Verständnis des Publikums ihm ein Verständnis für die Erhabenheit der Konzeption und Leidenschaft eines Shakespeare vermitteln . Garrick spielte den Othello mit Dreispitz und scharlachroter Uniform und beeindruckte sein Publikum dennoch mit einer erbärmlichen und intensiven Realität. Mrs. Siddons spielte Lady Macbeth in schwarzem Samt und Spitzenspitze und verlieh der Nachahmung dennoch eine Majestät und Anmut, die noch nie zuvor auf der englischen Bühne zu sehen war. Jetzt sehen wir, wie Mephistopheles und Sheridan sie dazu verleiten, ihren Ruf und ihr Ideal großer Kunst gegen die erheblichen Vorteile höherer Gewinne und eines größeren Publikums einzutauschen.

Eine andere Art von Unterhaltung eroberte nun die klassischen Bretter. Wir können *Timour den Tataren* , *Tekeli oder die Belagerung von Montgatz* , *Der Müller und seine Männer* , *Pizarro* und eine Vielzahl spektakulärer Stücke sehen, die so zusammengestellt wurden, dass sie ein zahlreiches und unkritisches Publikum anlocken. Diese erste Staffel war für die große Schauspielerin ermüdend und beunruhigend, vor allem auch wegen ihres schlechten

Gesundheitszustands. Ihre Tochter Cecilia wurde dieses Jahr, 1794, am 25. Juli geboren. Ihr Mann schrieb an eine Freundin:

Es ist mir eine Freude, Ihnen mitzuteilen, dass es Ihrer kleinen Patentochter (denn sie ist sie, ich war vor ein paar Tagen Ihre Stellvertreterin) sehr gut geht und es ihr so gut geht, als ob ihr Vater nicht älter als einundzwanzig wäre. Sie ist nach Frau Piozzis jüngster Tochter Cecilia benannt; Ihre Sponsoren sind Sie selbst und Mr. Greatheed, Mrs. Piozzi und Lady Percival (*im Gegensatz zu* Miss B. Wynn); Und was noch besser ist: Auch der Mutter geht es gut und sie geht gerade ins Theater, um Mrs. Beverley zugunsten der Frau ihres Bruders, Mrs. Stephen Kemble, aufzuführen.

Ihr ganzes Leben lang gab sie sich nie die nötige Ruhe, um wieder gesund zu werden; Was für ein Wunder, dass sie immer vor der Öffentlichkeit von Mattigkeit und Schwäche körperlich und von Niedergeschlagenheit und Unzufriedenheit geistig heimgesucht wurde.

„Meine ganze Familie ist nach Margate gegangen", schrieb sie im September, „wohin ich auch gehe, und nichts würde es für mich erträglich machen, außer dass mein Mann und meine Töchter von der Aussicht, die sie vor sich haben, begeistert sind." Ich wünschte, sie könnten dorthin gehen und sich dort amüsieren und mir den Komfort und die Freude bereiten, in meinem eigenen bequemen Haus zu bleiben und mich um mein Baby zu kümmern. Aber ich bin von Tag zu Tag mehr davon überzeugt, dass die Hälfte der Welt für sich selbst lebt und die andere Hälfte für die Bequemlichkeit der ersteren. Zumindest dessen bin ich mir sicher, dass ich, seit ich mich erinnern kann, keinen eigenen Willen hatte; und tatsächlich, um gerecht zu sein, glaube ich, dass ich an einer solchen Existenz wenig Freude haben würde."

Sie erzählte ihrem Freund Mr. Whalley am Vorabend ihrer Abreise nach Edinburgh, um im Theater ihres Sohnes Henry zu spielen: „Ich beabsichtige, wenn es Gott gefällt, in der Passionswoche wieder zu Hause zu sein." Ich lasse mein süßes Mädchen hinter mir, da ich es in dieser rauen Jahreszeit nicht wagen werde, es so weit nach Norden zu bringen, und ich könnte mir wünschen, dass die Interessen der besten Söhne und liebenswürdigsten Männer mich nicht so gebieterisch aus diesem milderen Klima herausrufen würden soeben. Aber ich werde mich so warm einpacken, wie ich kann, und darauf vertrauen, dass ich, auch wenn ich ein kleines Risiko eingehe, meinem lieben Harry viel Gutes tun werde, der mir erzählt, dass alle meine Freunde sich mehr denn je auf mich freuen. Es ist nicht unmöglich, dass ich hier ein oder zwei Nächte bleibe, bevor ich gehe, was meiner Meinung nach nicht unpolitisch sein wird, da ich nach Ostern schon seit langem mit der Schauspielerei beschäftigt bin und weder aus Ehre noch aus Ehrlichkeit abwesend sein kann Feinde, wenn ihre Bösartigkeit einen Gedanken wert ist, denken vielleicht, dass ihre ohnmächtigen Versuche mich abgeschreckt haben. Sie haben all ihren bösartigen Verrat begangen, den sie sich nur ausdenken konnten, und haben sie mir einen Freund geraubt? Nein, Gott sei gepriesen! Aber im Gegenteil, ich habe sie alle näher an mich gebunden. Ich wäre froh, nie wieder auftauchen zu dürfen, aber auch wenn es um die Interessen derer geht, die so lieb und nah sind wie die des Sohnes und des Bruders, darf man nicht zulassen, dass selbstsüchtige Rücksichtnahme den christlichen Pflichten und der natürlichen Zuneigung im Wege steht."

Die Öffentlichkeit neigt dazu zu glauben, dass das Leben eines Künstlers, der ständig im Rampenlicht steht, äußerst dazu beiträgt, die Sensibilität gegen Verleumdung zu härten; Aber es ist eine merkwürdige Tatsache, dass Schauspieler in ihrem Verlangen nach Applaus und Lob und in ihrer Angst vor Kritik und Tadel wie Kinder sind. Garrick schrieb ein Jahr vor seinem Tod an den Schurken, der ihn verfolgte: „Wird Curtius das Wort des Angeklagten für seine Unschuld akzeptieren?" und Mrs. Siddons bot durch ihren Mann tausend Pfund für den Verleumder an, auf den sie sich im folgenden Brief bezieht:

„Man könnte meinen, ich hätte bereits genug Vermutungen und Lügen für öffentliches Geschwätz geliefert, aber jetzt fangen die Leute hier wieder mit mir an. Sie sagen, ich sei verrückt und das sei der Grund für meine Gefangenschaft. Ich würde über dieses Gerücht lachen, *wenn* es nicht um meiner Kinder willen wäre, für die es nicht sehr vorteilhaft sein dürfte, eine so schreckliche Krankheit zu erben; und diese Überlegung, das muss ich fast beschämt zugeben, hat mich ernsthaft unglücklich gemacht. Ich glaube jedoch wirklich, dass ich bei klarem Verstand bin, und wünsche mir von ganzem Herzen, jetzt bei Ihnen im lieben Streatham zu sein, wo ich wie gewöhnlich alle Schmerzen und Qualen der Krankheit und der Welt vergessen könnte. Aber ich fürchte, ich habe jetzt keine Chance auf ein solches Glück."

„Kotzebue und deutsche Würstchen sind an der Tagesordnung", sagte Sheridan, als er die englische Adaption von *The Stranger herausbrachte* . Frau Haller wurde in den Händen von Frau Siddon erbärmlich, fast großartig; Aber für uns heutzutage, unbeeinflusst vom Glamour ihrer Anwesenheit, machen das kränkliche Gefühl und die unmöglichen Situationen des Stücks es zu einer wenig verlockenden Mahlzeit für unsere praktische und realistische mentale Verdauung.

Sein Erfolg war so groß, dass er den Autor der „ *Schule des Skandals* " , der jegliche Fähigkeit zur ursprünglichen Konzeption verloren hatte und dennoch gezwungen war, seine Taschen zu füllen, dazu veranlasste, ein weiteres Stück, *Pizarro* , ebenfalls von Kotzebue, zu adaptieren. Hätten wir die Geschichte der gefeierten Uraufführung seines Stücks nicht aufgrund unanfechtbarer Beweise gekannt, wären wir geneigt, sie als eine jener übertriebenen Geschichten zu betrachten, die, erzählt von einem der vielen Klatschgeschichten jener Zeit, entstanden waren jede Möglichkeit der Glaubwürdigkeit. Sheridan war oben im Souffleurzimmer, stimulierte sein erschöpftes Gehirn mit einem Schluck Portwein und schrieb den letzten Akt des Stücks auf, während die früheren Rollen gespielt wurden; Alle zehn Minuten brachte er so viel von dem Dialog, wie er Stück für Stück getan hatte, in den grünen Saal, beschimpfte sich selbst und seine Nachlässigkeit und entschuldigte sich tausendfach gewinnend und beruhigend dafür, dass er die Darsteller so lange in so schmerzhafter Spannung gehalten hatte. Was unter diesen Umständen aus dem gründlichen und ausführlichen Studium wurde, das die Kembles für die Vervollkommnung der dramatischen Kunst für notwendig erklärten, wissen wir nicht. Elvira von Rolla und Mrs. Siddons muss eine improvisierte Schauspielerei gewesen sein. Vielleicht gewannen die Darbietungen an lebendiger Kraft und Wirkung, was sie am Ende durch die nervöse Anspannung und Aufregung einer solchen geistigen Anstrengung, die sie leisten mussten, verloren hatten. Es ist schwierig, den Erfolg des Stücks zu erklären, wenn die schauspielerische Leistung nicht überragend gut war. Es ist übersät mit Bombast und Geschwätz und war, wie Pitt sagte, nur eine zweitklassige Wiederholung seiner Reden im Hastings-Prozess. Denn niemand außer dem „unglücklichen Genie" hätte auf diese Weise alle ihre künstlerischen Traditionen in den Wind geworfen. Wir hören, wie der unbeugsame Johannes sagte, als er sich nicht mehr ertragen konnte: „Ich kenne ihn genau, alle seine dürftigen Tricks und Kunstgriffe"; Doch unmittelbar danach erleiden wir sowohl ihn als auch die großartige Schauspielerin all seinen Launen und Exzentrizitäten. Es gibt eine amüsante Geschichte, die Boaden von einem Abendessen bei der schönen Mrs. Crouch erzählt, als Kemble mit seinen Beschwerden und voller Drohungen ankam und erwartete, Sheridan zu treffen. Plötzlich kam der Täter herein, hell und luftig wie immer. Der große Schauspieler sah unaussprechlich aus, gab gelegentlich ein summendes Geräusch von sich wie das einer Biene und stöhnte innerlich im Geiste. Nach einiger Zeit erhob sich Kemble langsam wie eine „Säule des Staates" und wandte sich an den Besitzer:

„Ich bin ein Adler, dessen Flügel durch Frost und Schnee eingeschränkt wurden, aber jetzt schüttle ich meine Schwingen und klammere mich an die wohltuende Luft, in die ich hineingeboren wurde."

Nachdem er auf diese Weise seinen Rücktritt erklärt hatte, nahm er feierlich seinen Sitz wieder ein. Sheridan jedoch nutzte unerschrocken alle seine Zauberkünste, um seinen Zorn zu mildern, und in den frühen Morgenstunden gingen beide in vollkommener Harmonie davon.

Dann haben wir Mrs. Siddons Meinung über ihn:

„Hier sitze ich", schreibt sie, „in einem kleinen dunklen Raum in einem kleinen elenden Gasthaus in einem kleinen Dorf namens Newport Pagnell. Ich bin auf dem Weg nach Manchester, wo ich vierzehn Tage lang spielen soll, von wo aus ich nach Liverpool gewirbelt werden soll, um dort das Gleiche zu tun. Von dort fliege ich nach York und Leeds; und dann, wenn Drury Lane eröffnet – wer kann das sagen? Denn es hängt von Mr. Sheridan ab, der die personifizierte Unsicherheit verkörpert. Ich habe noch kein Geld von ihm bekommen, und mein ganzer letzter Vorteil, ein sehr großer, wurde in seine Schatzkammer gespült, und ich habe auch keinen einzigen Schilling davon gesehen. Mr. Siddons hat einen Termin für ein Treffen mit ihm heute bei Hammersley's vereinbart. Da ich sehr früh abgereist bin, kenne ich das Ergebnis der Konferenz nicht; aber solange die Dinge nicht zur Zufriedenheit von Herrn Siddons geklärt werden, ist er entschlossen, die Angelegenheit in die Hände seines Anwalts zu legen."

Die Angelegenheit wurde nie in die Hände eines Anwalts gelegt; Sie ließ sich besänftigen und schrieb vielleicht 1796 über Sheridan:

„Sheridan ist sicherlich das größte Phänomen, das die Natur seit Jahrhunderten hervorgebracht hat. Unser Theater geht zum Erstaunen aller weiter. Nur sehr wenige der Schauspieler werden bezahlt und alle geloben, sich zurückzuziehen; Dennoch machen wir weiter. Sheridan ist sicherlich allmächtig. Ich kann vom Theater kein Geld bekommen; Meine kostbaren zweitausend Pfund werden in diesem ertrinkenden Abgrund verschlungen, aus dem kein Rechts- oder Gerechtigkeitsbeweis seine Opfer retten kann."

John Kemble blieb einige Jahre lang Manager von Drury Lane, zog sich manchmal eine Zeit lang zurück und weigerte sich, die Geschäfte länger zu leiten, und wurde dann wieder durch Sheridans Überzeugungskraft zurückgelockt. Schließlich zogen sich Bruder und Schwester 1802 erschöpft aus Drury Lane zurück und übernahmen gemeinsam mit Harris Anteile am Covent Garden Theatre. Harris war das genaue Gegenteil von Sheridan, pünktlich in seinen Zahlungen und ehrenhaft in seinen Geschäften. Mrs. Inchbald kümmerte sich um den gesamten finanziellen Teil der Angelegenheit. Der Wert des Unternehmens betrug 138.000 Pfund, wovon Harris die Hälfte ausmachte; Der Rest wurde unter vier Eigentümern aufgeteilt, zu denen auch Lewis, der Schauspieler, gehörte. Nach einiger Zeit wollte Lewis unbedingt seinen Anteil veräußern, und Kemble kaufte ihn für 23.000 Pfund; Ein Freund von ihm, ein Mr. Heathcote, schenkte ihm einen großen Vorschuss, um ihm dies zu ermöglichen. Die Familie Kemble schloss sich ihm bei diesem Unterfangen an. Zur Gesellschaft gehörten Mrs. Siddons, Charles Kemble, Mr. und Mrs. Henry Siddons und Cooke, der bekannte Schauspieler. Sobald Kemble seine Vorbereitungen getroffen hatte, ging er für einige Monate ins Ausland und besuchte Spanien und Frankreich. Bei seiner Rückkehr veranstalteten die Manager von Covent Garden ein

Abendessen für ihren Rivalen in Drury Lane, Sheridan, der eine sarkastische Rede über die Freundschaft von Kerlen hielt, die sich ihr ganzes Leben lang gehasst hatten. Anschließend ging John Kemble eine Zeit lang erneut ins Ausland, um nach den Ängsten und Sorgen seiner Jahre als Manager wieder zu Kräften zu kommen.

Frau Kemble beschreibt in einem Brief, den sie während seiner Abwesenheit an ihren Mann schrieb, eine sehr elegante Party im „Abercorn", bei der der Prinz von Wales und die Familien Devonshire, Melbourne, Castlereagh und Westmoreland anwesend waren, und sagt vielsagend am Ende: „Mrs. Sheridan kam in einem sehr eleganten Streitwagen, vier wunderschönen schwarzen Pferden und zwei Lakaien. Die Herzogin hatte nur eine. Mrs. Sheridan trug einen schönen Schal, für den er, Sheridan, fünfundvierzig Guineen gegeben hatte, eine Diamanthalskette, Ohrringe, ein Kreuz, einen Cestus und Spangen an ihren Schultern und eine doppelte Reihe feiner Perlen um sie herum Nacken." Das war kurz nach Mrs. Siddons letzter Benefizveranstaltung, als der brillante Brinsley den Erlös in seine eigene Tasche gesteckt hatte.

Die „verheerenden Auswirkungen des Feuers" jedoch, die sie mithilfe von „großen Stauseen", die am Abend der Amtseinführung auf der Bühne ausgestellt waren, eines „Sees aus echtem Wasser" und eines „herabstürzenden Wasserfalls" „erkundeten". „„ waren die Verwüstungen, die dazu bestimmt waren, die Pracht des neuen Gebäudes zu zerstören. Das Unglück des Feuers, das Kemble ruinierte, sollte auch Sheridan ruinieren, der alles auf dieses eine Unternehmen gesetzt hatte. Drury Lane wurde zerstört, als Covent Garden aus seiner Asche auferstand. Der Glanz des brennenden Gebäudes erhellte während einer späten Sitzung das Parlamentsgebäude. Eines der Mitglieder schlug eine Vertagung des Repräsentantenhauses vor. Mit einer Würze des hochwürzigen Bombasts, den er seinem Theaterpublikum in letzter Zeit so häufig geboten hatte, widersetzte sich Sheridan der Idee: „Wie groß das Unglück für mich persönlich auch sein mag, ich hoffe, es wird die öffentlichen Geschäfte der ... nicht beeinträchtigen." Land", sagte er; Nachdem er die Versammlung verlassen hatte, begab er sich in eines der Kaffeehäuser in Covent Garden, wo man ihn ein paar Stunden später dabei erwischte, wie er ein Glas Portwein schluckte. Einer der Schauspieler drückte seine Überraschung und Abscheu darüber aus, ihn dort zu sehen. „Sicherlich darf es einem Mann gestattet sein, am eigenen Kamin ein Glas Wein zu trinken?" war Sheridans Antwort.

KAPITEL XII.
HERMINE.

Es schmerzt uns im Herzen, wenn wir Mrs. Siddons im späteren Leben seufzend zu Rogers, dem Dichter, sagen hören: „Nachdem ich berühmt geworden war, liebte mich keine meiner Schwestern so sehr." Was für ein Preis für Ruhm! „Gespräch" Sharp wurde von ihr häufig zu privaten Angelegenheiten konsultiert. Sie weinte zu ihm über die Undankbarkeit, die ihre Schwestern ihr entgegenbrachten. Geld wurde geliehen und nie zurückgezahlt; Das Prestige ihres Namens wurde geliehen, um Theaterengagements zu erhalten, aber ihr wurde nie gedankt; Jede Verpflichtung schien nur ein Gefühl der Bitterkeit hervorzurufen. Vielleicht lag der Fehler ein wenig sowohl auf ihrer als auch auf ihrer Seite. Takt und Freundlichkeit waren nicht ihre Stärken. Sie war geistesabwesend und konzentrierte ihre ganze Aufmerksamkeit auf das Studium und das Verständnis ihres Berufs, was ihr ein stolzes, zurückhaltendes Auftreten verlieh und unbewusst diejenigen abschreckte, die sie umgaben und von ihr abhängig waren. Ihre Kinder vergötterten sie, aber ihre Brüder und Schwestern hatten gewissermaßen Ehrfurcht vor ihr. Sie alle gingen, angeregt durch die Beispiele der beiden Ältesten, auf die Bühne, aber keiner besaß ihr Genie oder John Kembles Talent und Fleiß. Die liebevolle Kameradschaft in der Kunst, die zwischen Mrs. Siddons und John Kemble bestand, ist einer der angenehmsten Aspekte in ihrem Leben.

Er wurde, wie wir gesehen haben, hauptsächlich am römisch-katholischen Kolleg in Douay ausgebildet, wo er sich durch seine Reden auszeichnete und hin und wieder seine Lehrer und Schulkameraden in Erstaunen versetzte, indem er Reden in schulischem Latein hielt und mit größter Leichtigkeit die Bücher der Welt lernte Homer und Oden des Horaz. Uns wird gesagt, dass sein edler Gesichtsausdruck, seine tiefe, melodische Stimme und die Würde seiner Darbietung seine Kameraden erheblich beeindruckten; besonders in der Szene zwischen Brutus und Cassius, die er zu ihren Gunsten inszenierte. Es ist ein merkwürdiger Beweis für seinen Mangel an Geschicklichkeit, dass er, obwohl er das Studium der Sprache sehr liebte und Grammatik sein ganzes Leben lang seine liebste *leichte Lektüre war*, nie in der Lage war, eine andere Sprache als seine eigene zu beherrschen. Er las Italienisch, Spanisch und Französisch, sprach aber nichts davon, trotz seiner Ausbildung in Frankreich und seines langen Aufenthalts später in Lausanne. Er hatte kein Gehör, und es dürfte für ihn nie eine leichte Aufgabe gewesen sein, den Rhythmus von Shakespeare zu lernen. Wir kennen die Geschichte des alten Shaw, Dirigent des Covent Garden Orchesters, der sich vergeblich bemühte, ihm das Lied im Stück von *Richard Cœur de Lion beizubringen* : „O Richard – O mon roi!" "Herr. Kemble, Herr Kemble, Sie vergeuden die Zeit, Sir!" schrie der verärgerte Musiker; Daraufhin machte Kemble einen der wenigen Witze, die er jemals gemacht hat: „Sehr gut, Sir, und Sie werden es für immer besiegen."

Nach sechs Jahren Aufenthalt in Douay kam er zu dem Schluss, dass er nicht für die Kirche geeignet war, und reiste nach England, entschlossen, dem Beruf seines Vaters nachzugehen. Er landete im selben Dezember 1775 in Bristol, als seine Schwester ihren unglücklichen „ersten Auftritt" vor der Londoner Öffentlichkeit hatte. Aus Angst vor dem Zorn seiner Eltern machte er sich auf den Weg nach Wolverhampton und schloss sich dort einer Firma unter der Leitung eines Mr. Crump und eines Mr. Chamberlain an. Nachdem wir alle Demütigungen und Entbehrungen eines mittellosen Schauspielers durchgemacht haben, aber auch nachdem wir die wertvollen Stunden des Lernens und die strenge Disziplin eines Spaziergängerlebens genossen haben, finden wir heraus, dass der zukünftige Hamlet mit Hilfe seiner Schwester, Mrs. Siddons, in die Lage versetzt wurde, in die Welt zu kommen sein Fuß auf der ersten Runde der Leiter. Mr. Younger, Intendant des Liverpool Theatre, gab ihm 1778 ein Engagement. Wir finden ihn später in Wakefield bei Tate Wilkinsons Yorker Kompanie und durften tatsächlich die Rolle des Macbeth in Hull spielen. Mit ruhiger Fleiß und Entschlossenheit arbeitete er sich an das Ziel heran, das er vor Augen hatte. Er verübte eine Tragödie, *Belisarius*, die bei derselben Gelegenheit in Hull aufgeführt wurde, schrieb Gedichte, die er verbrannte, hielt Vorlesungen über Redekunst und absolvierte tatsächlich den Lehrplan, der zur vollständigen Vervollständigung seiner Fähigkeiten erforderlich war.

Am 30. September 1783 erschien John Kemble erstmals als Hamlet in London in der Drury Lane. Die scharfe Kritik der Presse an dieser Aufführung zeigt, dass sie sich zumindest durch Originalität auszeichnete. Was auch immer seine Fehler sein mochten, sie waren sich einig darin, dass seine Lektüre wissenschaftlich und raffiniert sei. Beim Studium des Teils von Hamlet soll er ihn nicht weniger als vierzig Mal niedergeschrieben haben. Es verging einige Zeit, bis er im selben Stück wie seine Schwester auftrat; Andere Schauspieler waren im Besitz der Rollen, und er musste abwarten. Dieses geduldige Warten auf eine Gelegenheit war jedoch eines der größten Geschenke von Kemble; Es gab keine Ungeduld, kein Klagen, sondern eine beständige, beharrliche Kraft der Beharrlichkeit, mit der tiefen Überzeugung von der eigenen Fähigkeit, das Glück zu nutzen, wenn es kam. Zuletzt erschien er als Stukeley vor der Mrs. Beverley seiner Schwester in *The Gamester*. So gut die Rolle auch gespielt wurde, die Schwester und nicht der Bruder gewannen die Ehre der Aufführung.

Danach konnten sie an mehreren Benefizabenden gemeinsam auftreten, wobei Kemble Smith in der Rolle des Macbeth durch Mrs. Siddons' Lady Macbeth ersetzte und beide später in *Othello auftraten*, er als Mohr, sie als

Desdemona. Dies war kein besonderer Erfolg. Doch endlich fand seine Macht ihre legitime Entfaltung. Anlässlich der Benefizfeier seiner Schwester im Januar 1788 verkörperte er Lear gegenüber ihrer Cordelia. Die Stadt war elektrisiert und erklärte ihn Garrick gleich. Boaden erzählt uns, „dass er es noch nie so großartig und so rührend gespielt hat wie an diesem Abend."

Seine wirklich große Begabung war sein großes und kultiviertes Verständnis, das es ihm ermöglichte, den Geist des Autors, den er interpretieren wollte, zu erfassen und Szenen, die durch eine herkömmliche Wiedergabemethode abgedroschen und abgedroschen waren, eine neue Betonung und Wahrheit zu verleihen. Dies war insbesondere bei Shakespeare der Fall, dessen Schönheiten er und seine Schwester ihrer Generation erstmals offenbarten. Der Unterschied zwischen ihnen bestand jedoch darin, dass er über Talent der Superlative verfügte, sie über Genie. Als sie mit dem Dramatiker Reynolds sprach, definierte sie den Unterschied zwischen ihnen vollständig: „Mein Bruder John ist in seinen ungestümsten Ausbrüchen immer darauf bedacht, jegliche Unruhe in seiner Kleidung oder seinem Benehmen zu vermeiden, aber im Wirbelsturm der Leidenschaft verliere ich jeden Gedanken daran." solche Angelegenheiten."

Er soll eine zärtliche Zuneigung zur „Muse" hegten – der schönen, klugen, faszinierenden, stotternden Mrs. Inchbald. Als ihr Mann starb, hieß es allgemein, er würde sie heiraten. Fanny Kemble erzählt einen Vorfall, der sich lange nach Kembles Heirat ereignete. Mrs. Inchbald und Miss Mellon saßen am Kamin im grünen Saal und warteten darauf, auf die Bühne gerufen zu werden. Die beiden diskutierten lachend über ihre männlichen Freunde und Bekannten aus der Sicht der Ehe. John Kemble, der in der Nähe stand, sagte schließlich scherzhaft zu Mrs. Inchbald, die komisch energisch erklärt hatte, wen sie heiraten konnte oder wollte oder nie hätte heiraten können oder wollen: „Nun, Mrs. Inchbald, hätten Sie es getan? Mich?" „Liebes Herz", sagte die stammelnde Schönheit und drehte ihr süßes, sonniges Gesicht zu ihm auf, „ich wäre auf dich gesprungen!"

Die Dame, die er schließlich heiratete, war keine Schönheit und keine „Muse", sondern, sehr zur Empörung von Mrs. Siddons, wie die Leute damals sagten, eine ganz gewöhnliche junge Frau, Tochter eines Mr. und Mrs. Hopkins, Souffleure und Schauspielerin bei Drury Lane. Priscilla machte ihn jedoch zu einer guten Ehefrau und er hatte nie Grund, seine Wahl zu bereuen.

Der nächste Bruder von John, Stephen, verfügte, obwohl er schon fast auf der Bühne geboren war, weder über Talent noch über die Fähigkeiten, die ihn zu einem guten Schauspieler machen würden. Nur wenige Tage vor Johns erstem Auftritt in London trat Stephen als Othello vor die Öffentlichkeit. Es hieß, der Manager habe einen Fehler gemacht und den

„Großen" statt des „Großen" Mr. Kemble engagiert. Stephen prahlte zeitlebens damit, dass er der einzige Schauspieler war, der Falstaff „ohne Füllung" spielen konnte. Seine Qualifikationen waren eher die eines guten Kameraden als die eines Schauspielers. Schon bald verließ er die Londoner Bühne und wurde Leiter eines Provinztheaters.

Frances, die zweite Schwester der großen Schauspielerin, erbte einen beträchtlichen Teil der Schönheit der Familie, aber wenig dramatische Begabung, und was sie hatte, wurde durch ihre unbezwingbare Schüchternheit wirkungslos gemacht. Mrs. Siddons brachte sie zum ersten Mal in Bath auf die Bühne. Die Zeitungen ließen ihre Wut über die ältere Schwester an der jüngeren aus. Es sei natürlich, sagten sie, dass sie sie in die Vorpremiere schicken wolle, aber sie hofften, sie habe durch das völlige Scheitern ihres Versuchs gelernt, „dem Publikum keine unfähigen Schauspielerinnen aufzudrängen". Einer der Theaterkritiker, Steevens, verliebte sich in sie; aber als sein Antrag abgelehnt wurde, wurde er ihr erbitterter Feind.

Mrs. Siddons schreibt, um Dr. Whalley von dieser Liebesaffäre zu erzählen: „Meine Schwester Frances ist nicht verheiratet, und ich glaube, es gibt sehr wenig Grund anzunehmen, dass sie es bald sein wird. Ich glaube, dass der Herr, den Sie erwähnen, unter bestimmten Umständen ein begehrenswerter Ehemann wäre; aber ich höre so viel von seiner schlechten Laune und weiß so viel von seiner Launenhaftigkeit, dass ich, obwohl ich glaube, dass meine Schwester ihn mag, ihren sanften Geist nicht mit dem seinen verbinden möchte."

Mrs. Siddons hatte den Verehrer ihrer Schwester genau eingeschätzt. Die Verlobung wurde bald aufgelöst und das Mädchen heiratete Mr. Twiss, einen weiteren Theaterkritiker, den Fanny Kemble in ihren „ *Records of a Girlhood*" als einen grimmig aussehenden, hageren, gutherzigen Gentleman und profunden Gelehrten beschreibt, der , so hieß es, nährte einst eine hoffnungslose Leidenschaft für Mrs. Siddons. Später richteten die Twisses ein vornehmes Seminar in Bath ein, wohin modische junge Damen „zur Verbesserung" geschickt wurden. Mrs. Twiss starb im Oktober 1822 und Mr. Twiss im Jahr 1827. Mrs. Siddons pflegte stets den liebevollsten Verkehr mit ihnen, und ihr Sohn Horace Twiss war ihr Lieblingsneffe.

Ihre nächste Schwester, Elizabeth, lernte zwar bei einem Mantua-Schneider, wurde aber bald von der dramatischen Begeisterung der Familie angesteckt. Durch den Einfluss ihrer berühmten Schwester erhielt sie eine Verlobung, fand jedoch keinen Weg nach London; und nach ihrer Heirat mit Mr. Whitelock, einem der Manager der Firma Chester, im Jahr 1785 ging sie mit ihm nach Amerika, wo sie offenbar einigen Erfolg hatte.

Mrs. Whitelock, so wird uns erzählt, war eine größere und schönere Frau als Mrs. Siddons. Als sie Jahre später nach England zurückkehrte, trug sie eine kastanienbraune Perücke, die ebenso wie die hohe Kappe, die sie darüber trug, immer auf einer Seite saß. Sie war eine einfachherzige, gutmütige Frau, aber sehr unvollkommen gebildet. Ihr Kemble-Name, ihr Gesicht, ihre Figur und ihre Stimme halfen ihr in den Vereinigten Staaten, aber ihre eigenen Qualifikationen waren dürftig. Nichts könnte lustiger sein, wird uns gesagt, als sie mit Mrs. Siddons zu sehen, von der sie wie eine unbeholfene, schlecht verarbeitete Nachahmung aussah. Ihre vehementen Gesten und heftigen Beschimpfungen bildeten einen komischen Kontrast zur majestätischen Stille ihrer Schwester; und wenn Mrs. Siddons sie gelegentlich mit „Elizabeth, Ihre Perücke ist auf der einen Seite" unterbrach und die andere antwortete: „Oh, stimmt das?" Melpomene selbst pflegte, während sie der beleidigenden Kopfbedeckung einen Stoß gab, sie ebenso schief in die andere Richtung legte und mit ihrer Rede fortfuhr, Zuflucht zu ihrer Schnupftabakdose zu nehmen, um das beginnende Lächeln auf ihrem Gesicht zu verbergen.

Eine weitere Schwester, Jane, trat im Alter von neunzehn Jahren in „Lady Randolph at Newcastle" auf. Sie hatte alle Kemble-Fehler in der Schauspielerei auf die Spitze getrieben. Außerdem war sie klein und dick; und als eine Figur im Stück ihren Tod beschrieb und sagte: „Sie rannte, sie flog wie ein Blitz den Hügel hinauf", brüllte das Publikum vor Lachen. Kurz nach diesem entmutigenden Versuch heiratete sie einen Mr. Mason aus Edinburgh und zog sich aus dem Beruf zurück. Sie starb 1834 und hinterließ einen Ehemann, fünf Söhne und eine Tochter, die fast alle auf der Bühne standen. Mit einer unglücklichen Ausnahme zeichnete sich die Familie Kemble durch ihr anständiges, gut geregeltes Leben aus. Obwohl alle Brüder Schauspielerinnen heirateten, wurden ihre Kinder bewundernswert erzogen und ihre Haushalte waren Muster an Anstand. Die unglückliche Ausnahme, die wir erwähnten, war Ann Curtis, die vierte Schwester. Für eine Frau von Mrs. Siddons' stolzem, sensiblem Temperament müssen die Launen dieser elenden Frau unbeschreiblich schmerzhaft gewesen sein. Sie galt als lahm, was sie daran hinderte, auf die Bühne zu gehen. Im Jahr 1783, dem Jahr ihres großen Triumphs in London, hatte die junge Schauspielerin das Vergnügen, in allen Zeitungen die folgende Anzeige zu lesen. Unter dem Deckmantel der Nächstenliebe ist das Motiv, das sie dazu veranlasste, leicht zu erkennen und zeigt den Neid und die Bösartigkeit, die sie während ihrer Karriere verfolgten.

Eine *Privatperson* , deren Menschlichkeit weitaus größer ist als ihre Mittel, die sich mit dem Fall der unglücklichen MRS. CURTIS befasst hat, Mitleid mit ihrer Jugend hat, ihre Talente für die Bühne respektiert, die unglücklicherweise durch das Unglück nutzlos geworden sind, und die sie begehrenswert macht Um der Gesellschaft ein nützliches Mitglied zurückzugeben, bittet sie eindringlich um das Eingreifen einer großzügigen Öffentlichkeit in ihrem Namen, damit sie durch die Bemühungen der Menschheit in die Lage versetzt werde, sich die lebensnotwendigen Dinge zu beschaffen, die zur Linderung ihrer unmittelbaren Not und zur Sicherung ihres Lebensunterhalts erforderlich seien Handarbeiten, künstliche Blumen usw., in denen sie gut ausgebildet ist und in denen sie gerne gut beschäftigt sein wird. Mrs. Curtis ist die jüngste Schwester der *Herren Kemble* und *Mrs. Siddons* , die sie wiederholt um Erleichterung gebeten hat, die ihr jedoch rundweg verweigert wurde. Es wird daher notwendig, in ihrem Namen die wohlwollende Großzügigkeit der Öffentlichkeit zu erbitten, die *sie so großzügig unterstützt hat* .

Verleugne nicht die Träne des Kummers,

Für die Schönste der Tugend, wenn sie der Not hilft!

Mrs. Curtis' *Suche nach dem Glück* .

Spenden werden dankend entgegengenommen bei Mr. Ayre's, Drucker der Sunday *London Gazette* and *Weekly Monitor* , &c., No. 5 Bridges Street, gegenüber dem Drury Lane Theatre; und in der King Street Nr. 21, Covent Garden.

Alle Versuche, sie zurückzugewinnen, scheiterten und sie rutschte auf der sozialen Skala immer tiefer ab. Es kursierten Gerüchte, sie habe versucht, sich selbst zu vergiften, und erneut wurden ihrem Bruder und ihrer Schwester unangemessene Härte vorgeworfen; Aber fast alles, was mit dem Fall zusammenhängt, deutet darauf hin, dass sie alles getan hatten, was sie konnten, obwohl sie sich als vollkommen uneinbringlich erwies.

Im letzten Teil ihres Lebens wurde ihr eine kleine Rente von zwanzig Pfund pro Jahr gewährt, die ihr im Testament von Mrs. Siddons weitergeführt wurde. Sie lebte bis 1838.

Charles, der an intellektuellen Fähigkeiten seiner berühmten Schwester und seinem berühmten Bruder näher kam als alle anderen, war fast zwanzig Jahre jünger als Mrs. Siddons. Als er dreizehn Jahre alt war, wurde er von John Kemble an das Douay College geschickt, wo er drei Jahre blieb. Er trat 1794 in der Drury Lane auf. Er war ein Gentleman und ein raffinierter Schauspieler. Es gab bestimmte Charaktere, die er ganz zu seinen eigenen machte. Charles heiratete 1806 eine Schauspielerin namens De Camp. Wie Mrs. Garrick war sie Balletttänzerin gewesen und mit dem Rest der Truppe von Garrick mitgebracht worden. Infolge eines Aufruhrs gegen die Beschäftigung von Ausländern musste der größte Teil der Truppe nach Wien zurückkehren. Miss De Camp blieb jedoch, lernte Englisch und erreichte dank ihrer Beharrlichkeit eine gute Position an der Drury Lane. Sie hatten drei Kinder – Adelaide, die professionell sang, aber bald die Bühne verließ, um Mr. Sartoris zu heiraten; Fanny, Autorin von „ *Record of a Girlhood* ", die später Mrs. Butler wurde; und ein Sohn, John Mitchell Kemble. Charles Kemble litt in den letzten Jahren seines Lebens stark unter Taubheit und wurde durch die Schenkung des Anteils an Covent Garden im Wert von 50.000 Pfund völlig ruiniert. Am 9. Juni 1819 erschien Mrs. Siddons zu seinen Gunsten wieder.

Frau Siddons hatte fünf Kinder, die erwachsen wurden: Henry, der am 4. Oktober 1774 in Wolverhampton geboren wurde; Sarah Martha, geboren am 5. November 1775 in Gloucester; Maria, geboren am 1. Juli 1779 in Bath; George, geboren am 27. Dezember 1785 in London; und Cecilia, geboren am 25. Juli 1794. Sie schickte ihren Sohn Henry nach Frankreich, um bei Le Kain zu studieren. Er betrat die Bühne, verfügte aber nicht über die Qualifikationen eines guten Schauspielers.

Mrs. Siddons versuchte mit ihrer üblichen vernünftigen Akzeptanz der Dinge, wie sie waren, das Beste aus seinen Kräften herauszuholen. Anlässlich seines ersten Auftritts schreibt sie an Mrs. Inchbald von Bannister's, wo sie mit ihrer Freundin Mrs. Fitzhugh übernachtete:

„Ich habe Ihren freundlichen Brief erhalten und danke Ihnen vielmals für Ihr Interesse am Erfolg meines lieben Harry. Es ist mir eine große Freude, dass Herr Harris seine Talente zu schätzen weiß, die ich sehr schätze und die meiner Meinung nach durch die Förderung von Sorgfalt und Fleiß auf der anderen Seite zu großer Perfektion wachsen werden. Ich habe kaum Zweifel an der Großzügigkeit von Herrn Harris und nicht an dem lobenswerten Ehrgeiz meines Sohnes, sie zu erlangen. Es ist so lange her, dass ich das letzte Mal so etwas wie Freude gespürt habe, dass es mir wie ein Traum vorkommt, und ich glaube, ich werde mich nicht ganz davon überzeugen können, dass dies real ist, bis ich anwesend bin, um dem Triumph beizuwohnen und am Sturm teilzuhaben .' Ich bin voller Angst und Ungeduld, die Wirkung von Hamlet zu hören. Es ist ein gewaltiges Unterfangen für ein so junges Geschöpf, und ein so perfektes Modell wurde schon so lange in Betracht gezogen. Ich war erschrocken, als ich gestern die Nachricht davon erhielt. Oh! Ich hoffe bei Gott, dass er es gut übersteht. Adieu, liebe Muse."

Henry Siddons verließ bald die Bühne, heiratete Miss Murray, die Tochter eines Schauspielers und selbst Schauspielerin, und wurde 1808 Manager des Edinburgh Theatre.

Der Tod ihrer Tochter Maria war die erste schwere Trauer, die Mrs. Siddons erlebte. Wir haben den Heiratsantrag des Malers Lawrence an sie angesprochen und die Übertragung seiner Zuneigung nach einer kurzen Verlobung auf ihre Schwester Sarah. Mrs. Siddons tat alles, was sie konnte, um den Schlag für das arme, verlassene Mädchen abzumildern. Wir finden sie verzweifelt an ihre alte Freundin Tate Wilkinson schreibend:

„Meine Pläne für den Sommer sind so arrangiert, dass ich keine Chance habe, dich zu sehen. Die Krankheit meiner zweiten Tochter hat alle Lust- und Profitpläne durcheinander gebracht. Ich danke Gott, dass es ihr besser geht; Aber ihre Konstitution ist so beschaffen, dass es noch lange dauern wird, bis wir die Angst vor einer bevorstehenden Schwindsucht einigermaßen verbannen können. Es ist schrecklich zu sehen, wie ein unschuldiges, liebliches junges Geschöpf trotz größter Zärtlichkeit täglich in der Mattigkeit der Krankheit versinkt, die schließlich mit dem Tod enden kann. Das Elend eines Elternteils in dieser Not können Sie sich leichter vorstellen, als ich es beschreiben kann; aber wenn du der Mann bist, für den ich dich halte, wirst du mir keinen Gefallen verweigern. Es wäre *in der Tat* ein großer Trost für uns alle, wenn Sie unserer lieben Patty erlauben würden, bei unserer Rückkehr in die Stadt im Herbst zu uns zu kommen und ein paar Monate bei uns zu bleiben. Ich bin mir sicher, dass es meiner armen Maria sehr gut tun würde, denn der Arzt sagt mir, dass sie im nächsten Winter die gleiche Entbindung und die gleiche Pflege benötigen wird; und lass es den Stolz meiner guten Freundin nicht verletzen, wenn ich um Verständnis bitte, dass ich die Kosten ihrer Reise übernehmen möchte. Gehorche, liebe Seele, meiner Bitte. Machen Sie Ihrer Familie ein herzliches Kompliment, grüßen Sie meine liebe Patty und nehmen Sie die besten und herzlichsten Wünsche entgegen

„ S. SIDDONS .“

Von dieser Zeit bis zum Tod von Mrs. Siddons verließ Patty Wilkinson ihr Haus nie und blieb immer die innige und geliebte Freundin von ihr und ihren Töchtern.

Maria wurde auf Vorschlag des Arztes nach Clifton gebracht, während Mrs. Siddons eine Provinzreise unternahm, um genug Geld zu verdienen, um die hohen Anforderungen an ihren Geldbeutel zu decken. Schließlich sah selbst die arme Mutter, dass alle Bemühungen vergeblich waren, und als am 6. Oktober 1798 endlich der Schlag kam, begegnete sie ihm mit Resignation und Mut. An Frau Fitzhugh schrieb sie:

„Obwohl mein Geist noch nicht ausreichend beruhigt ist, um viel zu reden, treibt mich die Überzeugung Ihrer ungebrochenen Zuneigung doch dazu,

Ihre Angst soweit zu beruhigen, dass ich Ihnen sagen kann, dass es mir einigermaßen gut geht. Auf dieses traurige Ereignis habe ich mich schon lange vorbereitet, und ich beuge mich mit demütiger Ergebung dem Beschluss jenes barmherzigen Gottes, der den lieben Engel zu sich genommen hat, den ich immer zärtlich beklagen muss. Ich wage es nicht, mir selbst weiter zu vertrauen. Oh! dass Sie hier waren, damit ich mit Ihnen über ihr Sterbebett sprechen konnte – in einer Würde und frommen Ergebung, die die Vorstellungskraft von Rousseau und Richardson in ihren Heloïse und Clarissa Harlowe bei weitem übertraf; denn sie kam, glaube ich, aus der unmittelbaren Inspiration der Gottheit."

Nun begannen die Probleme immer heftiger zu werden. Herr Siddons, getrieben von einer krankhaften Eifersucht auf die Energie und den Erfolg seiner Frau, ging eine Verbindung mit Sadler's Wells Theatre ein, ohne sie zu konsultieren oder sie auch nur ins Vertrauen zu ziehen. Ein beträchtlicher Teil ihrer Ersparnisse wurde geopfert, um ihn vor seinem schlecht beratenen Unterfangen zu bewahren. Trotz ihres schlechten Gesundheitszustands und ihrer Mattigkeit stellen wir jedoch fest, dass sie ohne Murren ihre Bürde auf sich nimmt, um den Verlust auszugleichen. Am 14. Juli 1801 schreibt sie erneut an Frau Fitzhugh:

„In etwa zwei Wochen werde ich voraussichtlich meine Reise nach Bath antreten. Herr Siddons ist dort, denn anderswo findet er keine Linderung seines Rheumatismus. Seine Berichte über sich selbst sind weniger positiv als die anderer, die mir über ihn schreiben; aber ich hoffe und vertraue darauf, dass wir ihn besser finden werden, als er selbst denkt; denn ich weiß aus trauriger Erfahrung, mit welcher Schwierigkeit ein Geist, der durch langes und ununterbrochenes Leiden geschwächt ist, Hoffnung zulässt, geschweige denn Gewissheit. Ich werde bis nächsten Samstag hier sein und danach bis Dienstag, den 28., in Lancaster; von dort werde ich sofort nach Bath gehen, wo ich ungefähr einen Monat Ruhe haben werde, und dann beginnen, ein paar Nächte in Bristol zu spielen. „So ein Ruhen findet die Sohlen der ungläubigsten Füße!" *Wann* wir nach London kommen werden, ist ungewiss, denn Mr. Sheridan hat nichts festgelegt, und ich halte es nicht für unmöglich, dass *mein* Winter in Dublin verbracht wird; denn ich muss weiter *daran arbeiten*, die wenigen Annehmlichkeiten zu sichern, die ich für mich und meine Familie erreichen konnte. Es ist für uns alle eine Vorsehung, dass ich so viel tun kann; aber ich hoffe, es ist nicht falsch zu sagen, dass ich müde bin und wirklich froh sein sollte, in Ruhe zu sein. Ich hoffe, noch den Tag zu erleben, an dem ich ruhig sein kann. Meinem Mund geht es noch nicht gut [sie hatte einen Anfall von Erysipel, der Krankheit, die sie letztendlich töten sollte], obwohl die Schmerzen etwas geringer sind. Seit einiger Zeit bin ich damit zu einem furchteinflößenden Objekt geworden, und ich glaube, diese Beschwerde hat mich jener armseligen Reste von Schönheit beraubt, die ich einst bewundert habe – zumindest die ich, in Ihren parteiischen Augen, einst besaß.“

Sie ging nicht nach Dublin, sondern kehrte Anfang des folgenden Jahres nach Drury Lane zurück, wo sie über vierzig Mal auftrat.

Am 25. März 1802 spielte sie zum ersten Mal Hermine im *Wintermärchen* . Die Inszenierung dieses Teils zählt zu ihren großen Erfolgen. Es passte besser zu ihrem Alter und Aussehen als andere, die sie im späteren Leben unternahm. In der zweiten oder dritten Nacht entging sie nur knapp der Verbrennung. Wir können den Vorfall so wiedergeben, wie er in einem Brief an Frau Fitzhugh beschrieben wird:

„London, April 1802.

„... Bis auf ein oder zwei Tage war das Wetter für mich bisher sehr günstig. Ich vertraue darauf, dass es so weitergeht, denn das *Wintermärchen* verspricht sehr attraktiv zu werden; und solange es so weitergeht, bin ich aus Ehre und Gewissen verpflichtet, mich ans Steuer zu setzen, denn es ist mit großen Kosten für die Manager verbunden, und wenn ich mich warm halten kann, werde ich, so hoffe ich, einigermaßen gut weitermachen. Was meine Pläne betrifft, so sind sie wie üblich alle ungewiss, und ich befinde mich genau in der Situation der armen Lady Percy, zu der Hotspur komisch sagt: „Ich vertraue darauf, dass du nichts sagen wirst, was du nicht weißt.“ Dies muss in hohem Maße auch weiterhin der Fall sein, solange ich weiterhin Diener der Öffentlichkeit bin, für die ich mich nie ausreichend einsetzen kann (und man darf es nicht für vergeblich halten). Ich glaube wirklich, dass sie mich jeden Abend mit immer größeren Zeugnissen der Anerkennung empfangen. Ich weiß, dass es Ihnen Freude bereiten wird, dies zu hören, mein lieber Freund, und Sie werden nicht verdächtigen, dass ich mich in dieser Hinsicht selbst betrüge. Die andere Nacht hatte fast *alle meine Anstrengungen beendet, denn während ich für die Statue im Wintermärchen* stand , flog mein Vorhang über die Lampen, die hinter dem Sockel angebracht waren. Es fing Feuer, und wenn nicht einer der Szene-Männer auf humanste Weise auf den Knien herumgekrochen wäre und es gelöscht hätte, ohne dass ich etwas davon wusste, wäre ich vielleicht verbrannt, oder jedenfalls ich hätte mich zu Tode erschrecken sollen. Umgeben von Musselin hätte sich die Flamme wie ein Lauffeuer ausgebreitet. Der untere Teil des Zuges war vollständig verbrannt. Ohne die Schnelligkeit des Mannes schien es, als wäre mein Schicksal unvermeidlich gewesen. Ich habe den guten Mann reichlich belohnt und betrachte meine Befreiung als eine äußerst gnädige Intervention der Vorsehung. Im Fall eines Spatzen liegt eine besondere Vorsehung. Hier bin ich sicher und wohlauf, Gott sei Dank! und möge Seine Güte mich in der Zeit, die mir gewährt wird, so bereichern, wie ich sollte.“

Später stellen wir fest, dass sie alle Anstrengungen unternimmt, um den Sohn des Mannes, der sie gerettet hatte, vor der Strafe für Fahnenflucht zu retten.

„Ich habe mich in den letzten drei Tagen fast blind geschrieben und mir alle Sorgen gemacht, dass ein armer junger Mann, der sonst einen hervorragenden Charakter hat, vor der Schande und der abscheulichen Folter der Peitsche gerettet wird, der er sich ausgesetzt hat. Ich hoffe zu Gott, dass es mir gelingen wird. Er ist der Sohn des von mir gesegneten Mannes, der mich im *Wintermärchen davor bewahrt hat, verbrannt zu werden* . Das Geschäft hat mich viel Zeit gekostet, aber wenn ich mein Ziel erreiche, werde ich reich bezahlt. Es ist zwölf Uhr nachts; Ich bin sehr müde. Morgen ist mein letzter Auftritt. In ein paar Tagen werde ich meine liebe Tochter Cecilia besuchen. Wie sehr sehne ich mich danach, den Liebling zu sehen! Oh! Wie hättest du mein *Entree* gestern Abend in Konstanz genossen. Ich wurde wirklich so empfangen, als wäre es mein erster Auftritt in dieser Saison gewesen. Ich habe für diesen unglücklichen jungen Mann Frühstück und Abendessen eingenommen, bis ich davon völlig erschöpft war. Du weißt, wie Vergnügen, wie es genannt wird, ermüdend ist.“

KAPITEL XIII.
SORGEN.

Obwohl Mrs. Siddons immer noch unter einer geschwächten Gesundheit litt, entschloss sie sich im Frühjahr 1802 erneut, Dublin zu besuchen. Eine seltsame Depression, teils die Folge körperlicher Schwäche, teils die Folge geistiger Ängste, befiel ihren mutigen Geist und lähmte ihn alle Energie und bricht ihre übliche ruhige Gelassenheit zusammen. Wir finden diese Frau, die nach außen hin ein kaltes und hartes Äußeres zeigte und hysterisch weinte, als sie sich von ihren Freunden verabschiedete. Sie erzählte Mr. Greatheed, dass sie das Gefühl hatte, dass sie beide vor einem erneuten Treffen großen Kummer erlitten hätten. Sie trafen sich erst nach dem Tod seines Sohnes Bertie und ihrer Tochter Sarah. An Frau Piozzi schrieb sie:

„Mai 1802.

„Leb wohl, mein geliebter Freund – ein langer, langer Abschied! Oh, was war das für ein Tag! Alles zurücklassen, was mir lieb ist. Ich war von meiner Familie umgeben, und meine Augen ruhten mit einer ahnungsvollen, zu schmerzhaften Zärtlichkeit auf dem ehrwürdigen Gesicht meines lieben Vaters, das mir sagt, dass ich es nicht mehr ansehen werde. Ich vertraue meine Kinder Ihrem freundlichen Schutz und vertraue voll und ganz auf die Güte, die Sie mir gegenüber stets bekundet haben.

„Du bist immer treu und liebevoll

„ S. SIDDONS .“

Das Herz der Mutter konnte kaum eine Vorahnung des zweiten Leidens haben, das ihr zu diesem Zeitpunkt widerfahren würde. Ein paar Wochen nachdem sie die Marlborough Street verlassen hatte, erzählt Sally Patty Wilkinson, die Mrs. Siddons begleitet hatte, von Picknicks und Partys, an denen sie und ihre Freundin Dorothy Place teilgenommen hatten, sehr zu ihrer Belustigung und Freude. Das Mädchen berichtet auch von der Ehe ihres Bruders Henry mit Miss Murray, die, wie sie sagt, „sehr schön aussah in einem weißen Chiphut mit einer Spitzenkappe darunter, ihren langen dunklen Pelz mit lila Schleifen zusammengebunden, bereit für die Reise, “ und erwähnt, wie sie und Dorothy bei einem Theaterstück, das sie „besucht“ hatten, „schallend lachten“. Doch der Tod hatte bereits seine Hand auf dieses strahlende junge Leben gelegt.

Mrs. Siddons setzte ihre melancholische Reise fort und machte Halt, um Shakespeares Haus in Stratford einen Besuch abzustatten, und von dort nach Nordwales, wo sie in Conway Castle und Penman Mawr dem

Touristengeschäft nachgingen, indem sie durch zerstörte Fenster die Sonnenuntergänge betrachteten und zuhörten zu walisischen Harfenspielern, die unten harfen. „In dieser romantischen Zeit und an diesem romantischen Ort", erzählt uns Campbell auf seine zweideutige Art, „ehrte Mrs. Siddons den bescheidensten Dichter ihrer Bekanntschaft, indem sie an ihn erinnerte; und mag der Leser meinen Egoismus tadeln oder verzeihen, wie er es für richtig hält, ich kann nicht anders, als zu übertragen, was der Tagebuchschreiber hinzufügt: Mrs. Siddons sagte: ‚Ich wünschte, Campbell wäre hier.'"

Das Bathos ist abgeschlossen, als der Dichter uns auf Miss Wilkinsons Autorität erzählt, dass eine Dame, die in Hörweite auf eine herrliche Landschaft aus Felsen und Wasser blickte, in Ekstase ausrief: „Diese schreckliche Landschaft gibt mir das Gefühl, als wäre ich allein." ein Wurm oder ein Staubkorn auf der Erde." Mrs. Siddons drehte sich um und sagte: „Ich fühle mich ganz anders!"

Sie verbrachte zwei Monate erfolgreich als Schauspielerin in Dublin; dann ging sie nach Cork und dann nach Belfast. Bei ihrer Rückkehr nach Dublin erhielt sie im reifen Alter von zweiundachtzig Jahren die Nachricht vom Tod ihres Vaters. Obwohl nicht unerwartet, war der Abbruch dieser lebenslangen Zuneigung, der zu einer Zeit erfolgte, als andere Sorgen und Ängste auf ihr lasteten, ein schwerer Schlag, und wir stellen fest, dass sie mit einer gewissen Verärgerung darüber an Dr. Whalley schreibt verrät ihren Geisteszustand und verrät auch ihre Haltung gegenüber ihrem Ehemann in dieser Zeit in Geldangelegenheiten.

„Ich danke Ihnen für Ihr freundliches Beileid. Mein lieber Vater starb den Tod der Gerechten; Möge mein letztes Ende wie seines sein, ohne ein Stöhnen. Was meine liebe Mrs. Pennington anbelangt, so ist mein Herz zu sehr von ihrer unglücklichen Situation betroffen und meine Zuneigung zu ihr zu lebhaft, als dass ich die Notwendigkeit hätte veranlassen können, eine Wunde zu öffnen, die an sich zu leicht zum Bluten neigt. In der Tat, mein lieber Herr, es gab keinen Anlass, mich an diese traurigen und zarten Szenen zu erinnern, um meine Natur zu mildern; aber lass es passieren. Ich stelle mir vor, Sie müssen nicht darüber informiert werden, dass ein Betrag von 80 £ zu beträchtlich ist, um sofort aus dem vierteljährlichen Taschengeld einer Frau aufgebracht zu werden; Da ich jedoch nicht den geringsten Zweifel daran habe, dass Herr Siddons bereit und willens ist, dieses Zeugnis der Achtung und Dankbarkeit abzugeben, bitte ich Sie, die Angelegenheit sofort mit ihm zu vereinbaren. Ich werde ihm noch heute schreiben, wenn ich einen Moment Zeit finde. Wenn Sie eine schnellere Möglichkeit finden, Ihr liebenswürdiges Ziel zu erreichen, können Sie sich darauf verlassen, dass ich die 80 £ innerhalb der nächsten sechs Monate bezahle. Um Gottes willen, lass es nicht durchgehen. Wenn ich wüsste, wie ich das Geld von hier aus senden kann, würde ich es sofort tun; aber angesichts der Entfernung und der Launen von Wind und Meer wird es Mr. Siddons schneller machen. Gott segne Sie und schenke Ihnen vollkommene Gesundheit und Ruhe."

Wir können zwischen den Zeilen dieses Briefes lesen, da wir wissen, dass sie ungefähr zu dieser Zeit eine dringende Bitte von ihrem Mann um Geld für die Ausstattung ihres Sohnes George für Indien und um die Begleichung von Schulden für die Dekoration des Hauses in Great Marlborough erhielt Street und schlug vor, dass sie infolgedessen besser ein Engagement in Liverpool annehmen sollte. Sie zog es jedoch vor, in Dublin zu bleiben, obwohl sie durch Meinungsverschiedenheiten mit Jones, dem Manager, bedrängt wurde. Anlässlich ihres ersten Besuchs in Irland wurde ein Bericht verbreitet, dass sie sich geweigert hatte, zugunsten des Lying-in Hospital zu spielen, einer Wohltätigkeitsorganisation, die von den Dubliner Damen stark unterstützt wird. Sie wies diese Anschuldigung empört zurück und endete mit Worten, die ihren seelischen Leidenszustand zeigen:

„Es ist schwer, gleichzeitig den Druck häuslicher Sorgen, die Sorgen des Geschäfts und die Notwendigkeit, einen verletzten Ruf zu heilen, zu ertragen; aber das ist die grobe Durchsetzung der Zeit, und ich muss sie aufrechterhalten, so wie es mir die Macht ermöglicht, die den Wind zum geschorenen Lamm zügelt."

Ihr Sohn George kam und verbrachte vor seiner Abreise nach Indien vierzehn Tage bei ihr, und die Nachrichten aus der Heimat über ihre Tochter schienen immer noch gut zu sein. Wie ein Blitz kam daher aus einem Sommerhimmel ein Brief von Mr. Siddons an Miss Wilkinson, in dem er schrieb, dass Sally sehr krank sei, sie aber bat, Mrs. Siddons dadurch nicht zu beunruhigen, dass er es ihr erzählte. Miss Wilkinson hielt es jedoch für ihre Pflicht, den Brief zu zeigen. Das Herz der Mutter ahnte alles, was nicht gesagt wurde. Sie erklärte ihre Absicht, unverzüglich nach England aufzubrechen. Seit einigen Tagen weht ein heftiger Sturm, und kein Schiff verlässt den Hafen. Zwei Tage später kam ein beruhigender Brief von Siddons an seine Frau, in dem er ihr mitteilte, dass alles wieder in Ordnung sei, und ihr riet, nach Cork zu gehen. Sie ging, aber ihr miserabler Geisteszustand lässt sich aus einem Brief an Mrs. Fitzhugh erraten:

„Cork, 21. März 1803.

" MEIN LIEBER FREUND ,

„Wie soll ich Ihnen ausreichend für all Ihre Freundlichkeit mir gegenüber danken? Du kennst mein Herz, und ich kann meine Worte schonen, denn

Gott weiß, mein Geist ist in einem so zerstreuten Zustand, dass ich kaum vernünftig schreiben oder sprechen kann. Oh! Warum hat Mr. Siddons es mir nicht gesagt, als sie zum ersten Mal so krank wurde? Dann wäre ich aus dieser Verlobung herausgekommen, und welch eine Welt voller Elend und Angst wäre mir erspart geblieben! Und doch – guter Gott! Wie hätte ich das Meer überqueren sollen? Seit vierzehn Tagen ist es so gefährlich, dass sich nichts als Wanderer zum Heiligen Kopf gewagt haben; aber dennoch denke ich, ich hätte mich in eine davon begeben sollen, wenn ich gewusst hätte, dass mein armes liebes Mädchen so krank ist. Oh! Erzähl mir alles über sie. Ich bin fast untröstlich, obwohl die letzten Berichte mir sagen, dass es ihr seit mehreren Tagen besser geht. Hat sie sich etwas für mich gewünscht? Aber ich weiß – ich habe das Gefühl, dass sie es getan hat. Das liebe Geschöpf dachte immer, es sei eine Schwäche in mir, wenn ich ihr von der Möglichkeit erzählte, was eine Krankheit ertragen könnte, wenn dieses gewaltige Element einen von seiner Familie trennt. Ich wünschte Gott, ich wäre an ihrem Bett! Dann müsste ich mit Resignation ertragen, was ich jetzt mit keiner Standhaftigkeit ertragen kann. Wenn irgendetwas das Elend, das ich empfinde, lindern könnte, dann wäre es die Tatsache, dass mein lieber und unschätzbarer Sir Lucas Pepys sie in seiner Obhut hatte. Bitte sagen Sie ihm das und bitten Sie ihn, mir ein tröstendes Wort zu schreiben. Glauben Sie, dass ich heute Abend spielen muss, und können Sie sich ein solches Elend in diesem schrecklichen Geisteszustand vorstellen? Für einen Moment tröste ich mich, indem ich über die Stärke der Konstitution dieses lieben Geschöpfs nachdenke, die sich zu unserem aller Erstaunen so oft unter ähnlich schweren Angriffen erholt hat. Andererseits, wenn ich an die schwache Zeit der menschlichen Existenz denke, versagt mein Herz und versinkt in Niedergeschlagenheit. Gott schütze dich! Die Spannung, in der mich die Distanz hält, kann man sich vielleicht vorstellen, aber sie kann nicht beschrieben werden."

In der Zwischenzeit kamen keine Briefe. Draußen tobten die Winde, und kein Schiff konnte überqueren. Die am Ende der Woche eintreffenden Nachrichten waren nicht zufriedenstellend. Sie beschloss, ihre Verlobung um jeden Preis aufzulösen und zurückzukehren. Sie und Patty Wilkinson machten sich auf den Weg nach Dublin; Dort wurden sie erneut festgenommen und erhielten keine Nachricht. Fast außer sich vor Angst wandte sie sich erneut an Frau Fitzhugh:

„Dublin, 2. April 1803.

„Ich bin völlig erstaunt, mein lieber Freund, dass ich nichts von Ihnen gehört habe, obwohl ich so inständig darum gebeten habe. Guter Gott! Was kann der Grund dafür sein, dass unter Umständen wie den meinen Informationen sozusagen erpresst werden müssen? Man könnte annehmen, dass allgemeines Wohlwollen einige von Ihnen, abgesehen von Zuneigung, dazu veranlasst haben könnte, die Not, von der Sie wissen, dass ich sie empfinden muss, so weit wie möglich zu lindern. Im letzten Brief von Herrn Siddons hieß es, dass es ihr besser gehe. In einem anderen Brief von Mr. Montgomery aus Oxford heißt es, dass George ihm denselben Bericht gegeben habe. Warum – warum soll ich das nur von einer Person hören, die so weit von ihr entfernt ist und so schlecht über ihren Gesundheitszustand informiert ist wie der Autor? Warum hätten Sie oder Mr. Siddons mir das nicht sagen sollen? Ich kann mir Ihr Schweigen überhaupt nicht erklären, denn Sie wissen, wie man fühlt. Ich hoffe, heute Abend absegeln zu können und am dritten Tag London zu erreichen. Gott weiß, wann das sein wird. Oh Gott! Was für ein Zuhause, in das ich zurückkehren kann, nach allem, was ich getan habe! und was für eine Aussicht auf das Ende meiner Tage."

Endlich gelang es ihr, nach Holyhead zu gelangen. In Shrewsbury erhielt sie einen Brief von Mr. Siddons, in dem er die schlimmsten Berichte über Sallys Krankheit bestätigte, sie jedoch bat, „sich an die Kostbarkeit ihres eigenen Lebens zu erinnern und es nicht durch zu schnelles Reisen zu gefährden". Während sie las, wurde Miss Wilkinson aus dem Zimmer gerufen; Ein Bote war mit der Nachricht vom Tod des Mädchens eingetroffen. Mrs. Siddons erriet anhand des Gesichtsausdrucks von Miss Wilkinson, als sie zurückkam, was geschehen war, und sprachlos zurücksinkend lag sie einen Tag lang „kalt und träge wie ein Stein, kaum ein Lebenszeichen."

Ihre eigene Familie spendete Trost und Hilfe. Ihr Bruder John schrieb einen Brief, den sie in Oxford erhielt; Ihr Bruder Charles kam ihr entgegen und begleitete sie bei ihrem ersten Besuch bei ihrer verwitweten Mutter. Durch den Tod ihrer Tochter war jede andere Trauer bedeutungslos geworden. Sie war von Elend und Überarbeitung so erschöpft, dass die Ärzte ihr die ruhige und erfrischende Luft von Cheltenham empfahlen. Einen Einblick in ihre Stimmung erhalten wir in einem Brief, den sie im Juni 1803 an ihre Freundin Mrs. Fitzhugh richtete:

„Die Ruhe des Ortes, die süße Luft und Landschaft meiner Hütte und die heilende Wirkung des Wassers haben meiner angeschlagenen Konstitution etwas Gutes getan. Manchmal kann ich mich nicht mit meinem Schicksal abfinden. Das geliebte Wesen, um das ich trauere, wird mit Sicherheit von einem Leben voller Leiden befreit und zu den gesegneten, vollendeten Geistern gezählt. Aber trotz der Vernunft und der Religion für immer getrennt zu sein, ist manchmal zu viel für mich. Grüße den lieben Charles Moore von mir, wenn du die Chance hast, ihn zu sehen. Hast du seinen wunderschönen Bericht über meine süße Sally gelesen? Dies geschieht mit einer Wahrhaftigkeit und Bescheidenheit, die mir die aufrichtigste aller

Freuden beschert hat, die ich jetzt empfinden darf, und die mir noch mehr denn je versichert, dass derjenige, der solche Vorzüglichkeit fühlen und schmecken konnte, der besonderen Hochachtung würdig war, die sie ihm entgegenbrachte ihn."

Das Leben draußen auf der Birch Farm, das Lesen „unter dem Heuhaufen auf dem Hof", das Wandern auf den Feldern und das „Grübeln im Obstgarten" linderte allmählich die Schärfe ihres Kummers. „Das Aufstehen um sechs und das Zubettgehen um zehn hat mir wieder einen angenehmen Schlaf beschert", schreibt sie. „Die Bitterkeit und Qual der selbstsüchtigen Trauer beginnt nachzulassen, und die zarten Erinnerungen an Exzellenz und Tugenden, die an den gesegneten Ort ihrer ewigen Belohnung gelangt sind, sind jetzt die traurigen, aber süßen Begleiter meiner einsamen Spaziergänge."

Doch trotz all ihres Stoizismus und ihrer Entschlossenheit kam das Gefühl ihres Verlustes zurück und beseitigte alle künstlichen Barrieren der Zurückhaltung.

„Wenn er sich für unglücklich hält", schrieb sie über einen Freund, „so soll er auf *mich schauen* und schweigen – ‚die unergründlichen Wege der Vorsehung‘." Zwei schöne Geschöpfe sind verschwunden, und ein weiteres ist gerade aus der Schule gekommen, mit all der blendenden, schrecklichen Schönheit, die das Gesicht von Maria ausstrahlte und mich erschaudern lässt, wenn ich sie ansehe. Ich fühle mich wie die arme Niobe, die ihr letztes und jüngstes Kind an die Brust fasst; und halte wie sie jeden Augenblick Ausschau nach dem rachsüchtigen Pfeil der Zerstörung. Ach! Mein lieber Freund, kann es verwundern, dass ich mich nach dem Land sehne, wohin sie gegangen sind, um den Platz ihrer Mutter zu bereiten? Was habe ich hier? Doch hier, sogar hier, könnte ich damit zufrieden sein, in Frieden und Ruhe zu verweilen – Zufriedenheit ist alles, was ich wünsche. Aber ich muss wieder in den Trubel der Welt eintauchen; Denn obwohl Ruhm und Reichtum mir alles gegeben haben, was ich mir wünsche, meine Anwesenheit und meine Anstrengungen hier mögen zwar für andere von Nutzen sein, aber ich glaube nicht, dass ich die Freiheit habe, mich meiner eigenen selbstsüchtigen Befriedigung hinzugeben . Das zweite große Gebot lautet: „Liebe deinen Nächsten wie dich selbst", und auf diese Weise werde ich höchstwahrscheinlich am besten in den Himmel gelangen."

Wie unergründlich sind tatsächlich die Wege der Vorsehung. Sally war ihre älteste Tochter und ihr liebstes Kind. Sie war zwei Monate vor dieser schrecklichen Zeit der Bewährung und des Scheiterns in Drury Lane geboren worden. Es waren ihre Babyfinger, ihre Babystimme, die die arme junge Mutter zu Resignation und Mut zurückgebracht hatten. Sie war siebenundzwanzig, als sie entführt wurde, und war schon immer der Sonnenschein im Haus. Ja, sie war die Liebste. Seltsam, dass sie, taub gegenüber unserer Angst und unserem Leid, so oft diejenigen sind, die entführt werden. Wenn ein Herz in einer solchen Prüfung noch glauben, vertrauen und lieben kann, dann ist es tatsächlich Glaube – himmlisch geboren, erhaben. Und das war, wie wir sehen, das Schicksal der Mutter mit gebrochenem Herzen.

Während ihres Aufenthalts auf der Birch Farm kamen John Kemble, Charles Moore und Miss Dorothy Place, die besondere Freundin ihrer Tochter Sally, zu ihr. Im Juli machten sie alle einen Ausflug entlang des Wye, woraufhin sie ihrem Freund Mr. Fitzhugh bei Bannister einen Besuch abstattete und dann nach London zurückkehrte, wo sie sich für den folgenden Winter als Schauspielerin in Covent Garden verlobte.

Auf Mrs. Siddon warteten weitere Prüfungen, Prüfungen, die für eine Frau mit ihrem stolzen und sensiblen Temperament eine Folter der Extraklasse gewesen sein mussten. Was auch immer sie im Laufe ihrer beruflichen Laufbahn durch Skandale und Falschdarstellungen erlitten hatte, ihr Charakter als Ehefrau und Mutter war unberührt geblieben. Jetzt, als sie nicht mehr jung war und darauf bedacht war, dem belästigenden Trubel der Bühne in die Würde und Ruhe eines häuslichen Lebens, umgeben von ihren Kindern und Freunden, zu entfliehen, traf sie ein Schlag, unter dem sie vorerst fast zusammenbrach . Der Umstand wird weder von Campbell noch von Boaden erwähnt, ist aber so stark mit der Existenz von Mrs. Siddons verwoben und prägt ihre damalige Denkweise so sehr, dass er kaum übergangen werden kann.

Frau Siddons traf Katherine Galindo, die Autorin der Verleumdung, im Theater in Dublin. Sie war eine untergeordnete Schauspielerin und ihr Mann ein Fechtmeister. Es ist schwer zu verstehen, wie sie so intim werden konnte, außer dass ihre eigene vollkommene Aufrichtigkeit und Offenheit dazu führte, dass sie einer Vielzahl von Personen Vertrauen schenkte, von denen viele es in keiner Weise wert waren. Ihre Tochter Cecilia, die später „*Erinnerungen* an ihre Mutter" schrieb, sagt, dass ihre Mutter, anstatt hart und berechnend zu sein, wie die Außenwelt es sich vorstellte, im Gegenteil zu leichtsinnig war – zu sehr geneigt, sich von Menschen regieren zu lassen, die ihr unterlegen waren in jeder Hinsicht für sich selbst, außerordentlich leichtgläubig, immer auf den Schein vertrauend und niemals bereit, jemanden zu verdächtigen. Vielleicht lag die Schwäche der großen Schauspielerin auch in ihrem Wunsch, Menschen „auszunutzen", und in ihrer Liebe zur Schmeichelei – beides gefährliche Eigenschaften für eine Frau in ihrer Position, die sie, wie sie es taten, den Machenschaften von Abenteurern aussetzte. Wie dem auch sei, wir sind erstaunt über die mädchenhafte Sentimentalität der Briefe, die sie an die Galindos schrieb. Selbst wenn man den Ausdrucksstil von Laura Matilda aus dieser Zeit berücksichtigt, zeigen sie das romantische Substrat, das ihrem Charakter zugrunde liegt. Die

Galindos begleiteten sie nach Cork und dann nach Killarney. Frau Siddons nutzte ihren ganzen Einfluss, um Harris aus Covent Garden zu bewegen, Frau Galindo zu verpflichten; aber als Kemble aus dem Ausland ankam, weigerte er sich, es zu ratifizieren. In einem Brief von Frau Inchbald heißt es:

Bekanntschaft für sie eine Schande sei , und er bat mich, es ihr so zu erklären. Er forderte Harris auf, sein Versprechen zurückzuziehen, Frau G. auf Bitte von Frau Siddons einzustellen. Dennoch war seine Zärtlichkeit gegenüber der Sensibilität seiner Schwester so groß, dass er sie selbst nicht enttäuschen wollte. Mr. Kemble beschuldigte mich, und ich beschuldigte ihn für seine Zurückhaltung, und seitdem war ich noch nie so herzlich. „Und", schließt Frau Inchbald mit der primitivsten Selbstgenügsamkeit, die durchaus mit dem übereinstimmt, was wir von der „lieben Muse" wissen, „habe ich Frau Siddons seitdem jemals so sehr bewundert; denn obwohl ich einen Betrüger bemitleiden kann, muss ich ihn auch verachten. Selbst mit solchen Menschen vertraut zu sein, war ein Mangel an Tugend, wenn auch nicht an Keuschheit."

Wir lesen später in Rogers' *Table Talk* , dass er Mrs. Inchbald nicht lange vor Mrs. Inchbalds Tod auf einem Spaziergang in der Nähe von Charing Cross traf, und wir sind nicht erstaunt, als wir erfahren, dass sie mehrere alte Freunde besucht, aber keinen von ihnen gesehen hatte – einige wirklich nicht zu Hause zu sein und andere sich ihr zu verweigern. „Ich habe bei Mrs. Siddons angerufen", sagte sie. Ich wusste, *dass sie* zu Hause war, wurde aber nicht eingelassen."

Um jedoch auf die Galindos zurückzukommen. Die elende Frau war zutiefst verletzt über die Auflösung ihrer Verlobung in Covent Garden, und obwohl Mrs. Siddons ihrem Mann tausend Pfund vorschlug, um einen Anteil an einem Provinztheater zu kaufen, und ihnen viel Freundlichkeit erwies, war die eifersüchtige und wütende Frau veröffentlichte in Broschürenform einen wilden und verleumderischen Angriff auf die große Schauspielerin, zu dem sie die Briefe hinzufügte, die sie in den Tagen ihrer Vertrautheit ausgetauscht hatten. Indem sie Sätze hier und da kunstvoll umdrehte und unterdrückte, gelang es ihr, ihnen eine Bedeutung zu verleihen, die in den Originalen nicht vorgesehen war. Obwohl sie sagte, sie habe nur das vorgebracht, was sie durch die sichersten Beweise untermauern könne, lieferte sie, wenn man sie dazu aufforderte, keinerlei Beweise außer ihrer eigenen wilden Eifersucht und ihrer grundlosen Enttäuschung darüber, dass ihr ein Engagement in Covent Garden verweigert wurde.

Es scheint unglaublich, dass eine Frau mit den sozialen Kenntnissen von Mrs. Siddons so unvorsichtig gewesen sein kann, eine solche Intimität einzugehen und in einem Ausdruck tiefer Zuneigung an Menschen zu schreiben, die sie erst seit so kurzer Zeit kannte. Das Folgende ist ein Exemplar: –

„Holyhead, Sonntag, 12 Uhr.

„Einige Stunden lang hatten wir kaum Wind, und das Schiff schien Ihre Küste ebenso widerwillig zu verlassen wie Ihr armer Freund. Heute Morgen gegen sechs Uhr erschienen die schneebedeckten Gipfel der Berge; Sie ließen mein Herz erschauern, denn ich hatte das Gefühl, dass sie ein Symbol für die kalte und trostlose Aussicht waren, die vor mir lag. Herr — war sehr zuvorkommend; Er hat uns gerade verlassen, aber es ist wahrscheinlich, dass wir uns unterwegs wiedersehen. Ich dachte, Sie würden sich freuen, wenn wir wüssten, dass wir sicher gelandet sind. Ich hoffe, meine geliebten Freunde, auf eine Erneuerung der Tage, die wir kannten, und versuche in der Zwischenzeit, meine Melancholie mit der Erinnerung an *vergangene Freuden zu erheitern und aufzuheitern* , auch wenn sie „süß und traurig für die Seele" sind.

„Gott segne euch alle und vergesst nicht

„Deine treue, liebevolle,

„ S. SIDDONS ."

Wenig später schreibt sie:—

„Bitten Sie Herrn G — , mir diese süßen Zeilen ‚To Hope' zu schicken – die, die er mir gegeben hat, sind von meinen Tränen fast ausgelöscht – und lassen Sie sie von derselben Hand schreiben. Ich könnte nie beschreiben, was ich an euch verloren habe, meine geliebten Freunde, und an den süßen Engel, der für immer verschwunden ist! Guter Gott! Was für eine Entbehrung in ein paar Tagen. Adieu! Adieu!"

Unnötig zu erwähnen, dass diese „kreischende" Freundschaft wie erwartet endete. Wie wir bereits sagten, gelang es ihr nicht, ein Engagement für Mrs. Galindo in Covent Garden zu erreichen, und sie lieh Galindo tausend Pfund, um ihm zu helfen, Anteile an einer Theatergruppe in Manchester zu übernehmen. Er zahlte die tausend Pfund nie zurück und wurde ausfällig, als sie darum bat. Sie beschuldigte ihn in einem an Miss Wilkinson gerichteten Brief der „Heuchelei und Undankbarkeit", und die Frau beschuldigte sie, eine Zuneigung zu ihrem Ehemann gehegt zu haben, die über die Grenzen des Anstands hinausging. Alle ihre wahren Freunde versammelten sich um sie, aber sie litt schrecklich.

Sie schrieb an Dr. Whalley:

„Von all den freundlichen Aufmerksamkeiten, die ich erhalten habe, hat mich keiner mehr getröstet, mein lieber Freund, als Ihr unschätzbar wertvoller Brief. Ich danke Gott, dass alle meine Freunde hinsichtlich der Art und Weise, wie mit dieser teuflischen Angelegenheit umgegangen wird, genau Ihrer Meinung sind. Für ein empfindliches Gemüt ist Werbung an sich schon schmerzhaft, und ich vertraue darauf, dass ein Leben in erträglicher Rechtschaffenheit mein Verhalten gegenüber meinen Freunden rechtfertigen wird. Ich war furchtbar erschüttert, aber ich vertraue darauf, dass die natürliche Veranlagung, gesund zu sein, mich bald wiederherstellen wird. Meine liebe Cecilia ist in der Tat alles, was sich eine liebevolle Mutter wünschen kann.“

KAPITEL XIV.
WESTBOURNE FARM.

John Kemble war nun sowohl Schauspieler als auch Manager in Covent Garden, und die Ergebnisse waren für Mrs. Siddons in jeder Hinsicht viel zufriedenstellender. Harris, der Besitzer, war bei seinen Zahlungen absolut pünktlich, und die Familie Kemble, zu deren Reihen auch Charles Kemble gehörte, reichte aus, um die Aufführungen für das Publikum attraktiv genug zu machen. Mrs. Siddons trat in mehreren ihrer alten Rollen auf; unter anderem in Elvira, als der Schauspieler Cooke so betrunken auftrat, dass er seine Rolle nicht spielen konnte. Er verbesserte die Sache nicht, indem er versuchte, sich zu entschuldigen. Als er abgesetzt wurde, konnte er nur noch sagen: „Meine Damen und Herren, meine alte Beschwerde", und Henry Siddons musste seinen Teil vorlesen. Passendes Pendant zu dem Abend, als er als Sir Archy Macsarcasm mit Johnstone auftrat, der Sir Calaghan spielte. Es entstand eine tote Pause. Schließlich trat Johnstone ins Rampenlicht und sagte mit starkem Akzent: „Meine Damen und Herren, Mr. Cooke *sagt,* er könne nicht sprechen", woraufhin der Bulle mit lautem Gelächter und Zischen empfangen wurde.

Die großartige Schauspielerin trat in dieser Staffel sechzig Mal auf. Zum Abschluss besuchte sie Mrs. Damer in Strawberry Hill, wo sie Louis Philippe, den späteren König von Frankreich, und den Prinzregenten traf. Wann immer sie zusammen waren, frönten die beiden Damen ihrer Leidenschaft für Bildhauerei. Als der Winter näher rückte, litt sie stark unter Rheuma und zog der Landluft zuliebe für ein paar Wochen von der Great Marlborough Street in ein Cottage in Hampstead. Mr. Siddons, der ebenfalls ein Märtyrer des Rheumatismus war, hatte sich für die Änderung ausgesprochen, und der alte Herr war sehr erfreut über seine neue Bleibe. Er aß sein Abendessen und bemerkte, als er die wunderschöne Aussicht vor den Fenstern betrachtete: „Sally, das wird alle unsere Beschwerden heilen." Trotz seiner Hoffnungen war Mrs. Siddons jedoch wegen akutem Rheuma wochenlang ans Bett gefesselt. Sie versuchte es mit Elektrizität, die eine gewisse positive Wirkung hatte, litt jedoch während der Behandlung unter Qualen.

Als der Winter vorrückte, kehrten sie in die Stadt zurück; Aber es ging Mr. Siddons so schlecht, dass er beschloss, das Wasser von Bath auszuprobieren. Mrs. Siddons trennte sich daher von ihrem Haus in der Marlborough Street und wohnte für sich und Miss Wilkinson in der Princes Street am Hanover Square. Ihr Vermieter dort war ein Polsterer namens Nixon. Er und seine Frau unterhielten sich hinterher immer mit der tiefsten Zuneigung von Mrs. Siddons. Als sie eines Tages Nixons Karte betrachtete, stellte sie fest, dass er auch ein Bestatter war, und sagte lachend: „Ich nehme Ihre Dienste in

Anspruch, um mich zu begraben, Mr. Nixon." Siebenundzwanzig Jahre später tat Nixon dies.

Im Winter und Frühjahr 1804 und 1805 trat Mrs. Siddons nur zweimal in Covent Garden auf, teils aufgrund ihrer schwachen Gesundheit, teils aufgrund des Erscheinens von Master Betty, dem „jungen Roscius", einem Wunderkind, mit dem das Publikum hinterherlief eine Begeisterung, die unerklärlich scheint. Manager gaben ihm Beträge, die ein Garrick oder ein Siddons nicht bekommen konnten; seine Büste wurde von den besten Bildhauern angefertigt; Sein Porträt wurde von den besten Künstlern gemalt und Verse im Stil götzendienerischer Verehrung wurden über diesen dreizehnjährigen Jungen gegossen. Schauspieler und Schauspielerinnen waren verpflichtet, mit ihm auf der Bühne zu stehen, um keinen Anstoß zu erregen. Mrs. Siddons und Kemble zogen sich mit lobenswerter Würde zurück, solange die Verliebtheit anhielt. Sie besuchte ihn jedoch und lobte ihn so sehr, wie sie es für angemessen hielt. Lord Abercorn kam in ihre Loge und erklärte, es sei die beste Schauspielkunst, die er je gesehen habe. „Mylord", antwortete sie, „er ist ein sehr kluger, hübscher Junge, aber mehr auch nicht."

Unabhängig von dem Jungen Betty oder anderen Prüfungen in ihrem Beruf begann Mrs. Siddons nun, sich nach Ruhe zu sehnen. Wir haben gesehen, wie sie sich vor Jahren in Dublin gegenüber Dr. Whalley geäußert hatte: „Ich baue keine Schlösser, sondern Hütten ohne Ende." Möge der große Entsorger aller Ereignisse mir erlauben, den Abend meines mühsamen, geschäftigen Tages in einer Hütte zu verbringen, wo ich manchmal die Unterhaltung und Gesellschaft haben kann, die mich dieser unvergänglichen Behausungen würdiger machen, die für die Geister gerechter Menschen vorbereitet sind perfekt gemacht!"

Im April 1805 erfüllte sie diesen Wunsch, indem sie ein Cottage in Westbourne in der Nähe von Paddington mietete. Mit Hilfe von Nixon richtete sie es luxuriös ein, baute dahinter einen zusätzlichen Raum für ein Atelier und legte das Gebüsch und den Garten an. Westbourne war damals, wie uns erzählt wird, einer dieser entzückenden ländlichen Orte, für die Paddington bekannt war. Es befand sich auf einer Anhöhe und bot einen herrlichen Blick auf Hampstead, Highgate und die ferne Stadt. Bei Mrs. Siddons handelte es sich um ein kleines, pensioniertes Haus in einem mit Pappeln und immergrünen Pflanzen abgeschirmten Garten, das einem bescheidenen ländlichen Pfarrhaus ähnelte und angeblich auf dem Gelände stand, das jetzt für den Great Western Railway Station eingeebnet wurde. Sie liebte es, sagte sie, dem „Lärm und Lärm Londons" zu entfliehen und sich auf die grünen Wiesen rund um ihr neues Zuhause zu begeben.

Hier versammelten sich auch ihre Freunde um sie. Miss Berry und Madame D'Arblay erwähnen beide in ihren Tagebüchern, dass sie einen Nachmittag auf dem Landsitz von Mrs. Siddons verbracht und dort viele Menschen getroffen haben.

„Ich habe mit Incledon über die Begeisterung von Mrs. Siddons gesprochen", erzählt uns Crabb Robinson. „Er antwortete: ‚Ah! Sally ist ein feines Geschöpf. Sie hat einen bezaubernden Ort an der Edgware Road. Ich habe letztes Jahr mit ihr gegessen und sie hat mir eines der schönsten Komplimente gemacht, die ich je bekommen habe. Nach dem Abendessen habe ich *The Storm gesungen*. Sie weinte und schluchzte wie ein Kind. Sie nahm meine beiden Hände und sagte: „Alles, was ich und mein Bruder jemals getan haben, ist nichts im Vergleich zu der Wirkung, die du hervorrufst."‘"

Die folgenden Zeilen wurden von Herrn Siddons geschrieben, in denen er den Landsitz seiner Frau während des letzten Besuchs beschrieb, den er dort jemals abstattete:

1.

Würden Sie mir die Westbourne Farm beschreiben?

Ich werde es dann tun, und frei von Galle,

Es wäre sicher eine Sünde zu lügen

Ein Ding so hübsch und so klein.

2.

Der Pappelspaziergang, wenn du Kraft hast,

Es wird eine Minute dauern, es zu besteigen.

Nein, gewiss, es ist so lang,

„Es würde einen Frosch fast ermüden, darüber zu springen."

3.

Aber wenn der Vergnügungsgrund gesehen wird,

Was für ein Ausbruch kommt dann auf die Aussicht;

Sein ebener Gang, sein rasiertes Grün,

Wofür ein Rasiermesserhieb genügen würde.

4.

Seien Sie jetzt bitte vorsichtig, wenn Sie eintreten.

Und zügeln Sie Ihre Schritte vor großer Expansion;

Drei Schritte bringen dich in die Mitte,

Noch drei, Sie sind nah an der Villa.

5.

Das Herrenhaus, die Hütte, das Haus oder die Hütte,

Nennen Sie, wie Sie wollen, es hat Platz im Inneren

Um den König von Liliput zu beherbergen,

Aber nicht sein Hof, noch seine Königin.

6.

Der Küchengarten, getreu der Erhaltung,

Hat Länge und Breite und so viel Breite;

Eine Schnecke, wenn man sie richtig zum Kriechen bringt,

Konnte kaum herumkommen, solange du zwanzig erzählt hast.

7.

Vielleicht wirst du weinen, wenn du das hörst,

Was! Alles so sehr klein?

NEIN; Sie, die es zu dem gemacht hat, was es ist

Hat Größe, die alles wettmacht.

Mr. Siddons verbrachte einige Wochen in Westbourne, aber als er feststellte, dass sein Rheumatismus in Bath nur gelindert wurde, war er gezwungen, fast für immer dort zu bleiben. Bath war mit Mrs. Siddons nicht einverstanden und die Anforderungen ihres Berufs zwangen sie, in London zu leben. Aufgrund dieser unterschiedlichen Wohnorte verbreitete sich im Ausland das Gerücht, es habe eine formelle Trennung stattgefunden. Herr Boaden stellt in der Tat ausdrücklich fest, dass Siddons zu diesem Zeitpunkt etwas ungeduldig gegenüber der „Kronehe" geworden sei, während Campbell den Bericht für „völlig unbegründet" erklärt.

Bei der Beurteilung des Falles denken wir, dass vielleicht ein mittlerer Kurs der beste Weg wäre. Wir können uns eine entschiedene Unvereinbarkeit in der Sichtweise von Mann und Frau vorstellen. Sie war immer ungeduldig angesichts des Mangels an Energie und praktischer Leistungsfähigkeit, während er, der sein ganzes Leben lang hinter ihr stehen musste, eifersüchtig auf die Verwendung ihres Einkommens war und sich in unüberlegte Investitionen und Spekulationen stürzte.

Der folgende gut gelaunte Scherzbrief, den er am 16. Dezember 1804 schrieb, offenbart die Art und Weise, wie sie seine schwachen Wutausbrüche abwehrte:

„ MEIN LIEBER SID. ,

„Es tut mir wirklich leid, dass mein kleiner Anflug von Fröhlichkeit so ernst genommen wurde, denn ich bin mir sicher, dass wir *nie aufhören können, einander zu lieben , auch wenn wir uns in Kleinigkeiten unterscheiden* . Sie möchten, dass ich sage, was ich erwartet habe. Ich kann nichts weiter erwarten, als dass Sie mich selbst in Ihrem Testament entworfen haben. Sei (wie du sein solltest) der Herr über alles, solange Gott es zulässt; aber im Falle deines Todes lass mich nur von der Macht aller lebenden Menschen ausgeschlossen werden. Das ist alles, was ich mir wünsche; und ich denke, dass Sie nur davon überzeugt sein können, dass es vernünftig und richtig ist.

„Du bist immer liebevoll und treu,

„SS"

Die Frau hatte den stärkeren, mächtigeren Geist, und mit ihrer Aufrichtigkeit und Offenheit, die sie dazu drängte, alles zu zeigen, was sie dachte oder fühlte, haben wir zweifellos oft die gereizte Eitelkeit eines Mannes verletzt, der in kleinen Dingen ein Problem hatte schmerzhaftes Gefühl der eigenen Würde. Sie war von Natur aus zu groß, um über Kleinigkeiten zu nörgeln und zu streiten, und gleichzeitig war sie oft zu sehr mit sich selbst beschäftigt, um sich daran zu erinnern, wie sie die Empfindlichkeiten anderer verletzte.

„In einem Zustand des Streits zu leben", schreibt sie, „mit einem Bruder, den ich so zärtlich liebe, und mit einem Ehemann, mit dem ich den Rest meines Lebens verbringen soll, wäre mehr als mein unterdrückter Geist und mein fast gebrochenes Herz." aushalten können. Als Antwort auf die zweite Frage kann ich nur sagen, dass das Zeugnis der Weisheit aller Zeiten, von der Grundlegung der Welt bis zum heutigen Tag, Kindlichkeit und Torheit ist, wenn Glück mehr als ein *Name ist* ; und ich bin mir sicher, dass unsere eigene Erfahrung es uns nicht erlauben wird, diese Meinung zu widerlegen. Nein, nein, es ist der Bewohner einer besseren Welt. Zufriedenheit, das Ergebnis der Mäßigung, ist alles, was wir *hier* anstreben sollten , und die Mäßigung wird unser bester und sicherster Wegweiser zu jenem Glück sein, zu dem sie uns mit Sicherheit führen wird."

In der Saison 1806–1807 spielte sie in Covent Garden sieben Mal Königin Katherine, fünf Mal Lady Macbeth (zu Cookes Macbeth), zweimal Isabella (*Fatal Marriage*), zweimal Elvira, einmal Lady Randolph, einmal Mrs. Beverley und einmal Euphrasia und Volumnia fünfzehnmal. Wir sehen an dieser Aufzählung ihrer Rollen, wie sie, und sie allein, für Shakespeare Popularität erlangte.

Die darauffolgende Saison in Covent Garden war ungewöhnlich kurz und dauerte nur bis zum 11. Dezember 1807, als das *Wintermärchen* für seinen letzten Auftritt vor Ostern angekündigt wurde. Wie sich herausstellte, war es ihr letzter Auftritt in dieser Saison. Unmittelbar nach der Aufführung ging sie nach Bath, wo sie sechs Wochen mit Mr. Siddons verbrachte. Sein Gesundheitszustand verbesserte sich so sehr, dass er Pläne für die Zukunft schmiedete und seine Absicht erklärte, einen Teil des Sommers in Westbourne zu verbringen. Sie verließ ihn daher im Februar 1808 vergleichsweise frei von Ängsten. Einen Monat nach ihrer Abreise wurde er jedoch von einem heftigen Krankheitsanfall befallen und starb am 11. März. Sie gab sofort ihre Verlobung in Edinburgh auf und machte sich auf den Weg zu ihrem Haus in London. Von dort aus schrieb sie am 29. März 1808 an Frau Piozzi:

„Wie unermüdlich ist deine Güte mir gegenüber, mein lieber Freund. Es liegt etwas so Schreckliches in dieser plötzlichen Auflösung einer so langen Verbindung, dass ich es länger spüren werde, als ich darüber sprechen werde. Möge ich den Tod meines ehrlichen, würdigen Mannes sterben; Und mögen diejenigen, die mir am Herzen liegen, sich an mich erinnern, wenn ich gegangen bin, so wie ich an ihn denke, alle meine Fehler vergessen und vergeben und mich nur an meine Seelenruhe und meine Herzensgüte erinnern. Erinnern Sie mich an Ihren lieben Herrn Piozzi. Mein Kopf ist immer noch so benommen von dieser überwältigenden Überraschung, dass ich nicht sehen kann, was ich schreibe. Adieu! liebe Seele; Hör nicht auf, deinen Freund zu lieben. – SS"

Damit endete die Liebesgeschichte, die vor 33 Jahren begann.

Noch vor Jahresende trug sie ihre Mütze und ihre Glocken wieder, hatte aber erst an ein oder zwei Abenden im Covent Garden gespielt, bevor es bis auf die Grundmauern niederbrannte. Wie das Feuer entstand, ist ein Rätsel. Einige sagten, dass die Watte eines Gewehrs in der Darbietung von *Pizarro* unbemerkt in der Felsspalte der Szenerie steckengeblieben sein müsse. Miss Wilkinson erklärte später, dass sie, bevor das Publikum das Haus verließ, einen starken Brandgeruch wahrnahm, während sie in Mr. Kembles Loge saß, und auf dem Weg zu Mrs. Siddons' Ankleidezimmer dies einigen

Dienern gegenüber erwähnte; sie erklärten es für den Geruch der Scheinwerfer. Wie vollständig und schnell die Zerstörung war, erfahren wir aus dem folgenden Brief, den Mrs. Siddons an ihren Freund James Ballantyne schrieb.

„ MEIN LIEBER UND GESCHÄTZTER FREUND ,

„Ich bin zuversichtlich, dass Sie inzwischen so manchen menschlichen Schmerz verspürt haben für die elenden Leidenden des schrecklichen Unglücks, das mich und die Menschen, die mir am meisten am Herzen liegen, heimgesucht hat. Die Verluste für die Eigentümer sind unkalkulierbar, irreparabel, und von all den kostbaren und seltsamen Kleidern, Spitzen und Juwelen, die *ich* in diesen dreißig Jahren gesammelt habe, ist nicht eins, nein, kein einziges Stück entkommen! Der schmerzlichste *meiner* Verluste ist ein Stück Spitze, das eine Toilette der armen Königin von Frankreich gewesen war; es war mehr als vier Meter lang und mehr als einen Meter breit. Es hätte nie für tausend Pfund gekauft werden können, aber das ist das geringste Bedauern. Es war *so* interessant!! Aber oh! Lassen Sie mich nicht in der Undankbarkeit des *Jammerns leiden* , obwohl es so viele Gründe für eine dankbare Anerkennung gibt. Meine Brüder, Gott sei gepriesen! Ich hörte erst von dem Feuer, als jede persönliche Anstrengung völlig nutzlos gewesen wäre. Es ist ebenso wahr wie seltsam und schrecklich, dass um *zwei* Uhr alles in vollkommener Sicherheit zu sein schien und dass um *sechs* (als mein armer Bruder es sah) die gesamte Struktur ebenso vollständig vom Gesicht verschwunden war der Erde, als hätte es so etwas nie gegeben. Gott sei Dank, dass es so *war* , denn wenn es anders gewesen wäre, wäre er bei der Anstrengung, etwas vor dem schrecklichen Untergang seines Eigentums zu retten, wahrscheinlich umgekommen. Das ist Trost. Und du, mein edler Freund, würdest, davon bin ich überzeugt, an der Freude teilhaben , die ich empfinde, wenn ich sehe, wie dieser verehrte Bruder diesen Strom von Widrigkeiten mit männlicher Standhaftigkeit, Gelassenheit und sogar *Hoffnung aufhält* , die fast platzt Mein Herz füllt sich mit einer Bewunderung, die zu groß ist, um sie zu ertragen, und blendet meine Augen mit den köstlichsten Tränen, die mir jemals aus den Augen fielen. Oh! er ist ein herrliches Geschöpf! Habe ich es dir nicht immer *gesagt* ? Ja, ja, und alles wird wieder gut mit ihm! *Sie* trägt es auch wie ein Engel. Lord Guilford und Lord Mountjoy haben ihm edel angeboten, jede beliebige Geldsumme aufzubringen – und es wurden bereits tausend Beispiele großzügiger Gefühle angeboten, die die Güte der menschlichen Natur und ihr Sinn für seinen Wert beweisen. Das alles ist ihm eine so große Ehre, dass ich bald wenig Bedauern empfinden werde, abgesehen von den armen Wesen, die im vernichtenden Feuer umgekommen sind.

„James Ballantyne – Gott segne und gedeihe allen Wünschen und Plänen eines so liebenswürdigen Herzens, eines so gesunden Kopfes! betet inständig zu seinem wahrhaft liebevollen Freund,

„ S. SIDDONS .“

„Mein Kopf ist so verwirrt, dass ich kaum weiß, was ich geschrieben habe; aber Sie möchten, dass ich Ihren freundlichen Brief sofort beantworte, entschuldigen Sie daher alle Mängel.“

Das Ergebnis von John Kembles dreißigjährigem harten Dienst wurde in den Flammen vernichtet, die Covent Garden zerstörten. Das Darlehen von Herrn Heathcote war immer noch unbezahlt. Boaden erzählt uns einen tragikomischen Bericht über einen Besuch, den er am Morgen nach dem Brand im Haus der Kembles abstattete. Frau Kemble drückt lautstark ihre Trauer aus. Charles Kemble sitzt da und hört zu, ein tragischer Ausdruck auf seinem natürlich melancholischen Gesicht; John rasiert sich vor dem Glas. „Ja“, sagte er in den Pausen dieser Operation zu seinem Besucher, „es ist untergegangen – dieses großartige Theater! Es ist verschwunden, mit all seinen Schätzen aller Art; diese Bibliothek, die all diese unsterblichen Werke unserer Landsleute enthielt; dieser Kleiderschrank; die Landschaft. Von all diesem riesigen Schatz sind jetzt nur noch die Wappen Englands über dem Eingang des Theaters und der römische Adler übrig, der einsam auf dem Marktplatz steht.“

Alle Differenzen, die angeblich zwischen Bruder und Schwester entstanden seien, seien in dieser Krise untergegangen und vergessen worden. Auch wenn sie vielleicht über seine Sensibilität gelächelt und Mrs. Kembles lautstarke Äußerungen der Trauer brüskiert hatte, leistete sie ihm nun wirksame Hilfe beim Wiederaufbau des Theaters. Die Aufführungen der Kompanie wurden zunächst ins Opernhaus und anschließend ins Haymarket Theatre verlegt. Zwischen dem 12. September 1808 und dem 6. Mai 1809 trat sie vierzig Mal auf. Für eine Frau ihres Alters – sie war jetzt über fünfzig – muss die Belastung dadurch wirklich groß gewesen sein. Alle schienen sich ihr zuzuwenden und sich auf ihre männliche Willenskraft und Energie zu verlassen.

Neben den Sorgen ihres Berufs beschäftigt sie sich auch mit der Zukunft ihrer Kinder. Ein Brief nach dem anderen könnte zitiert werden, aus dem hervorgeht, wie liebevoll und praktisch sie sich um deren Wohlergehen kümmerte, obwohl die Behauptung kursierte und geglaubt wurde, sie habe mit ihrem Sohn Henry verhandelt und gefeilscht, als wäre er ein Manager, mit dem sie Geschäfte machte. Am 26. November 1808 schrieb sie an Mr. Ingles über eine Expedition nach Edinburgh, um ihrem Sohn bei seinem dortigen Theaterabenteuer zu helfen:

„Unabhängig von allen anderen Überlegungen ist es für mich ein großes Ziel, eine vernünftige Entschuldigung dafür zu haben, einen Großteil meines verbleibenden Lebens in der bewunderten und geliebten Gesellschaft Schottlands zu verbringen; Daher bin ich, sowohl für *mich als auch* für ihn, natürlich um den Erfolg meines Sohnes im Theater besorgt, und ich denke, ich kann ohne Arroganz behaupten, dass Sie sich nicht besser entscheiden könnten. Er verfügt über hervorragende Qualifikationen und wäre, so fürchte ich, nicht der Schlechteste für meinen Rat in Bezug auf Theatergeschäfte oder für die finanzielle Unterstützung, auf die ich stolz sein sollte, um das Kostüm der Bühne zu verstärken. Seine Fähigkeiten als Schauspieler bedürfen nicht meiner Lobrede, und seine private Seriosität ist so allgemein anerkannt, dass er seiner Mutter den Schmerz des Prahlens erspart. Ich habe meinen Teil getan und den Rest vertraue ich dem Himmel an! Ich habe an alle geschrieben, denen Sie mir geraten haben, zu schreiben, und nun möchte ich Ihnen mit einem Wort für Ihren guten Rat danken und Ihnen versichern, dass ich mich, was auch immer das Ergebnis sein wird, für immer für überaus verpflichtet halten werde. Allerdings scheint das Geschäft (das Galindo-Embroglio) von so viel Zweideutigkeit und Dunkelheit umgeben zu sein, dass ich nicht weiß, was ich mir wünschen soll – aber dass es ein *Ende* sowohl der Hoffnungen als auch der Ängste gab; denn nichts ist so unerträglich wie Suspense."

Diejenigen, die der Öffentlichkeit dienen, haben viel unter den Launen der Menge zu leiden, aber sie erleben auch viele Beweise dafür, dass Einzelpersonen ihr Genie wertschätzen. Die Kembles erlebten im Moment ihrer Not Momente der Güte und Freundlichkeit, die einem in ihrer Großzügigkeit geradezu sagenhaft vorkommen. Der Herzog von Northumberland bot Kemble ein Darlehen von zehntausend Pfund für seine einfache Anleihe an. Er zögerte mit der Annahme, da er befürchtete, die Zinsen nicht zahlen zu können. Der Herzog versprach, niemals dazu gedrängt zu werden, und am Tag der Grundsteinlegung kündigte er die Kaution und schenkte ihm die gesamte Summe.

Dank der Großzügigkeit der Gönner waren bald fünfzigtausend Pfund gezeichnet; Fast die gleiche Summe erhielten die Versicherungsgesellschaften, und am 30. Dezember 1808 wurde der Grundstein zu Ehren der Freimaurer gelegt. John Kemble war kein Mensch, der auf den Prunk einer Zeremonie verzichtete. Alle Schauspieler und Schauspielerinnen waren versammelt; Mrs. Siddons trug einen nickenden Federbusch aus bedrohlichen schwarzen Federn, während ihr Bruder, der aus seinem Krankenbett aufgestanden war, in weißen Seidenstrümpfen und Pumps unter den Regengüssen stand.

In weniger als zwölf Monaten nach seiner Zerstörung entstand das neue Theater aus der Asche seines Vorgängers. Während des Baus wurde auch

Drury Lane, das Oppositionshaus unter Sheridans Leitung, niedergebrannt, wodurch auch Sheridan in Schutt und Asche gelegt wurde.

Der neue Covent Garden war ein viel prächtigeres Gebäude als sein Vorgänger; aber das System der privaten Logen, das zunächst in Drury Lane eingeführt worden war, wurde nun aufs Äußerste ausgedehnt, und der dritte Bereich des Theaters wurde ihnen vollständig überlassen. Dieser Eingriff der Aristokratie in die Privilegien des Volkes war nicht zu ertragen. Die „Freiheit des Subjekts" war von Fox und Burke in Mode gebracht worden, und die Bevölkerung war entschlossen, ihre Lehren in allen Lebensbereichen in die Praxis umzusetzen. Sie wollten sich nicht unterwerfen, weil das neue Haus das Monopol hatte, für ihre Belustigung zu sorgen, und sich nicht beleidigen lassen und in eine dunkle Galerie verbannen, wo sie weder sehen noch hören konnten, während eine „aufgeblasene Aristokratie" in geräumigen Logen mit Vorzimmern herumlungerte hinter. Wir, die wir den Radikalismus unserer Zeit und die Freiheit der freien Meinungsäußerung bedauern, sollten den Bericht über die ungeheuerlichen OP-Unruhen (Old Prices) lesen und uns zu dem verbesserten Anstand gratulieren, der heutzutage herrscht.

Das Neue Haus wurde am 18. September 1809 eröffnet. Bis unter das Dach drängte sich ein prächtiges Publikum, auf das das von Tausenden von Wachskerzen geworfene Licht schien, und Kemble und Mrs. Siddons spielten die Rollen von Macbeth und Lady Macbeth, einer brillanten Einweihung hätte erwartet werden können.

Die Nationalhymne wurde gesungen, und dann sollte Kemble eine poetische Ansprache halten. Doch in dem Moment, als er für Macbeth gekleidet erschien, wurde er von einem trotzigen Schrei begrüßt, während die Menge im Graben mit aufgesetzten Hüten und mit dem Rücken zur Bühne aufstand. Kemble bat vergeblich um Anhörung. Dann erschien seine Schwester, blass, aber entschlossen, und beide spielten ihre Rollen bis zum Ende durch. Wann immer das Geschrei und Zischen für einen Moment nachließ, war die musikalische Stimme der großen Schauspielerin zu hören, die ihre Rolle gleichmäßig durchzog.

Zwei Richter erschienen auf der Bühne und verlasen das Riot Act; Soldaten stürmten herein, um die Randalierer zu fangen, die sich an den Säulen in die untere Galerie hinabsteigen ließen. Der Anblick der Soldaten machte Babel tatsächlich nur noch größer. „Warum wurden die Preise erhöht", schimpfte der Mob, „während den Schauspielern und Schauspielerinnen exorbitante Gehälter gezahlt wurden? Das Geld, das die Kembles und Madame Catalani für die Saison erhielten, belief sich auf 25.575 £. Da war Mrs. Siddons mit 50 Pfund pro Nacht! Der Lordoberrichter saß jeden Tag von 9 bis 16 Uhr in Westminster Hall für die Hälfte der Summe!" „Sie und ihr Bruder traten auch häufig mit Kleidung im Wert von 500 Pfund auf der Bühne auf. [3] All dies sollte aus den Taschen der Öffentlichkeit herausgeschraubt werden."

Der gesamte Zustand der damaligen Bevölkerung litt unter dem Rückfluss der revolutionären Flut, die einige Jahre zuvor über Frankreich hinweggefegt war. Die Art und Weise, wie sich die Behörden während der siebzig Nächte, die die Unruhen dauerten, verhielten, lässt uns tatsächlich vermuten, dass sie sich der Unterströmung der politischen Aufregung bewusst waren und froh waren, dass sie in einen Kanal umgeleitet wurde, der Kirche und Staat nicht bedrohte . In keinem anderen Land der Welt hätte ein solcher Zustand Nacht für Nacht andauern dürfen. Ab und zu erschien schwach ein Richter auf der Bühne und verlas unhörbar das Riot Act. Einmal bestieg das Publikum die Bühne und wurde nur durch das plötzliche Öffnen aller Fallen davon abgehalten, die Schauspieler persönlich anzugreifen. Eine Dame erhielt Ovationen, weil sie eine Nadel geliehen hatte, um ein Manifest an einer der Kisten zu befestigen, und das ganze Haus war mit beleidigenden Mottos plakatiert. Die Eigentümer griffen darauf zurück, Befehle zu erteilen, um ihre eigenen Partisanen aufzunehmen. Dies führte zu heftigen Kämpfen und Rangeleien. Tauben wurden losgelassen, als Symbol dafür, dass die Öffentlichkeit tauben geschossen wurde; Es wurden Verleumdungen über die Moral der Privatlogen geäußert; Die Anführer des Aufstands stachelten die Menge durch hetzerische Reden zu weiteren Ausschreitungen an. Am sechsten Abend meldete sich Kemble und verkündete, dass Catalanis Verlobung, einer der größten Missstände, annulliert worden sei und dass kompetente Herren die Geschäftsbücher der Eigentümer prüfen würden, um zu beweisen, dass das Theater kein zahlender Betrieb sei. Der Bericht erschien und bewies, dass die Eigentümer bei einer Preissenkung drei Viertel Prozent verlieren würden. auf ihr Kapital. Auf den unvernünftigen Mob hatte diese Aussage keine Wirkung. Bei der Wiedereröffnung des Hauses am 4. Oktober begann der Aufstand heftiger denn je. Leider spielte Cooke in einem Prolog auf die späte „feindselige Wut" an. Der Ausdruck war, als würde man ein Streichholz in Schießpulver werfen. Die Menschen gerieten in Raserei; Sie griffen die Boxen an und rannten während des Spiels auf den Boxenbänken auf und ab. Dann wurde, wie uns erzählt wird, auch der berühmte OP-Kriegstanz im Graben eingeführt, der dem französischen *Carmagnole* ähnelte , „mit seinem ruhigen Anfang, seinem Anschwellen zu Lärm und Schnelligkeit und seinem Finale voller dämonischem Aufruhr und …" Verwirrung." Prinzen des Blutes besuchten die Logen, und nachdem sie das Spektakel gesehen und das Babel der dröhnenden Kehlen gehört hatten, lachten sie und gingen nach Hause! Danach marschierte die Menge zu Kembles Haus, 89 Great Russell Street, Bloomsbury, und setzte dort den Aufstand fort. Schließlich wurden die Anführer verhaftet, aber freigesprochen, und Kemble erklärte sich bereit, beim Abendessen zu ihren Ehren zu erscheinen. Das war ein Einholen der Flagge, aber in Wirklichkeit gingen die Eigentümer als Sieger hervor. Der Eintrittspreis für die Grube wurde um sechs Pence reduziert, der halbe Preis blieb jedoch bei zwei Schilling. Die Zahl der privaten Logen wurde verringert, der neue Eintrittspreis wurde jedoch beibehalten. Für stolze Gemüter wie die Kembles muss es eine bittere Bewährungsprobe gewesen sein.

„Dass ich krank aussah", schreibt Mrs. Siddons über diese Zeit an eine Freundin, „war ausschließlich auf einen aufregenden Besuch des armen Mr. John Kemble an jenem Morgen zurückzuführen, der die Privatlogen aufgeben wollte, was, wie ich fürchte, letztendlich akzeptiert werden muss. Sicherlich kam heutzutage nichts der Dominanz des Pöbels gleich. Es ist mir unbegreiflich, wie sich die breite Öffentlichkeit gegen ihr besseres Wissen von einer Handvoll herrischer und betrunkener Männer derartige Vorschriften machen lässt. Was können die armen Eigentümer in der Zwischenzeit anderes tun, als der überwältigenden Notwendigkeit nachzugeben? Könnte ich nur einmal spüren, dass die Sorge meines armen Bruders um das Theater ein Ende hat, ginge es mir, erstaunlicherweise, so gut wie nie zuvor in meinem Leben. Aber stellen Sie sich nur vor, in welchem Zustand er über drei Monate lang gewesen sein muss, egal wie gut er das Geschäft präsentierte; und denken Sie daran, was seine arme Frau und ich erlitten haben müssen, als wochenlang solche Gewalttaten an seinem Haus und anderswo verübt wurden, dass ich sogar um seine persönliche Sicherheit zitterte; sie, die arme Seele! Sie lebte mit Leitern an ihren Fenstern, um im Falle eines Angriffs durch den Garten zu fliehen. Mr. Kemble erzählt mir, dass seine Nerven sehr angeschlagen sind. Was für eine Zeit das für uns alle war – angefangen mit Feuer und weiter mit Wut! Doch manchmal sind die Vorteile von Widrigkeiten süß. Sie stärken nicht nur die familiäre Zuneigung, sondern lehren uns alle, demütig mit unserem Gott zu wandeln,

"Dein,

„SS"

Die Wut der Randalierer richtete sich vor allem gegen John Kemble, „Black Jack", wie er genannt wurde. Sie verloren nie einen gewissen Respekt vor der großartigen Schauspielerin, die ihnen so lange und so treu gedient hatte. Wir kennen die Geschichte, wie sie durch die Fenster ihrer Sänfte an die aufrührerische Menge, die sich rund um das Theater versammelt hatte, appellierte: „Gute Leute, lasst mich passieren; Ich bin Sarah Siddons", und wie der Mob sich sofort zurückzog, um der würdevollen Königin der Tragödie Platz zu machen. Die ganze Angelegenheit machte sie jedoch entmutigt und traurig. „Ich habe in einem Schauspielhaus nicht immer

Dankbarkeit erlebt", sagte Garrick, und sie wiederholte seine Worte nur mit einem Seufzer. Sie schrieb an ihre Schwiegertochter, Frau Henry Siddons:

„Oktr. Jubiläumstag, Westbourne Farm, Paddington.

„ MEINE LIEBE HARRIET ,

"Frau. Sterling hat sich freundlicherweise verpflichtet, Ihnen ein Paket zuzustellen, das aus einem Buch besteht, das an Sie in Westbourne gerichtet ist, und jeweils einem kleinen Spielzeug für meine lieben kleinen Mädchen. Ich würde Ihnen einen Bericht über unsere Theatersituation geben, wenn meine rechte Hand nicht so schwach wäre, dass ich meinen Stift nur mit Mühe halten kann – ich glaube, Sie haben in Liverpool gesehen, dass sie Blasen aufweist, und es tut mir leid, sagen zu müssen, dass sie kaum besser ist Alles, was ich versucht habe, um es zu stärken. Allerdings geben die Zeitungen, soweit ich weiß, einen einigermaßen genauen Bericht über diese barbarische Beleidigung von Anstand und Vernunft, die eine nationale Schande darstellt: Der Himmel weiß, wo sie enden wird, und ich glaube, dass dies jetzt allgemein der Fall sein *wird nicht* ohne die Einmischung der Regierung enden, und wenn sie sich an die Unruhen des Jahres 1980 erinnern, ist es wunderbar, dass sie es so weit kommen ließen. Ich halte es für sehr wahrscheinlich, dass ich in dieser Saison nicht mehr auftauchen werde, denn nichts wird mich dazu veranlassen, mich erneut in eine so schmerzhafte und entwürdigende Situation zu begeben. Oh, wie froh bin ich, dass du und mein lieber Harry nicht mehr da sind! Ich sehne mich danach zu hören, wie es dir geht; Sagen Sie mir bald, dass es Ihnen allen gut geht, dass es Ihnen gut geht und Sie glücklich sind. Ich habe festgestellt, dass Mr. Harris sein Haus in der Marlbro' Street verlassen wird und Sie es am Ende seiner Amtszeit an einen anderen Mieter vermieten müssen – ich weiß nicht mehr, wie lange er es gemietet hat. Es wird bald ein Druck von Mrs. Fitzhughs Bild herauskommen; Mir wurde gesagt, dass es das Schönste sein wird, was man seit vielen Jahren gesehen hat. Das Bild ähnelt mir mehr als alles, was jemals gemacht wurde, und ich werde eines für Sie besorgen und es Ihnen bei der ersten Gelegenheit schicken. Ich habe mir den Spaß gemacht, ein Modell von Mrs. Fitzhugh anzufertigen, von dem jeder sagt, es sei ähnlicher als alles, was jemals in dieser Art gesehen wurde. Ich hoffe, dass es in Edinburgh Modelliermasse gibt, denn wenn es möglich ist, werde ich einen Kopf meines lieben Harry modellieren, wenn ich dorthin gehe. Gib ihm meine Liebe und meinen Segen. Akzeptieren Sie dasselbe für sich und die lieben Kinder. Erinnern Sie sich freundlich an alle unsere Freunde, aber sehr herzlich an mich. an die liebe Miss Dallas und die Familie von Hume. Patty wird Ihnen von Mrs. Sterling schreiben; *Ihr* Brief wird hoffentlich besser geschrieben und unterhaltsamer sein als meiner. Gott segne dich, meine liebste Harriet.

„Comps. ob es sein *Waft war* oder er selbst.

„An FRAU H. SIDDONS .“

Bei verschiedenen Gelegenheiten kam es erneut zu Unruhen, und obwohl die verängstigten Manager mit Hilfe von Entschuldigungen und Demütigungen aller Art eine Wiederholung der Gewalt abwehrten, war das Schicksal des neuen Hauses als zahlender Betrieb besiegelt; Es war von Anfang an künstlerisch und finanziell ein Fehler gewesen und wurde bald nicht mehr als Theater genutzt. Ein Pudel vertrieb Goethes und Schillers Stücke von der Bühne des Weimarer Theaters, der „Hund Carlo“ und Meister Betty vertrieben *Macbeth* und *Coriolanus* aus Covent Garden; In beiden Fällen war die Öffentlichkeit in ihren Schlussfolgerungen berechtigt, nicht jedoch in der Art und Weise, wie sie sie zum Ausdruck brachte. Durch die Unterdrückung jeglichen Applauses und die Beschränkungen, die sie ihrem Publikum auferlegten, stoppten die Weimarer Machthaber jede dramatische Spontaneität; Durch die Größe und Unhandlichkeit des von ihnen gebauten Theaters und die Verbannung des unteren Teils des Publikums in eine gewisse Entfernung von der Bühne haben die Besitzer von Covent Garden ihrer Kunst das unverzichtbare Urteil des einfachen Publikums entzogen. Auch die dramatische Kunstschule der Kembles ging unter. Sie hatten die Natürlichkeit und Vielfalt von Garricks Stil durch maßvolle und würdevolle Würde ersetzt. Diese Pracht sollte nun durch den Ungestüm und die spontane Leidenschaft Keans abgelöst werden.

Wir haben gesehen, dass einer der Jungen, die John Kemble in die Hexenszene von „ *Macbeth* “ *eingeführt hatte* und die sich anschließend wegen Ungehorsams abwandten, Edmund Kean hieß. Dieser kleine Kobold hatte sich, unbeeindruckt von Not, Erniedrigung und Elend, zu einem der größten Genies entwickelt, die jemals die englische Bühne betraten. Es gibt viele Geschichten über Mrs. Siddons erstes Treffen mit Kean, aber alle sind sich einig, dass es für den jungen Schauspieler keineswegs eine lobenswerte Leistung war. Es war in Irland, entweder in Belfast oder Cork. Kean war verlobt, mit ihr zu spielen. Anstatt seine Rolle zu lernen, nutzte er wie gewöhnlich die Zeit zwischen ihrer Ankunft und dem Stück zum Trinken mit einigen Freunden, mit solchem Erfolg, dass, als er die Bühne betrat, die gesamte Rolle aus seinem Gedächtnis verschwunden war; Er war daher gezwungen, im weiteren Verlauf zu improvisieren. Unnötig zu erwähnen, dass sein Auftritt ein Gewebe aus Unsinn, bedeutungslosen Sätzen und betrunkenen Absurditäten aller Art war. Das Publikum war nicht kritisch, aber Mrs. Siddons' Abscheu kann man sich vorstellen. Das nächste Stück, das aufgeführt wurde, war *Douglas* , und in diesem spielte Kean den jungen Norval. Ob er sich schämte und der großen Schauspielerin zeigen wollte, dass auch er ein Schauspieler war, lässt sich nicht sagen, aber er verlieh der

Rolle so viel Pathos und Geist, dass sie überrascht war und Bewunderung empfand. Nach dem Stück (Kean selbst erzählt uns) kam sie zu ihm, klopfte ihm auf den Kopf und sagte: „Sie haben gut gespielt, Sir. Schade, aber es gibt zu wenig von euch, um etwas zu tun."

Als der „kleine Mann" in London ankam, kündigten Kemble und Mrs. Siddons ihre Absicht an, die Othello-Darbietung des neuen Schauspielers mit ihrer Anwesenheit zu würdigen. Eine Verwandte von Kean, die über das Ergebnis der Kemble-Entscheidung sehr besorgt war, stellte sich in eine Kiste gegenüber, um zu beobachten, welche Wirkung die Aufführung auf sie hatte. Die Königin der Tragödie saß aufrecht da und sah kalt aus; Mr. Kemble schenkte ihm eine ernste Aufmerksamkeit. Doch als sich der junge Schauspieler für seine Rolle erwärmte, zeigte sich Mrs. Siddons erfreut und überrascht und beugte sich schließlich vor, ihren schönen Kopf auf dem Arm, ganz in die Szene vertieft, während Kemble immer wieder seine Zustimmung zum Ausdruck brachte und sich bei jedem Punkt an seine Schwester wandte erzählt. Am triumphalen Abschluss der Aufführung näherte sich Keans Freund der Loge der Kembles. Mrs. Siddons würde nicht zulassen, dass dieses außergewöhnliche Genie der Junge war, der zuvor mit ihr zusammengearbeitet hatte. „Vielleicht", sagte sie, „hatte er den Namen Kean angenommen." „Dann hat der Gegenwärtige jedes Recht, es fallen zu lassen", sagte Kemble; „Er ist nicht Kean, sondern der echte Othello." Doch Kemble muss in dieser Nacht gewusst haben, dass ein Größerer als er aufgetaucht war. Es muss eine bemerkenswerte Szene gewesen sein, als diese beiden bemerkenswerten Persönlichkeiten einer vergangenen Zeit über „den kleinen Herrn" urteilten, der es, wie Kemble sagte, „immer so schrecklich ernst meinte", während er sich darüber ärgerte und wütend wurde Bühne, wo er dazu bestimmt war, ein neues Ideal der dramatischen Kunst zu initiieren.

Macready gibt einen interessanten Bericht über seine erste Begegnung mit der großartigen Schauspielerin, zu der jeder junge Aspirant mit großer Ehrfurcht aufblickte. Es war in Newcastle; Die Stücke „*Gamester*" und „*Douglas*" wurden ausgewählt, und der junge Schauspieler erhielt die entsetzliche Nachricht, dass er mit ihr spielen sollte. Mit Zweifel, Angst und Beklommenheit machte er sich an seine Arbeit, und der Gedanke, an der Seite der großen Meisterin ihrer Kunst zu stehen, hing *in terrorem über ihm* . Schließlich kam sie an und er erhielt den Befehl, zum Proben ins Queen's Head Hotel zu gehen. Der Eindruck, den ihr erster Anblick auf ihn machte, erinnerte ihn an die Beschreibung des Pagen über die Wirkung von Jane de Montforts Auftritt in Joanna Baillies Tragödie auf ihn. Es war

So königlich, so gebieterisch und so edel.

In ihrer großartigen, aber gutmütigen Art sagte sie, nachdem sie seine Nervosität gesehen hatte: „Ich hoffe, Mr. Macready, Sie haben etwas Hirschhorn und Wasser mitgebracht, da ich gehört habe, dass Sie schreckliche Angst vor mir haben", und sie machte einige Bemerkungen darüber, dass er ein sehr junger Ehemann sei. Ihre Tochter Cecilia ging lächelnd aus dem Zimmer und überließ sie den Geschäften des Morgens.

Ihre Anweisungen prägten sich lebhaft in das Gedächtnis des jungen Schauspielers ein und er verabschiedete sich ängstlich und zitternd. Das Publikum war wie immer ermutigend und die erste Szene verlief mit Applaus; aber im nächsten – seinem ersten Treffen mit Mrs. Beverley – überkam ihn seine Angst so sehr, dass ihn für eine Minute seine Geistesgegenwart verließ; sein Gedächtnis schien verschwunden zu sein und er stand verwirrt da. Sie flüsterte ihm freundlich das Wort zu und die Szene ging weiter.

Der begeisterte junge Schauspieler fährt fort:

Sie stand allein auf dem Höhepunkt ihrer Exzellenz. Ihr Schauspiel war perfekt, und soweit ich mich erinnere, wundere ich mich als Neuling nicht über meine Verunsicherung, als ich mit ihr auf der Bühne stand. Aber im Laufe des Stücks erlangte ich nach und nach mehr und mehr meine Selbstbeherrschung zurück, und in der letzten Szene, als sie am Seitenflügel stand und auf das Zeichen ihres Eintritts wartete, sagte ich die Worte: „Meine Frau und Schwester! Gut gut! Es gibt nur noch einen Schmerz, und dann lebe wohl, Welt!" Sie hob die Hände, klatschte laut und rief: „Bravo, Sir, bravo!" im Blickfeld eines Teils des Publikums, das in ihren Applaus einstimmte.

An diesem Abend war ich mit einem Ball verlobt, „wo sich alle Schönheiten" – nicht von Verona, sondern von Newcastle – treffen sollten. Mrs. Siddons ließ mir nach dem Stück sagen, dass sie sich freuen würde, mich in ihrem Zimmer zu sehen, sobald ich angezogen sei. Als sie eintrat, „wünsche sie", sagte sie, „mir ein paar Ratschläge zu geben, bevor sie sich von mir verabschiedet. „Du bist auf dem richtigen Weg", sagte sie, „aber denk daran, was ich sage: Studiere, studiere, studiere und heirate nicht, bevor du dreißig bist." Ich erinnere mich daran, wie es war, in fast deinem Alter bei einer jungen Familie um mich herum studieren zu müssen. Hüten Sie sich davor: Konzentrieren Sie sich auf Ihre Kunst, geben Sie Ihr Studium nicht auf, und Sie werden mit Sicherheit Erfolg haben. Ich weiß, dass Sie heute Abend auf einem Ball erwartet werden, deshalb werde ich Sie nicht aufhalten, aber vergessen Sie meine Worte nicht: Lernen Sie gut, und Gott segne Sie." Ihre Worte lebten mit mir und haben mich oft in Momenten der Verzweiflung aufgeheitert. Ihre schauspielerische Leistung war für mich eine Offenbarung, die bis in die Zukunft hinein Einfluss auf mein Studium meiner Kunst hatte. Leichtigkeit, Anmut, unermüdliche Energie in allen Variationen menschlicher Leidenschaft, vereint in diesem großartigen und massiven Stil, waren für sie das Ergebnis geduldiger Hingabe gewesen. Als ich zum ersten Mal Zeuge ihrer wunderbaren Nachahmungen wurde, kann ich mit der Dichterin sagen:

„Dann fühlte ich mich wie ein Beobachter des Himmels

Wenn ein neuer Planet in sein Blickfeld schwimmt."

Und ich kann die Wirkung, die sie bei der Entwicklung neuer Gedankengänge auf mich hervorriefen, nur mit der erweckenden Kraft vergleichen, die Michael Angelos Skizze des kolossalen Kopfes in der Farnesina auf Raffaels Geist ausgeübt haben soll.

Kapitel XV.
RUHESTAND.

Was für ein Wunder, dass Mrs. Siddons nun ernsthaft an den Ruhestand dachte. Bereits 1805 hatte sie an eine Freundin geschrieben: „Es ist besser, hart zu arbeiten und es hinter sich zu lassen." Wenn ich nur dreihundert pro Jahr zu meinem derzeitigen Einkommen hinzufügen kann, werde ich vollkommen gut versorgt sein; und wenn das geschafft ist, bin ich entschlossen, im Sommer keine weiteren positiven Verpflichtungen mehr einzugehen. Ich vertraue darauf, dass Gott mich in seiner großen Barmherzigkeit dazu befähigen wird. Und dann, oh, wie werde ich faul, frech und glücklich sein! Du wirst etwas zu tun haben, das kann ich dir sagen, meine Liebe, um mich in Ordnung zu halten." Aus dieser Sehnsucht wurde nun eine deutliche Entschlossenheit.

In zwei Briefen, die sie einige Zeit zuvor geschrieben hatte, einem an James Ballantyne und einem an Lady Harcourt, brachte sie diese Entschlossenheit zum Ausdruck. An Lady Harcourt schrieb sie: –

„Sie sehen, wo ich bin, und müssen den Ort sowohl durch Darstellungen als auch durch Berichte kennen, ich wage zu behaupten, zumindest weiß mein Herr, ja, „jede Coigne und jeden Blickwinkel" dieses ehrwürdigen Haufens, und beneidet mich um den Anblick, den ich kurz zuvor gesehen habe mich, wo ich schreibe. Dies ist ein Gasthaus. Ich habe mich hier niedergelassen, um die reine Luft und die vollkommene Ruhe zu genießen, anstatt mich in Leeds niederzulassen, der unangenehmsten Stadt im Herrschaftsgebiet Seiner Majestät, Gott segne ihn. An diesem Tag ist meine Aufgabe beendet. Ich habe dort vier Abende gespielt und bin der Kirkstall Abbey sehr überdrüssig. Für einen Menschen meines Alters ist es zu düster, und ich bin kein Antiquar. Es ist jedoch äußerst schön. Ich fahre für eine Woche nach York und hoffe, dass ich während meines Aufenthalts dort von Ihnen hören kann, meine allzeit liebe Lady Harcourt. Ich muss noch eine Weile daran arbeiten, um die gesegnete Aussicht zu verwirklichen (fast, ich danke Gott, aus meiner Sicht), für den Rest meines Lebens in Frieden und Ruhe zu sitzen. Ungefähr 250 Pfund mehr pro Jahr werden mir den Komfort einer Kutsche sichern, und glauben Sie mir, es ist eines der Lieblingsobjekte in dieser Aussicht, dass ich das Glück haben werde, Sie und meinen lieben Lord Harcourt oft, sehr oft zu sehen; Denn obwohl Zeit und Umstände und die stolze Barriere hoher Abstammung sich alle zusammengeschlossen haben, um unsere Personen zu trennen, erlauben Sie mir dennoch den bescheidenen Ehrgeiz, zu glauben, dass unsere Geister verwandt und meinerseits vereint sind, seit ich die Ehre hatte und Viel Glück, dass ich dich kenne. Wie könnte es anders sein, denn euch beide zu kennen bedeutet, euch zu schätzen und zu lieben? Und jetzt, meine liebe Lady Harcourt, muss ich Sie verlassen, damit Sie sich für Belvidera kleiden. Es ist sehr schlechtes Wetter und ich bin nicht in der Stimmung, zu schauspielern, aber ich muss noch eine Weile spielen, und dann! Wie friedlich, wie wohl werde ich mich fühlen, nach den Stürmen, Stürmen und Nöten meines mühsamen Lebens! Gott segne und behüte Sie, die Sie in dieser Stunde des Friedens einen großen Teil meines Glücks haben werden."

Gegenüber James Ballantyne drückt sie sich im gleichen Tenor aus:

„Ich wandere durch die Welt, um etwas mehr Geld zu bekommen. Ich versuche, mir den Komfort einer Kutsche zu sichern, die jetzt für mich absolut notwendig ist, und dann – dann werde ich bis ans Ende meiner Tage still sitzen. Sie werden vielleicht überrascht sein zu hören, dass ich nicht übermäßig reich bin, aber Sie wissen nicht, welche Ausgaben ich in der Vergangenheit gemacht habe und welche Verluste ich erlitten habe; Sie erschöpfen den Geldbeutel unvorstellbar. Ich werde bis zum 15. in York sein, von da an gehe ich nach Birmingham, wo ich bis zum 4. August, vom 25. August bis zum 1. September bleiben werde. Ich werde in Manchester sein und dann „zu dieser lieben Hütte, meinem Zuhause" zurückkehren. Sie würden kaum wissen, dass Sweet Little Spot so improvisiert ist, seit Sie es gesehen haben. Ich glaube, ich habe Ihnen von meinem neuen Esszimmer und dem hübschen Schlafzimmer am Ende davon geschrieben, in dem Sie ungestört von Ihren ehemaligen Nachbarn in ihren Krippen schlafen können, Stalls, würde ich *sagen* , glaube ich. Alle Lawrells sind grün und gedeihen, alle Holzgärten verblassen, versteckt von süßen Sträuchern und Blumen, die um mich herum eine grüne Mauer bilden: Oh! Es ist die hübscheste kleine Ecke der Welt, und ich hoffe, dass Sie bald kommen und sagen, dass Sie es *denken* . Ihr Brief überraschte mich in meinem *Garten Eden* , wo er mich fand, wie ich „den Keim süßer und bitterer Fantasie kaute", Sie machten in diesem Moment die Hauptperson im Drama meiner Überlegungen – und „sagte ich in meiner Eile." Alle Menschen sind Lügner.' Es war mehr als wahrscheinlich, dass Geschäfte, Vergnügen, Krankheit und Personen, die vielleicht weniger Ihre Beachtung verdienten, die Erinnerung von einem ablenkten, der so weit entfernt war und so unfähig war, die Freuden zu steigern und die Sorgen dieser „Arbeitswelt" zu lindern, nach der sich unser Herz natürlich sehnt diejenigen, die unser Wohl und Wehe teilen. Ja, sagte ich, sein Geschmack und seine Gefühle leben meine Talente; aber er kennt mich nicht gut genug, um mich wegen einiger wichtigerer Eigenschaften zu schätzen, die ich in meinem ehrlichen Herzensstolz nicht zu sagen schäme – er bewundert mich für meine Berühmtheit, die alles ist, was er von mir weiß. Ihm haftet daher kein Vorwurf an: Er kennt meinen wahren Charakter nicht, den er, wenn er es wüsste, auch gutheißen würde; zumindest wenn ich mich und ihn nicht sehr irre – in mir selbst bin ich sicher, dass ich mich nicht irre. Es ist ein vulgärer Fehler zu sagen, dass wir uns selbst nicht kennen, denn ich bin ganz sicher, dass diejenigen, die überhaupt ernsthaft denken, *sich selbst besser kennen müssen* als jeder andere *Mensch* .

Sie hatte über fünfunddreißig Jahre lang der Öffentlichkeit gedient und war jetzt in ihrem sechsundfünfzigsten Lebensjahr. Längst waren die zehntausend Pfund, die ursprüngliche Summe, mit der sie in der Blütezeit ihres Wohlstands zufrieden sein wollte, verdoppelt worden. Ein Teil davon war unglücklicherweise von Herrn Siddons investiert worden, ein anderer Teil war bei der Insolvenz von Sheridan verloren gegangen; aber dennoch war es für eine Person, die keinen allzu teuren persönlichen Geschmack hatte und für deren Kinder alle gesorgt waren, eine schöne Versorgung.

Auch körperliche Behinderungen begannen ihre dramatische Wirkung zu beeinträchtigen. Ach! für die Tage, als ein „erlesenes, zerbrechliches Geschöpf" die Venus in Garricks Prozession spielte und mit ihren rosigen Lippen dem kleinen Tommy Dibdin Süßigkeiten ins Ohr flüsterte. Die Schauspielerin war persönlich beleibt und unhandlich geworden. Als sie Isabella spielte und sich vor dem Herzog niederkniete und um Gnade für ihren Bruder flehte, mussten zwei Diener herbeitreten, um ihr beim Aufstehen zu helfen; Und um dies richtig erscheinen zu lassen, wurde dieselbe Zeremonie mit einer jungen Schauspielerin durchgeführt, die dieselbe Rolle spielte und keinerlei Hilfe benötigte. Anhand von Karikaturen und Porträts, die damals von ihr angefertigt wurden, lässt sich erkennen, wie unförmig sie geworden war. Konventionalität und Härte ersetzten die alte Spontaneität und das Pathos; Die Bewegung der Arme war ausgeprägter, die Stimme war übermäßig laut und der Mangel an Schönheit und Charme wurde durch Energie und Tiraden ausgeglichen. Mrs. Siddons war nur zwei Jahre älter als ihr Bruder, aber ihre körperlichen und geistigen Fähigkeiten hatten sich viel schneller verschlechtert. Die Tatsache, dass die dramatische Begabung der Schwester eine natürliche Begabung und das Ergebnis von Fleiß und harter Arbeit war, führte dazu, dass ihre Fähigkeit mit schwindender Kraft noch völliger scheiterte. Neben all den Behinderungen des zunehmenden Alters hatte sie ständig die schreckliche Angst davor, verdrängt zu werden. Frau Jordan hatte sich vor einigen Jahren in Rosalind die Lorbeeren von der Stirn gerissen; Jetzt gingen Gerüchte über den Kanal über eine junge und hübsche Schauspielerin, Miss O'Neill, die als Julia alle Herzen gefangen genommen hatte (eine Rolle, die Mrs. Siddons nie zufriedenstellend verkörpern konnte); Die unvergleichliche Schönheit der Formen der jungen Aspirantin, ihre Sensibilität und Zärtlichkeit waren das Thema aller Zungen. „Wenn man diese Leute reden hört, könnte man meinen, *ich* hätte nie eine Träne vergossen", sagte sie traurig.

Die alte Sensibilität und der Stolz blieben. Sie warf dem Publikum vor, es habe Freude daran, seine alten Favoriten durch die Aufstellung neuer Idole zu demütigen; „Mir wurde dreimal mit einer Sonnenfinsternis gedroht, zuerst durch Miss Brunton (später durch Lady Craven), dann durch Miss Smith und zuletzt durch Miss O'Neill; Dennoch", fügte sie hinzu, „bin ich noch nicht ausgelöscht." Frau Siddons hatte kein Recht, sich zu beschweren. Sie hatte den Trank des Erfolgs und der Anerkennung völlig ausgetrunken und war in ihrem eigenen Lebenswandel auf einzigartige Weise von Rivalität verschont geblieben. Kein noch so nachsichtiges Publikum kann eine Schauspielerin vor den Strafen des Alters bewahren. Sie selbst hatte Mrs. Crawford verdrängt, und zwar nicht sehr sanft. Der Übergangspunkt – der letzte in ihrem Leben – war erreicht, das Kapitel des aktiven Berufslebens war für immer abgeschlossen, dennoch konnte sie sich nicht mit der Altersschwäche und Untätigkeit abfinden. „Ich fühle mich, als würde ich die ersten Stufen einer Leiter erklimmen, die mich in eine andere Welt führt", seufzte sie. Moore erwähnt, sie im Haus von Rogers getroffen zu haben:

"Frau. Siddons kamen am Abend; Ich habe viel mit ihr gesprochen und war zum ersten Mal in meinem Leben abseits der Bühne an ihr interessiert. Sie sprach vom Verlust von Freunden und erwähnte, dass sie im Laufe der letzten sechs Jahre 26 Freunde verloren hatte. Es ist etwas, so viele *gehabt zu haben* . Ein weiterer Grund für ihr Bedauern, die Bühne verlassen zu haben, war, dass sie darin immer einen Ausweg für ihre privaten Sorgen fand, der es ihr ermöglichte, diese besser zu ertragen; und oft wird ihr die Wahrheit und das Gefühl ihres Handelns zugeschrieben, obwohl sie nichts weiter getan hat, als ihr eigenes Herz von seinem Kummer zu befreien."

Am 29. Juni 1812 verabschiedete sie sich beruflich von der Bühne. Schon um drei Uhr nachmittags begannen sich die Leute um die Türen des Parketts und der Galerie zu versammeln, und um halb fünf war der Andrang so groß, dass diejenigen, die früh gekommen waren, in der Hoffnung, einen guten Platz zu ergattern, von der immer größer werdenden Menge unter den Gewölben mitgerissen wurden. Der Andrang war so groß, dass nicht mehr als zwanzig Personen des schwächeren Geschlechts einen Platz im Parkett bekamen, und das Haus war in jeder Rolle vollgestopft. Das Stück war *Lady Macbeth* . Als die große Schauspielerin auftrat, wurde sie mit tosendem Applaus empfangen. Einen Moment lang überkam sie die Erregung, aber sie fasste sich und meisterte ihre Rolle so großartig wie in früheren Tagen. Oft haben alte Theaterbesucher die Szene an jenem Abend beschrieben. Das große, blasse Gesicht, die rührende Stimme auf der Bühne, die sich zum letzten Mal an diejenigen wandte, die sie so viele Jahre lang entzückt und begeistert hatte. Im Publikum herrschte tiefe Trauer, tiefes Schweigen, nur unterbrochen von unterdrücktem Schluchzen; dann der unbändige Gefühlsausbruch, als die Szene, in der sie zum letzten Mal in *Lady Macbeth auftritt* , zu Ende war, denn das Publikum konnte es nicht länger ertragen. Der Applaus hielt von ihrem Abgang an, bis sie wieder erschien, um ihre

Ansprache zu halten. Als wieder Ruhe einkehrte, begann sie mit dem folgenden Abschiedsgruß, den ihr Neffe Horace Twiss geschrieben hatte:

Wer hat nicht gespürt, wie beliebt die zunehmende Nutzung ist?

Die schöne Erinnerung an unsere vergangenen Jahre?

Wer hat nicht geseufzt, als er dazu verdammt war, endlich zu gehen?

Die Hoffnungen der Jugend, die Gewohnheiten der Vergangenheit,

Zehntausend Bindungen und Interessen, die vermitteln

Eine zweite Natur für das menschliche Herz,

Und dicht wie Ranken darum rankend, kletternd,

Blühend im Alter und geheiligt von der Zeit!

Ja! In diesem Moment drängt sich mein Geist auf

Szenen heller Tage, die für immer zurückgelassen werden,

Verwirrende Visionen einer entzückten Jugend,

Als Hoffnung und Fantasie die Farben der Wahrheit trugen,

Und längst vergessene Jahre, das scheint fast so

Die verblassten Spuren eines Morgentraums!

Süß sind diese traurigen Gedanken, denn sie erneuern sich

Das angenehme Gefühl von allem, was ich dir schulde,

Für jedes inspirierende Lächeln und jede beruhigende Träne –

Für die volle Ehre meiner langen Karriere,

Das hat meine früheste Hoffnung beflügelt und meine letzte Angst verjagt.

Und obwohl diese Tränen für mich nicht mehr fließen werden,

Und der warme Sonnenschein deines Lächelns ist vorbei;

Obwohl die hellen Strahlen schnell verblassen

Das schien ungetrübt durch meinen Sommertag;

Doch die dankbare Erinnerung soll ihr Licht widerspiegeln

Über den trüben Schatten der kommenden Nacht,

Und dem späteren Leben einen sanfteren Ton verleihen,

Eine mondhelle Tönung – ein ganz eigener Glanz.

Richter und Freunde! wem die Magie anstrengt

Das Gefühl der Natur hat nie umsonst gesprochen,

Vielleicht sind deine Herzen, wenn die Jahre vergangen sind,

Und vergangene Emotionen wecken einen flüchtigen Seufzer,

Denke vielleicht an sie, deren Lippen so lange gegossen haben

Die bezaubernden Sorgen Ihres Shakespeare-Liedes:

Auf sie, die sich trennte, um nicht mehr zurückzukehren,

Ist jetzt die Trauernde, die sie vorher schien;

Selbst unterworfen, gibt den Schmelzzauber auf,

Und atmet mit schwellendem Herzen ihr langes,

Ihr letzter Abschied.

Als sie das Ende erreichte, waren alle Bühnenanforderungen und Zurückhaltung vergessen, ihre Stimme wurde von echten Schluchzern gebrochen. Sobald die Stille der Emotionen verflogen war, schien es dem Publikum plötzlich klar zu werden, dass es wirklich das letzte Mal war, dass es die wunderbare Schauspielerin sah, die es einst fast vergöttert hatte. Da sie mit ihrer üblichen Art, ihre Gefühle auszudrücken, nicht zufrieden waren , standen sie auf den Sitzen, jubelten ihr zu und schwenkten mehrere Minuten lang ihre Hüte. Es schien der Wunsch der Mehrheit des Publikums zu sein, dass das Stück mit dieser Szene enden sollte, daher wurde der Vorhang fallen gelassen; aber Kemble trat vor und verkündete, dass das Stück fortgesetzt werden sollte, wenn es der Wunsch des Hauses sei. Das Publikum war gespalten und die Farce von „ *Das verwöhnte Kind*"begann unter lautem Beifall auf der einen und Enttäuschung auf der anderen Seite. Dies setzte sich während des gesamten ersten Akts fort, mit ständigen Rufen: „Der fünfte Akt! der fünfte Akt!" Es erwies sich als unmöglich, die Aufregung der Bevölkerung zu beruhigen; Im Haus herrschte Lärm und Verwirrung, und die Stimmen auf der Bühne waren völlig unhörbar. Der Vorhang wurde daher wieder fallen gelassen; und das Publikum zerstreute sich kurz darauf leise.

So verschwand aus ihren Augen die Welt, über die sie fünfunddreißig Jahre lang souverän geherrscht hatte, die Welt, die ihr Freude und Leid bereitete; Bis dahin konnte sie trotz der vielen Versuchungen, die sie bedrängt hatten, mit Stolz spüren, dass sie die höchste Gabe des Genies nie herabgesetzt hatte. Trotz ihres schmerzlichen Bedauerns hatte sie zumindest nichts Tragisches, nichts Unheilbares zu betrauern, wie so viele ihrer Schwestern im selben Beruf. Zwischen ihr und ihnen war es zu Meinungsverschiedenheiten gekommen, aber all das war jetzt in der Qual des „Abschieds" vergessen. Sie erinnerte sich nur an die erste Nacht des Triumphs, an ihre Schrecken und ihre köstliche Ekstase; die Wochen, Monate und Jahre geschätzter, glücklicher Arbeit, erfüllter Träume; Teile, die sie als junges Mädchen studiert und betrogen hatte, ohne sich der Zukunft bewusst zu sein, wirkten mit überwältigendem Erfolg. Kein Glückstraum aus Tausendundeiner Nacht hätte brillanter und vollständiger sein können; Aber wie bei allen menschlichen Dingen hatte die Reaktion eingesetzt. Sie hatte solche Höhen erreicht, dass es zwangsläufig zu einem Rückfluss kommen musste.

Sie hatte ihren Beruf geliebt, nicht nur wegen des großen Applauses, sondern auch wegen der täglichen Hektik und Arbeit, die für eine Frau mit ihrem energischen Temperament an sich schon Freude bereitete.

Rogers erzählt uns, dass sie, Jahre nachdem der Vorhang für ihren Abschiedsauftritt gefallen war, einen Nachmittag lang mit ihr zusammensaß und sich lebhaft an jeden Moment ihres Bühnenlebens erinnerte. „Das ist die Zeit, in der ich daran dachte, ins Theater zu gehen: Zuerst kam das Vergnügen, mich für meine Rolle zu kleiden; und dann das Vergnügen, es zu spielen; aber das ist jetzt vorbei." Schon in ihren frühen Tagen gestand sie immer, dass ihr Geist nicht gleich war und dass ihre inneren Ressourcen zu gering für ein Leben in Einsamkeit waren.

Nach langen Jahren im Rausch des Applaus muss es immer eine große Prüfung sein, sich in das Zwielicht des Privatlebens zurückzuziehen. Der nächtliche Reiz, die geistige Angewohnheit, sich auf ein bestimmtes Objekt zu konzentrieren, die Erzeugung flüchtiger Emotionen und vorübergehender Wirkungen müssen eine verschlechternde Wirkung auf das edelste Gemüt haben. Die kluge Miss Berry erwähnt in ihrem Tagebuch vom 24. Februar 1811 einen Besuch, den sie Westbourne abgestattet hat. "Frau. Siddons empfing mich, wie sie es immer tut, auf eine Art und Weise, die meiner inneren Eitelkeit schmeichelte, denn sie trägt den Keim einer überlegenen Natur in sich, auch wenn sie durch den lang anhaltenden Beifall der Bevölkerung ausgebrannt ist"; und Fanny Kemble schreibt: „Was für einen Preis hat meine Tante Siddons für ihre große Berühmtheit gezahlt! Müdigkeit, Leere und völlige Abstumpfung des Geistes. Die Tasse war so aromatisch, dass das Leben für sie jetzt völlig ohne Kummer oder Süße ist, nichts als geschmacklose Fadheit. Sie hat auf einem Gipfel gestanden, bis alles flach und trostlos aussah; für sie bloße formlose, farblose, ebene Monotonie. Arme Frau! Zu was für einem Schicksal verdammt! Und doch wurde sie sowohl beneidet als auch bewundert!"

Wir bezweifeln, dass die Müdigkeit und Leere so groß war, wie ihre Nichte zu glauben geneigt war. Fortgeschrittenes Alter und verminderte Kräfte bringen immer eine gewisse Sterblichkeit und Gleichgültigkeit mit sich; Aber sie verfügte über geistige Ressourcen, die das junge Mädchen nicht berücksichtigte. Sie hatte einen großen Kreis fester und verbundener Freunde. Sie war nicht ohne intellektuelle Beschäftigungen. Obwohl sie in keinem anderen Lebensbereich außer der Bühne ein besonderes Genie an den Tag legte, hatte sie einen ausgeprägten Geschmack für künstlerische und schöne Dinge. Sie verbrachte einen Großteil ihrer Zeit mit dem Modellieren und führte viele beachtliche Arbeiten aus. Ihre kindliche Liebe zu Milton erwachte nun wieder zum Leben und nach ihrer Pensionierung veröffentlichte sie einen kleinen Band mit Auszügen aus seinen Gedichten. Vor allem hatte sie die Unterstützung und den Trost eines reinen, unerschütterlichen religiösen Glaubens; In ihrem wechselvollen Leben voller Triumphe und Trauer, Freude und Leid hatte Sarah Siddons dies stets in ihrem Herzen lebendig gehalten. Es rettete sie aus vielen Krisen und erhellte den dunklen Weg, der vor ihr lag.

Die folgenden Verse, die sie zu dieser Zeit verfasste, sind ein wahrerer Hinweis auf ihre Gemütsverfassung als alle Schlussfolgerungen, die aus der äußeren Beobachtung durch Außenstehende gezogen wurden:

Sag, was ist der hellste Kranz des Ruhms,

Aber verdorbene Knospen, diese Öffnung ist geschlossen;

Ah! Was ist der schönste Traum der Welt?

Aber zerbrochene Fragmente der Ruhe?

Führe mich mit ruhiger Hand dorthin, wo Frieden ist

Der gemischte Kelch des Lebens wird halten;

Wo die Zeit sanft ihren Sand ausgießen wird,

Und Weisheit verwandelt diesen Sand in Gold.

Dann glücklich am Schrein der Religion

Dieses müde Herz soll seine Last ablegen,

Jeder *wünscht, dass* meine tödliche Liebe zurücktritt,

Und die Leidenschaft zerfließt in Tränen.

Sie hatte nun Muße für Auslandsreisen und den Genuss intellektueller Freuden außerhalb ihres Berufes, die sie vorher nie gehabt hatte. Im Herbst

1814 unternahm sie in Begleitung ihres Bruders John, ihrer jüngsten Tochter Cecilia und Miss Wilkinson einen Ausflug nach Paris. Dann herrschte eine kurze Friedensphase, und alle Kunstinteressierten strömten aus England, um die Schätze zu sehen, die Napoleon aus allen europäischen Hauptstädten geplündert hatte. Der Apollo Belvidere war unter anderem im Statuensaal des Louvre aufgestellt; und Campbell erzählt uns, wie sie Mrs. Siddons den Arm reichten, den Flur entlang gingen und hingerissen von seiner göttlichen Schönheit dastanden. „Ich konnte die Ehre nicht vergessen", erzählt uns Campbell auf urige Weise, „vor ihm in der Gesellschaft eines *so erhabenen Anbeters zu stehen* ; und es hat meine Freude gewiss gesteigert, das erste Interview zwischen dem Vorbild der Kunst und dem der Natur zu sehen."

Das „Vorbild der Natur" war offensichtlich sehr beeindruckt und blieb einige Zeit schweigend stehen und starrte; Dann sagte sie feierlich: „Was für eine großartige Vorstellung von Gott vermittelt uns der Gedanke, dass Er einen Menschen geschaffen hat, der in der Lage ist, eine so göttliche Form zu schaffen!"

Als sie durch die Halle gingen, erzählte uns Campbell, sah er, wie alle Augen auf sie gerichtet waren. Ihre stattliche Haltung, ihr edler Gesichtsausdruck erregten Aufsehen, obwohl die Menge offensichtlich nicht wusste, wer sie war, als er Flüstern hörte: „Wer ist sie?" Ist sie nicht eine Engländerin?"

Crabb Robinson erzählt uns in seinen *Memoiren* auch, dass er jemanden im Louvre sagen hörte: „Mrs. Siddons ist unten." Er verließ sofort die Raffaels und Tizians und machte sich auf die Suche nach ihr. Sie ging mit ihrer Schwester, Frau Twiss, spazieren. Er bemerkte ihr großartiges Aussehen und ihr faszinierendes Lächeln, aber es beunruhigte ihn, dass ein so herrlicher Kopf mit einem kleinen Chiphut bedeckt war. Sie runzelte auch die Brauen, um die Bilder zu betrachten, als ob ihre Sehkraft nicht gut wäre; und er bemerkte ein oder zwei Falten an ihrem Mund und einen etwas groben Ausdruck. Sie blieb zwei Monate in Paris, und wir hören, dass sie zu einer Rezension des Königs ging. Man sah sie sich erhitzt und gerötet und in Staubwolken auf den Champs de Mars zuarbeiten; und es wird ein Witz über ihre „Rettung" gemacht.

Weiteres Leid stand ihr mit dem Tod ihres Sohnes Henry bevor. Er starb wie seine Schwestern an Schwindsucht. Er war Direktor des Edinburgh Theatre und stand in der Blüte seines Lebens. Sein Verlust war sowohl für seine Familie als auch für das Publikum von Edinburgh ein schwerer Verlust. Seine arme Mutter schrieb:

„Westbourne, 1815.

„Dieser dritte Schock hat mich wirklich schwer erschüttert, und obwohl ich mich in den tiefsten Tiefen des Kummers befinde, stimme ich mit Ihnen darin überein, dass man Trost finden kann, wird die Stimme der Natur für eine gewisse Zeit die der Vernunft übertönen; und ich kann nicht umhin, mich daran zu erinnern, ,dass solche Dinge waren und mir sehr lieb waren.'

„Mir geht es einigermaßen gut, aber ich habe keine Stimme. Das ist reine Nervosität, und das schöne Wetter wird sie mir wieder einbringen. Schreiben Sie mir und lassen Sie mich durch einen besseren Bericht über Ihre kostbare Gesundheit getröstet werden. Mein Bruder und Frau Kemble waren sehr freundlich und aufmerksam, wie sie es auch immer waren, wenn sie krank oder traurig waren. Das Wenige, was von meiner schlechten Sehkraft übrig geblieben ist, ist von den Tränen fast weggespült, so dass ich fürchte, ich schreibe kaum leserlich. Gottes Wille geschehe!"

Später beschwerte sie sich:

„Ich weiß nicht warum, es sei denn, dass ich älter und schwächer bin oder dass ich jetzt keinen Beruf mehr habe, was mich in meinen früheren Leiden aus mir selbst herausgezwungen hat, aber der Verlust meines armen, lieben Henry scheint mich noch schwerer getroffen zu haben." Hand auf meinen Geist als alles andere, was ich ertragen habe. Ich fahre hinaus, um meine Stimme und meinen Geist wiederzuerlangen, und im Ausland geht es mir besser; aber ich komme nach Hause und verliere sie beide in einer Stunde. Ich kann nicht lesen oder etwas anderes tun, als mit meinem Ton Pfützen zu machen. Ich habe mit einer Figur der Cecilia in voller Länge begonnen; und das ist eine Ressource, die mich glücklicherweise nie im Stich lässt. Herr Fitzhugh ist damit einverstanden, und das ist eine gute Ermutigung. Ich habe wenig zu beanstanden, außer einer leisen Stimme und schlechter Stimmung."

Alle diese Briefe sehen nicht wie die stolze, harte, selbstbewusste Frau aus, die so oft beschrieben wird. Wir sehen, wie sie aufrichtig trauert, aber nicht in unvernünftigen, verzweifelten Kummer übergeht; Sie erkannte, dass die ganze Helligkeit und Elastizität des Lebens verschwunden war, tat aber edel und praktisch, was sie konnte, um den Übriggebliebenen zu helfen.

Vor Jahresende hatte sie mit Mr. James Ballantyne vereinbart, zehn Nächte lang zugunsten der Familie ihres Sohnes aufzutreten:

„Tausendtausend Dank an Dich, mein freundlicher und guter Freund, für Deinen äußerst entzückenden und erfreulichen Brief. Sie werden mir gerecht, wenn Sie glauben, dass alles, was zu Ihrem Glück beiträgt oder ihm entgegenwirkt, immer für mich interessant sein muss; und da das Glück und die Gesundheit Ihrer vortrefflichen und höchst respektablen Mutter, wie ich weiß, das erste Ziel der Befriedigung ist, das diese Welt für Ihren pflichtbewussten Geist bereithält, bin ich in der Tat für Sie beide überaus glücklich, so bequem zu sein ein Bericht über sie. Ich kann mir keinen Segen vorstellen, der damit vergleichbar wäre, einen solchen Sohn zu haben, und dieser war mein lieber und beklagter Henry. Dieser letzte Schlag lastete tatsächlich eine Zeitlang am schwersten auf mir; aber wenn ich mich daran erinnere, dass sein reiner Geist eine Sphäre des schmerzlichen und ängstlichen Daseins, mit der er kaum zu kämpfen hatte, gegen die Regionen des ewigen Friedens und der ewigen Freude eingetauscht hat, spüre ich die Selbstsucht meines Kummers und wiederhole diese Worte, die immer wieder meinen Geist zu beruhigen scheinen: „Der Herr gab, und der Herr nimmt; Gepriesen sei der Name des Herrn.' Ich hoffe, dass mein Besuch in Edinborough der Familie meines lieben Sohnes von Nutzen sein wird. Zumindest wird es der größte Beweis des Respekts für die Öffentlichkeit sein, von dem sie abhängig ist, und es liegt in meiner Macht, ihn zu geben. Ich habe einige Zweifel, ob die Beweggründe, die mich nach so langer Abwesenheit dazu veranlassen, in die Öffentlichkeit zurückzukehren, mich vor den Pfeilen der Bösartigkeit schützen werden; und wenn ich darüber nachdenke, was ich unternommen habe, obwohl ich hinsichtlich meiner Absichten mutig bin, gebe ich mir doch Zweifel und Schwäche hinsichtlich der Erfüllung der Aufgabe, die ich übernommen habe. Es ist ein großer Nachteil, so lange nicht an die Anstrengungen gewöhnt zu sein, die ich machen muss, aber ich werde es nicht ertragen, noch länger daran zu denken. Was die Gestaltung der Stücke betrifft, so muss sie ganz Frau H. Siddons überlassen werden, deren Urteilsvermögen meiner Meinung nach ebenso stark wie ihr Wesen liebenswürdig ist, und ich kann ihr kein größeres Lob aussprechen. Sie ist in der Tat „die weiseste, tugendhafteste, diskreteste, beste usw.", aber ich fürchte, ich werde mich nie in Mrs. Beverley präsentieren können, die nicht nur gutaussehend, sondern auch *jung sein sollte* . Glauben Sie mir, mein wirklich geschätzter Freund, ich freue mich mit größter Befriedigung auf den Moment, Sie wiederzusehen; In der Zwischenzeit erhebe mich nicht zu sehr! Sie scheinen in Bezug auf meinen Auftrag einen Irrtum zu begehen, den ich korrigieren muss. Die notwendigen Ausgaben für Kleidung, Schmuck, Reisen usw. übersteigen mein begrenztes Einkommen, ohne dass ich *zumindest die Chance hätte*, diese Ausgaben zu *decken , und das ist alles, was ich mir wünsche!* und deshalb muss ich meine Verpflichtung zu den Bedingungen meines Bruders erfüllen."

Im November ist sie daher in langsamen Etappen auf dem Weg nach Edinburgh. Sie verbrachte mehrere Tage in Kirby Moorside, zusammen mit Sir Ralph und Lady Noel sowie Lady Byron. Trotz Nervosität und Müdigkeit begeisterte sie ihr Publikum in Edinburgh. Sie hatte keinen Grund, ihren nördlichen Freunden Untreue vorzuwerfen.

Kapitel XVI.
HOHES ALTER.

Im Jahr 1817 verließ Mrs. Siddons, um ihrer Tochter Cecilia willen unbedingt mehr Gesellschaft zu sehen, ihren Rückzugsort auf dem Land, die Westbourne Farm, wo sie so viele Stunden der Ruhe verbracht hatte, die sie den Turbulenzen ihres Berufslebens entrissen hatte, und nahm sich ein Haus in der Upper Baker Street. Es ist das letzte Haus auf der Ostseite mit Blick auf den Regent's Park und verfügt über eine kleine Rasenfläche und einen Garten dahinter.

Auf der Vorderseite über der Tür befindet sich ein Medaillon mit der Aufschrift: „Hier lebte Mrs. Siddons, die Schauspielerin, von 1817 bis 1831." Als die Häuser in Cornwall Terrace in die Nähe des Parktors gebracht werden sollten, wandte sich Mrs. Siddons an den Prinzregenten, der stets ihr fester und höflicher Freund geblieben war. Er gab sofort den Befehl, ihr die Sicht auf den Park nicht zu versperren. Das Haus, dessen Innenausstattung noch immer unverändert ist, wird heute als Nachlassbüro des Portman-Anwesens genutzt. Der Raum, den sie als Modellatelier eingerichtet hat, ist in Abteile mit Schreibtischen für die Geschäftsabwicklung abgetrennt. Das ist wirklich die einzige Änderung, die vorgenommen wurde. Es ist ein altmodisches, komfortables Haus, getäfelt mit dunkler Eiche. Der Zugang zur Treppe erfolgt über Stufen, die auf- und absteigen, und die Treppen selbst winden sich um Ecken, von denen unerwartete Durchgänge abzweigen, bis sie den ersten Stock erreichen, wo sich rechts das Esszimmer mit Blick auf den kleinen Garten und darüber hinaus öffnet zum Park. Dort, zwischen den griechischen Säulen mit ihrem Geißblattgiebel, hing einst das Porträt ihres Bruders John als Hotspur; Jetzt sieht der Raum verlassen und kahl aus.

Hier lebte sie mit ihrer Tochter Cecilia und Patty Wilkinson, ihrer engsten Freundin und Begleiterin. Einige von uns sind alt genug, um sich daran zu erinnern, von ihren angenehmen Partys gehört zu haben, auf denen sich alles versammelte, was im London ihrer Zeit intellektuell und erfreulich war. Dort rezitierte sie manchmal vor ihren engsten Freunden ihre Lieblingspartien, obwohl sie dies mittlerweile nicht mehr in der Öffentlichkeit tun wollte. Miss Edgeworth beschreibt eine dieser Lesungen:

Ich hörte, wie Mrs. Siddons in ihrem Stadthaus einen Teil von *Heinrich VIII . vorlas* . Ich war beeindruckter und erfreuter als jemals zuvor bei einer Lektüre in meinem Leben. Dies drückt schwach aus, was ich fühlte. Ich hatte das Gefühl, dass ich Shakespeare noch nie vollständig verstanden oder ausreichend bewundert hatte oder die volle Kraft der menschlichen Stimme und der englischen Sprache gekannt hatte. Königin Katherine war eine Figur, die besonders zu ihrer Zeit und zum Lesen passte. Es gab nichts, was eine Geste oder Heftigkeit erforderte, die mit der Sitzhaltung unvereinbar wäre. Die Gelassenheit und Würde und die Art unterdrückter Gefühle und Berührungen, keine Ausbrüche von Zärtlichkeit, von matronenhafter, nicht jugendlicher Zärtlichkeit, allesamt wirkte sich positiv auf die Gesamtwirkung aus. Ich habe ganz vergessen zu applaudieren – ich dachte, sie sei das, was sie zu sein schien. Die Illusion war perfekt, bis sie durch einen Hinweis ihrer Tochter oder Nichte (ich weiß es nicht mehr) unterbrochen wurde, dass Mrs. Siddons durch eine Demonstration unserer Gefühle ermutigt werden würde. Ich drückte dann meine Bewunderung aus, aber der Charme war gebrochen.

Maria Edgeworth scheint mit Mrs. Siddons befreundet geblieben zu sein, aber ihr Vater, Richard Lovell Edgeworth, beleidigte sie hoffnungslos, als er sie zum ersten Mal traf:

„Madam", sagte er, „ich glaube, ich habe Sie vor fünfunddreißig Jahren Millamant spielen sehen."

„Entschuldigen Sie, Sir."

„Oh, dann war es vor vierzig Jahren. Ich erinnere mich daran."

„Entschuldigen Sie, Sir, ich habe nie Millamant gespielt."

„Oh, aber ich erinnere mich daran."

„Ich denke", sagte sie und drehte sich steif zu Rogers, „es ist Zeit für mich, meinen Platz zu wechseln", und hochmütig erhob sie sich und ging weg.

Viele amüsante Geschichten waren aktuell über die dramatische Art, die sie in das tägliche Leben importierte. Ihre Frage im tragischen Tonfall von Lady Macbeth an den überaus ehrfürchtigen Tuchhändler, als sie ein Stück Farbdruck kaufte: „Wird es gewaschen?" Die feierliche Antwort an den schottischen Propst: „Rindfleisch kann mir nicht zu salzig sein, mein Herr"; und „Ich habe um Wasser gebeten, Junge; Du hast mir Bier gebracht." Lord Beaconsfield erzählte die Geschichte seines Vaters Isaac Disraeli, der nach einem Besuch in London nach Hause zurückkehrte und erklärte, dass das Ereignis, das ihn am meisten beeindruckt habe, darin bestand, Mrs. Siddons sagen zu hören: „Der Ripstone Pippin ist der beste Apfel der Welt."." Moore sagt, er erinnere sich daran, wie stolz er darauf war, nach der Oper zum Abendessen von Lady Mount Edgcumbe zu gehen. Bei einem dieser Treffen, als er zwischen Mrs. Siddons und Lady Castlereagh saß, hörte er zum ersten Mal, wie sich die Stimme der ersteren (die er noch nie zuvor getroffen hatte) auf die gewöhnlichen Dinge der Welt und die feierlichen Worte in ihr übertrug tragischer Ton: „Ich liebe Bier wirklich." Sidney Smith beschreibt sie auch als „die Kartoffeln erstechend"; und es heißt, dass sie, als sie vom plötzlichen Tod eines Bekannten hörte, der „tot in seiner Kommode aufgefunden worden war", das letztere Wort als Möbelstück verstand und ausrief: „Armer Mann! Wie ist er dorthin gekommen?"

Sie war in der Regel völlig unempfindlich gegenüber äußeren Einflüssen und ignorierte diese in ihrer Selbstabstraktion. Sie erlebte die wunderbarste Periode der englischen und europäischen Geschichte, doch kein Vorfall schien einen Eindruck auf ihre Denk- oder Lebensweise hinterlassen zu haben. Obwohl sie mit Fox, Burke und Sheridan befreundet war, ging sie nie auf politische Interessen ein. Ihre dramatische Liebeswelt genügte ihr völlig. Ihre Intelligenz war noch nicht fertig; sie brauchte für alles Zeit, Zeit zum Begreifen, Zeit zum Sprechen; Sie hatte nichts Oberflächliches an sich, keine Lebhaftigkeit in ihrem Auftreten. Zu kleinlichem Klatsch konnte sie sich nicht herablassen, und böses Reden verabscheute sie. Sie wollte in allgemeinen Gesprächen nicht glänzen. Fragen Sie sie nach ihrer Meinung, sie konnte sie erst äußern, wenn sie alle Aspekte des Themas studiert hatte; dann könnten Sie ihm vertrauenslos vertrauen. Diese Langsamkeit der geistigen Tätigkeit führte zu einem königlichen, stattlichen und majestätischen Auftreten, das ihr Genie nach und nach zu seinem Nachteil überlagerte. Bereits 1817 beschrieb Fanny Burney sie als:

Die Heldin einer Tragödie, erhaben, erhaben und feierlich, im Gesicht und in der Person wirklich edel und gebieterisch, in den Manieren ruhig und steif, in der Stimme tief und schleppend und im Gespräch formell, sentimental, ruhig und trocken. Ich hatte erwartet, dass sie alles Interessante sein würde; Die Zartheit und Sanftheit, mit der sie jede Gelegenheit nutzt, um auf der Bühne zu überzeugen und zu fesseln, hatte mich davon überzeugt, dass ihr Geist von jener besonderen Empfänglichkeit geprägt war, die ihr auf verschiedene Weise die gleiche Fähigkeit verleihen muss, das gemeinsame Leben anzuziehen und zu erfreuen. Aber ich habe mich sehr geirrt. Als Fremder muss ich ihre edle Erscheinung und ihr schönes Gesicht bewundert haben und bedauert haben, dass nichts in ihrem Gespräch mit ihrem Versprechen Schritt gehalten hat.

Im Jahr 1801 lesen wir, wie Campbell sie traf, als sie in Westbourne am Ufer des Paddington-Kanals spazierte und in vollkommener Angstangst „seinen Mantel anzog" und sich auf ein Interview mit der „großen Frau" vorbereitete. "

Washington Irving gibt eine charakteristische Skizze von ihr:

Es war eine seltene Befriedigung, die Königin der Tragödie so ohne ihre Roben zu sehen. Doch ihr Verhalten, selbst im Gesellschaftsausschuss, spiegelt immer noch den Zustand und die Schwere einer Tragödie wider. Nicht, dass es einen Widerwillen gibt, sich zu beugen, sondern dass es schwierig ist, die Feierlichkeit einer lange erworbenen Gewohnheit aufzugeben. Sie erinnerte mich an die Ritter von Walter Scott, „die das Fleisch mit ihren Stahlhandschuhen tranken und den Rotwein durch ihre vergitterten Helme tranken." Sie war jedoch durchaus geneigt, gnädig zu sein und im Gespräch ihre Rolle wie sie selbst zu spielen. Sie tauschte daher Anekdoten und Begebenheiten aus, in deren Verlauf sie ihre Gefühle und Überlegungen schilderte, während sie durch die erhabene und romantische Landschaft Nordwales und auf dem Gipfel des Penmaennmawr wanderte. Als sie dies tat, leuchteten ihre Augen auf und ihre Gesichtszüge strahlten, und in ihrem Gesicht, das in der Tat ein Buch ist, in dem man seltsame Dinge lesen kann, konnte man die verschiedenen Gefühle ihrer Seele erkennen. Ich war überrascht, dass ihr Gesicht, selbst als ich kurz davor stand, an ihrer Seite zu sitzen, absolut gutaussehend war und keine der Falten aufwies, die normalerweise mit einem fortgeschrittenen Leben einhergehen. Ihre Gestalt wird derzeit unhandlich, aber nicht formlos und voller Würde. Ihre Gesten und Bewegungen sind überaus anmutig. Mr. und Mrs. Campbell sagen, dass ich großes Glück gehabt habe, und ich könnte mir schmeicheln, dass sie so gesprächig ist, da sie Fremden gegenüber sehr zurückhaltend ist.

Herr und Frau Campbell hatten allen Grund, dies zu sagen, denn erst in diesem Jahr schlug sie vor, eines Tages mit ihnen zu essen, und bat, wie sie es immer tat, dass es sich nur um eine Familienfeier handeln sollte. Gegen Mittag trafen Washington Irvings Bruder und ein Freund ein, die Empfehlungsschreiben von Sir Walter Scott mitgebracht hatten. Während ihres Besuchs kam unglücklicherweise ein Diener in den Raum und verriet, dass Mrs. Siddons dort speiste. Sofort beschlossen die Amerikaner, zu bleiben und sie zu besuchen. Campbell erzählte ihnen, wie verärgert Mrs. Siddons sein würde, wenn sie Fremde traf; Sie waren nicht zu widerlegen: –

Als die Kutsche sich dem Haus näherte, fährt Campbell fort, ging ich hinaus, um sie über einen kurzen Pfad auf dem Gemeindeplatz zu führen und sie auf den Anblick der Fremden vorzubereiten. Es war das einzige Mal während meiner langjährigen freundschaftlichen Bekanntschaft, dass ich jemals eine Wolke auf ihrer Stirn sah. Sie nahm meine Entschuldigung sehr kühl auf und betrat mein Haus mit tragischer Würde. Zunächst hielt sie die Herren der Neuen Welt auf transatlantische Distanz; und sie verschlimmerten die Sache, wie ich eine Zeit lang dachte, durch die übertriebenste Schmeichelei. Aber meine kolumbianischen Freunde waren ansprechender, als ich vermutete, und sie erzählten ihr so viele interessante Anekdoten über ihre Heimat und die Begeisterung ihrer Landsleute, sich selbst zu respektieren, dass sie offen und freundlich wurde und ihnen beiden zum Abschied die Hand schüttelte.

In den letzten Jahren wurden ihr zahlreiche Ehrungen zuteil. Sie erhielt eine formelle Einladung zu einem Besuch der Universitäten Oxford und Cambridge. Ihre Tochter schreibt an Miss Wilkinson und drückt ihre Freude über den Besuch aus:

Ich habe mir immer wieder gewünscht, dass Sie die Aufmerksamkeit und Bewunderung, die unserem Liebling entgegengebracht wurde, genauso genossen hätten wie ich. Wir hatten Sehenswürdigkeiten zu besichtigen, Hochschulen und Bibliotheken zu besichtigen, und in jedem von ihnen gab es einen Hauptbewohner, der es gerne zeigte und stolz darauf war, Mrs. Siddons zu bewirten. In der öffentlichen Bibliothek erhielt meine Mutter die Ehre einer Ansprache von Professor Clarke, der ihr eine schöne Bibel aus der Stereotype-Presse überreichte. Danach las sie fast allen derzeit dort anwesenden Universitätsangehörigen die Verhandlungsszene im *Kaufmann von Venedig* vor, und noch schöner, sie tat es nie in ihrem Leben. Jeder war oder schien verzaubert und begeistert zu sein.

Nach ihrem Rückzug von der Bühne gab sie öffentliche Lesungen in den Argyll Rooms in London. Die Arrangements waren äußerst einfach. Ein Lesepult mit Lichtern, auf dem ihr Buch lag, ein in großen Buchstaben gedruckter Quartband. Wenn ihr Gedächtnis nachließ, unterstützte sie ihr Sehvermögen durch eine Brille, die sie in den Pausen so elegant handhabte und benutzte, dass es unmöglich war, sie ohne sie zu wünschen. Ein großer roter Schirm bildete einen harmonischen Hintergrund zu ihrem weißen Kleid und ihrem klassisch geformten Kopf, um den ihr dunkles Haar in lockeren Locken gerollt war. Ihre ganze frühere Würde und Anmut schien in diesen Lesungen wiederzukehren. Die Wirkung, die sie erzielte, war wunderbar, wenn man bedenkt, dass sie ohne Bühnenillusion oder Bühnenbild auskam.

Die ihr von der königlichen Familie entgegengebrachte Aufmerksamkeit war eine Quelle großer Befriedigung. Ihre Briefe, die sie nach einem Besuch in Windsor im Januar 1813 schrieb, sind in ihrer Betonung und ihrem Ausdruck der Freude fast mädchenhaft.

Sie war gerade dabei, sich anzuziehen, um bei Mrs. Damer zu Abend zu essen, als in der Abenddämmerung ein besonderer Bote von Lady Stewart eintraf und ihr die Wünsche der Königin mitteilte. Alles war rosafarben. „Die bezaubernden, gebildeten Prinzessinnen nehmen so *liebevoll* und *gnädig* die Vergnügungen zur Kenntnis, die ich ihnen gerne bereitstellte. Es war für mich die *größte und stolzeste Befriedigung* , einige der schweren, traurigen

Stunden, deren Last diese königlichen, liebenswürdigen Leidenden so oft spüren mussten, ein wenig zu amüsieren ."

Die Königin schenkte ihr eine prächtige Goldkette mit einem Kreuz aus vielen farbigen Juwelen und eine „Seidendecke für mein Bett, die sie mit ihren eigenen Händen nähte".

Am 9. Juni 1819, als Mrs. Siddons über sechzig war, wurde sie veranlasst, zugunsten ihres Bruders Charles Kemble in Covent Garden zu erscheinen. Sie hatte dies zuvor auf Befehl der Prinzessin Charlotte getan, die im letzten Moment nicht kommen konnte. Alle besten Kritiker waren der Meinung, dass es ein Fehler war. Auch die gewählte Rolle, Lady Randolph, war mit ihren langen Reden und ständigen Bewegungen unüberlegt. Das Publikum spendete in Anerkennung ihres persönlichen Charakters dreifachen Applaus, als die junge Norval fragte:

Aber hat mein Vater den Rest der Männer übertroffen?

Wie überragst du alle weiblichen Wesen?

Aber das war ein schlechter Ersatz für den atemlosen Nervenkitzel, die Qual der Emotionen, mit denen sie früher ihr Publikum erschütterte.

Leider sind die Spieler für uns und sie nicht unsterblich. Gesundheit, Kraft, Schönheit, Stimme fehlen ihnen, und ohne diese zufälligen Hilfsmittel ist Genie auf der Bühne nutzlos. Jeder Reputationsverlust einer Schauspielerin wie Mrs. Siddons war ein Verlust für die Welt; Dieses Wiederauftauchen, als Alter und Gebrechlichkeit ihre Kräfte geschwächt hatten, war sehr zu beklagen. Wenden wir uns jedoch von diesem Thema zu angenehmeren Themen; und es gab so viele angenehme Vorkommnisse und so wenige Fehler in Mrs. Siddons würdevollem und anständigem Leben, dass wir es uns leisten können, nachsichtig zu sein.

In Fanny Kembles „ *Record of a Girlhood*" erhalten wir Einblicke in Tante Siddons, stattlich und sanft, umgeben von Kindern und Enkelkindern.

Sie wissen, dass wir Heiligabend bei meiner Tante Siddons verbringen sollten; Wir hatten einen wunderbaren Abend und ich war sehr glücklich. Meine Tante kam aus dem Salon herunter (denn wir tanzten im Esszimmer im Erdgeschoss) und setzte sich unter uns, und Sie können sich nicht vorstellen, wie schön und schön es war, sie von ihrem Clan umgeben zu sehen, mehr als drei Dutzend stark; Einige von ihnen waren so hübsch, und viele hatten eine verblüffende Ähnlichkeit mit ihr, entweder in ihren Gesichtszügen oder im Ausdruck. Mrs. Harry und Cecy tanzten mit uns und wir hatten viel Spaß.

Die jüngeren Söhne ihres Sohnes George Siddons (der einen Regierungsposten in Kalkutta erhalten hatte) erhielten ihre Ausbildung bei ihren Schwestern in England und verbrachten ihre Ferien stets bei ihrer Großmutter, Mrs. Siddons. Der jüngste dieser drei Schuljungen war der Vater der schönen Frau Scott Siddons von heute.

Frau Siddons war sehr kinderlieb. Campbell erzählt die Geschichte, wie er einmal seinen kleinen Sohn im Alter von sechs Jahren bei ihr zurückließ, als sie in Paris Halt machte. Als er zurückkam, fand er sie beide in angeregtem Gespräch vor. Sie hatte ihn mit allerlei Geschichten unterhalten, die sie bewundernswert erzählte. Am Abend zuvor war sie auf einer Modeparty gewesen und hatte durch ihr strenges Benehmen alle vor den Kopf gestoßen.

Ihre Briefe über ihre Enkelkinder sind voller schlichter, großmütterlicher Liebe, die natürlich zum Ausdruck kommt. Sie schrieb 1806 aus Broadstairs:

„Mein lieber Harry, es ist mir eine große Freude, dir mitteilen zu können, dass es deinen lieben Kleinen ganz gut geht. Das Baden passt perfekt zu ihnen. Ihr Aussehen und ihr Appetit haben sich außerordentlich verbessert, obwohl sich ihr Magen beim Anblick der Maschinen ein wenig dreht; Aber im Großen und Ganzen ist das Eintauchen in der Tat ziemlich gut überstanden, und sie sehen danach so schön aus, dass es einem gut tun würde, sie zu sehen. Ich versichere Ihnen, dass sie die Schönheiten von Broadstairs sind. Ihre Krankenschwester ist sehr gut gelaunt zu ihnen. Sie ist sicherlich keine Schönheit, aber sie mögen sie so gut, als wäre sie eine Venus. Noch nie war es so einfach, mit kleinen Seelen umzugehen, und noch nie waren sie so wenig lästig."

Die große Schauspielerin prahlte mit mehr Stolz über die Wirkung, die sie während der Aufführung von *„Jane Shore" auf ein kleines Mädchen hervorrief*, als über ihre größten Triumphe. In den letzten Szenen des Stücks, als die unglückliche Heldin, mittellos und hungernd, in qualvoller Qual ausruft: „Ich habe seit drei Tagen kein Brot mehr gegessen", hörte man eine kleine, von Schluchzen unterbrochene Stimme, die ausrief: „Madam, gnädige Frau! Nehmen Sie bitte meine Orange", und das Publikum und die Schauspielerin sahen in einer der Bühnenlogen ein kleines Mädchen, das ihr eine Orange hinhielt.

Eine heute lebende Dame erinnert sich daran, wie sie in jungen Jahren zu einem Besuch bei „der großen Mrs. Siddons" mitgenommen wurde. Noch lange erinnerte sie sich an diese wundervollen Augen und insbesondere an die langen, seidigen Wimpern, die, wie sie bemerkte, außergewöhnlich lang waren und sich in einem schönen Schwung nach oben kräuselten. Als ihr gesagt wurde, dass das Kind gezwungen sei, aufs Land zu gehen, und keine Gelegenheit haben würde, sie auf der Bühne zu hören, sagte sie freundlich, sie würde für sie rezitieren, und tat dies sofort.

Eines ihrer Enkelkinder hat ihr das Interesse an ihren Besuchen geschildert. Häufig las ihre Großmutter ihnen vor und überließ ihnen die Wahl des Stücks. Eines Abends erinnerte sie sich besonders an die Lektüre von *Othello*. „Es war eine stürmische Nacht, und gelegentlich war der Donner zu hören, und er war so großartig und beeindruckend; ihr Aussehen! ihre Stimme, ihre prächtigen Augen, immer noch klar und strahlend. Es war echte Lektüre, keine Deklamation, und doch übertraf die Wirkung", sagt sie, „alles, was ich mir unter feinster Schauspielerei vorstellen konnte." Dies war nur der Winter vor ihrem Tod.

Wir stellen fest, dass sie jetzt unter allen Stimmungsschwankungen leidet, denen das Alter unterliegt, manchmal klagt sie über Schwäche und Leid, manchmal kehrt sie zu all der mädchenhaften Verspieltheit ihrer jüngeren Tage zurück. Am 12. Juli 1819 schreibt sie an ihre Freundin Mrs. Fitzhugh:

„Nun, mein lieber Freund, auch wenn ich nicht den Rang und die Stellung habe, um ich selbst auf dem Ball des Prinzen zu sein, wird meine feine Kleidung auf jeden Fall diese Ehre haben. Lady B — hat sich das schönste Bankettkleid meiner Lady Macbeth ausgeliehen, und ich wünsche Ihrer Ladyschaft Freude beim Tragen, denn ich fand, dass das Gewicht fast zu schwer war, um es eine halbe Stunde lang auszuhalten. Wie soll sie es so lange aushalten können? Aber es wird erwartet, dass Jung und Alt bei dieser „hohen Feierlichkeit" in prächtiger und fantasievoller Kleidung erscheinen, und viele dieser Schönheiten werden in meinem Bühnenschmuck erscheinen. Lady C — wollte sich zunächst (wie sie sehr witzig sagte) als Vestalin präsentieren, hat sich nun aber für die Kleidung einer schönen Tscherkessen entschieden. Ich möchte diese wunderschöne Versammlung gerne sehen, und ich denke daran, im letzten Kleid von Lady Macbeth hereinzukommen, und schwöre, ich bin im Schlaf dorthin gekommen. Aber genug von diesem Unsinn."

Ihr Bruder John, der die meisten ihrer Prüfungen und Triumphe teilte, ließ sich gegen Ende seines Lebens in Lausanne nieder. Der Verlust seiner Gesellschaft war eine traurige Entbehrung, und 1821 stattete sie ihm einen Besuch ab. Ihre Tochter Cecilia beschrieb in einem Brief nach Hause die Vorzüge der Villa, in der die Kembles lebten, und die Schönheit der umliegenden Landschaft.

Mrs. Siddons dachte über eine Expedition nach Chamounix nach, aber aus irgendeinem Grund wurde sie aufgegeben, und sie gingen nach Bern; Das Wetter war jedoch nass und sie mussten früher als erwartet zurückkehren. Sie aßen Gämsen, überquerten einen See, bestiegen mit zwei Männern einen Gletscher, schlugen mit einem Beil Stufen ins Eis und taten alles, was von ihnen als Reisenden verlangt wurde. „Meine Mutter hat die Strapazen viel besser ertragen als jeder von uns", endet der Brief.

Trotz ihrer wunderbaren Energie schritt das Alter immer weiter voran. Das Erysipel, das letztendlich tödlich endete, befiel sie häufig mit einem brennenden Schmerz im Mund oder mit ebenso schmerzhaften Kopfschmerzen. Sie musste sich mit der schlimmsten Strafe des fortschreitenden Lebens abfinden: dem Tod von Freunden; die von Frau Damer und Frau Piozzi waren ein großer Verlust. Im Februar 1823 starb John Kemble in Lausanne. Am 9. aß er auswärts zu Abend, und es wurde bemerkt, dass er in sehr guter Stimmung sei; Am nächsten Abend kamen ein paar Freunde vorbei, um einen Whist zu trinken. Am folgenden Sonntag war er draußen in seinem Garten; aber während er dasaß und die Zeitung las, fiel sie ihm aus den Händen. Seine Frau eilte zu ihm; Er zögerte nur ein paar Worte und flehte sie an, sich keine Sorgen zu machen. Der Arzt wurde gerufen, aber ein Schlaganfall nach dem anderen erfasste ihn und er starb am 20. Das war ein trauriger Schlag für Mrs. Siddons.

In ihrem dreiundsiebzigsten Jahr schrieb sie an Mrs. Fitzhugh aus Cobham Hall, dem Sitz von Lord Darnley:

„Ich habe mich dazu durchgerungen zu sehen, ob ein Ortswechsel und die herzliche Freundlichkeit meines edlen Gastgebers und meiner Gastgeberin nicht zumindest etwas dazu beitragen werden, meine Qual abzulenken. Aber wirkliche Übel werden solchen Anwendungen nicht weichen, so erfreulich sie auch sein mögen. Ich hatte jedoch die Ehre, mit Prinz Leopold zu sprechen; Er ist ein sehr angenehmer und vernünftiger Gesprächspartner, und Ihre Königliche Hoheit, die Herzogin von Kent, scheint alle Meinungen über ihre Liebenswürdigkeit zu rechtfertigen. Ich habe begonnen, den Verlust meiner lieben kleinen Mädchen, Georges Töchter, wiedergutzumachen. Wie sehr ich mich danach sehne zu hören, dass sie in den Armen ihrer besorgten Eltern sicher sind. An diesem herrlichen Ort, das versichere ich Ihnen, wurde mein zweiundsiebzigster Geburtstag mit höchst erfreulicher und schmeichelhafter Herzlichkeit gefeiert. Wir hatten Musik und Shakespeare, mit denen Lord Darnley beschäftigt ist. Ich hätte die Party mehr genossen, wenn sie nicht so groß gewesen wäre; Aber dreiundzwanzig Leute beim Abendessen sind doch etwas zu viel des Guten ... Wenn ich von den Künsten spreche, muss ich mit Trauer an die Statue meines armen Bruders denken. Es ist eine absolute Verleumdung seiner edlen Persönlichkeit und seines edlen Auftretens. Ich möchte es zu Staub zerstoßen und in alle Winde verstreuen.

        "Dein,

          „SS“

Eine Statue der großen Schauspielerin von Chantry wurde später von Macready neben der ihres Bruders in der Westminster Abbey aufgestellt.

Im April 1831 wurde sie von einer Krankheit befallen, die tödlich verlaufen sollte. Das Erscheinen des Erysipels in einem ihrer Knöchel beunruhigte den Arzt, aber es ging ihr besser, und vor Ende des Monats fühlte sie sich so weit erholt, dass sie ihm lachend sagte, dass er sie nicht mehr besuchen müsse, denn „sie hatte Gesundheit zu verkaufen."

Unglücklicherweise wagte sie es bald darauf, mit dem Auto zu fahren, der Tag war kalt und es schien, als hätte sich eine Erkältung innerlich zu einem Erysipel entwickelt. Am 31. Mai wurde sie von Übelkeit und Fieber befallen, und im Laufe des Abends befielen beide Beine eine Erysipelentzündung. Diese verstärkte sich in der Nacht und ging mit starkem Fieber einher. Im Laufe des folgenden Tages fand eine ärztliche Konsultation statt. Sie erklärten den Fall für hoffnungslos, die Demütigung trat ein, und gegen neun Uhr morgens des 8. Juni starb sie nach einer Woche akuten Leidens.

Am 15. Juni wurde sie auf dem neuen Gelände der Paddington Church beerdigt. Ihr Bruder Charles Kemble, zwei Söhne von Henry Siddons und viele andere folgten ihr ins Grab. Leider waren von ihrer unmittelbaren Familie nur wenige übrig geblieben, und ihr ältester Sohn war in Indien. In der Prozession befanden sich elf Trauerwagen mit den Darstellern des Theatre Royal Drury Lane und Covent Garden. Nach dem Begräbnisgottesdienst kniete eine junge Frau, so erzählt Campbell, neben dem Sarg nieder und zeigte ihre wilde Trauer. Sie kam verschleiert, und ihr Name wurde nie herausgefunden.

Warum sollte man auf die Elemente des Testaments eingehen, das Frau Siddons hinterlassen hat, und auf die Artikel, die sie ihren Erben zugewiesen hat? Sie hat uns die Erinnerung an eine der größten dramatischen Künstlerinnen hinterlassen, die jemals unsere Bühne beehrten, und an eine der edelsten der langen Liste edler Frauen, die in die Annalen unseres Landes eingetragen sind. Die Zeit wirbelt in ihrem unerbittlichen Rausch alle Erinnerungen fort. Eine neue Generation ist immer bereit, den Enthusiasmus ihrer Großväter abzuwerten, und unsere ist ungläubig, wenn man von den Kräften eines Garrick oder eines Siddons hört.

Mit einem Gefühl des Schmerzes hörten wir neulich, als wir am Grab der großen Schauspielerin standen, das einsam und vernachlässigt auf dem Kirchhof von Paddington liegt, dass unsere Cousins auf der anderen Seite des Atlantiks der Erinnerung an Sarah Siddons mehr Wert beimessen als wir. Miss Mary Anderson, so erzählte uns die Verwalterin, kommt, wann immer sie in London ist, sonntagnachmittags mit Gruppen ihrer Landsleute vorbei, um frische Blumen auf das Grab zu legen, und hat sich auf eigene Kosten verpflichtet, alle notwendigen Reparaturen daran durchzuführen das

Geländer und der Grabstein. Lassen Sie uns dieses hochherzige und
großzügige Angebot vorwegnehmen, bevor es zu spät ist.

FUSSNOTEN

[1] Es war dieselbe Lady Lucan, die die Schauspielerin einmal gefragt haben soll: „Beten Sie, Madam, wenn Sie sich auf eine Figur vorbereiten sollen, was ist Ihr *Hauptaugenmerk* , der *Überbau* , wie man ihn nennen könnte?" , oder das ‚Fundament' des Teils?"

[2] Frau Piozzi, die nach dem Tod von Herrn Thrale erneut geheiratet hatte, sehr zum Unmut der Johnson-Bande.

[3] In der ersten Nacht der OP-Unruhen wurde uns erzählt, dass die Schauspielerin ein Kostüm trug, das dem Hochzeitsanzug der unglücklichen Königin von Schottland nachempfunden war, und mit den Juwelen im Saum des Kleides eine perfekte Pracht aussah auf ihrem Haar und um ihren Hals.

www.ingramcontent.com/pod-product-compliance
Lightning Source LLC
LaVergne TN
LVHW040018200726
843493LV00005B/1305